Hilde Fehr

Endlich lieb ich mich!
Du dich auch?

Hilde Fehr

Endlich lieb ich mich!
Du dich auch?

Eine Anleitung zum Ausstieg
aus dem Schönheitswahn

Ibera Verlag

Mit diesem Herz wird jeweils der Beginn einer neuen Übung angezeigt.

1. Auflage
© 2012 by Ibera Verlag / European University Press, Wien
Endlich lieb ich mich – Du dich auch? / Hilde Fehr - Wien :
ISBN 978-3-85052-315-8

Cover-Herzbild: Antonia Fehr
Herstellung: Theiss Druck, 9431 St. Stefan

Inhaltsverzeichnis

Vorwort

Liebe Leserin, lieber Leser!

Noch ein Buch über Selbstliebe? Braucht das die Welt? Oder im Speziellen Sie? In dem Moment, wo Sie zu diesem Buch gegriffen haben, würde ich sagen: JA.

Aber nicht um noch ein zehntes Mal darüber zu lesen, was man tun muss, um sich selbst zu lieben, welche Übungen man dringend nötig hat und was man nicht alles immer noch falsch macht, weil man intuitiv zu diesem Buch gegriffen hat! Nein, ich sage Ihnen, warum die Welt dieses Buch braucht:

Weil ich hier meine ganz persönliche Geschichte als Projektionsfläche anbiete: Sie dürfen ausgiebig über mich lachen, mit mir verzweifeln, sich abhauen darüber, wie unglaublich „nicht liebevoll" ein Mensch mit sich selber umgehen kann. Und Sie haben die Chance, live mitzuerleben, wie so ein „nicht-zur-Selbstliebe-fähiger" Mensch, sprich ich, trotz alledem die wundersame Kurve zur Selbstliebe kriegt ... Und Ihre ganz persönliche Chance dabei ist die, dass Ihr Unterbewusstsein beim Lesen meiner Geschichte so mitlebt, dass es den gleichen Prozess von selbst und über mich lachend durchmacht. Mit dem Endergebnis, dass Sie nicht eine Übung anwenden mussten, um dort zu sein, wo ich inzwischen sein darf: in der Leichtigkeit und im Spaß des Seins, in der Ruhe und dem Frieden mit mir selbst ... Frei nach dem Motto: Das Leben ist schön! Und ich auch!

Denn eines müssen wir in unserer freien westlichen Welt mit Sicherheit zugeben: egal in welchen Flieger wir einsteigen, um die Welt zu bereisen, egal wie oft wir den Partner, die Partnerin verlassen, egal wie viele Schönheitsoperationen wir hinter uns bringen: Unsere Gedanken nehmen wir jedes Mal wieder mit. Und sollten Sie manchmal Gedanken wie: „Na ja, da bin ich halt hässlich! Kann man nicht ändern", oder: „Ich und liebenswert? Wer's glaubt!?" haben, dann haben Sie mit diesem Buch eine reale Chance, genau das zu ändern. Nämlich einfach indem Sie sich auf meine Geschichte als Spiegel für Sie selbst einlassen. Viel, viel Spaß dabei! Und: Sie lachen ohnehin über mich und nicht über sich selbst!

Herzlichst Ihre Hilde Fehr

Was hat das mit Selbstliebe zu tun?

Fast jede(r) will abnehmen!
Wollen Sie meine Geschichte hören?

1963 im September im grünsten Land aller grünen Länder geboren, ein Land so grün, dass es sogar im Winter trotz Schnee und Kälte immer noch grün durch die Landschaft schimmert. „Wie das?", wird man sich fragen. Es war das Land des immerwährenden Perfektionismus, das sogar daran dachte, im Sommer tausende von Tannen zu pflanzen, damit es auch während eines kalten Winters zu einem Ganzjahresgrün kommen konnte. Und nicht nur das „Grün" wurde akribisch ermöglicht, nein, es musste auch sonst alles perfekt im Landschaftsbild von Vorarlberg, dem westlichsten Bundesland Österreichs, erstrahlen: die makellos schlanke Figur eines jeden Mitbürgers, seine Kleidung, natürlich nur teure Markenklamotten schon ab Stunde Null, sein Aussehen, dazu zählte ein täglicher Frisörbesuch bei den Vorarlberger Damen nicht zur Ausnahme, die riesige Menge Geld und Status, die man mindestens mit einem zweistöckigen Haus plus zwei davor stehenden Geländewagen zu dokumentieren hatte, und natürlich Kinder, die genau dieser Norm entsprachen. Der Norm? Na ja, diese ließ man sich einfach immer wieder von Autoritäten von ober- und außerhalb diktieren. Hauptsache, man hatte irgendeine Norm, an der man sich anhalten konnte.

Liebe LeserIn, lieber Leser, Sie fragen sich jetzt vielleicht zu Recht: Klingt da ein böser Unterton mit? Eine Art Verbitterung dem grünsten Land aller Länder gegenüber? Ja. Mehr kann ich darauf nicht antworten. Oder doch? Vielleicht das, dass ich mir zeitlebens gewünscht hätte, die Menschen dort würden sich mehr um sich und ihr inneres

Befinden kümmern denn um ihre Gärten, ihre Autos und ihre Figur ... Denn ich bin immer auf der Suche nach Menschen mit Tiefgang, Selbstreflexion und Mitgefühl ... Obwohl, genau damit gehe ich meinen eigenen Kindern „tierisch auf den Geist", wie sie das ausdrücken würden. Na ja, vielleicht lese ich in zehn Jahren das erste Buch meiner Tochter mit dem Titel: „Warum mich meine Mutter täglich mit Tiefgang, Interesse und Mitgefühl erstickte", oder: „Wie glücklich wäre ich doch heute, hätte sich meine Mutter mehr um Autos, Haus und ihre Figur gekümmert!" In diesem Sinne erlauben Sie mir, meine Sicht des Erlebens weiter auszudrücken, ohne dass Sie sich angegriffen fühlen müssen. Denn hätte ich Sie – ja genau Sie! – näher kennen gelernt, wäre mein Erleben im Grünen Land ganz sicher ein anderes geworden ...

So kam es, dass ich in einer Unternehmerfamilie aufwuchs, wo die wichtigsten Kriterien das Sich-der-Gesellschaft-Anpassen, um ja nicht aufzufallen, das Höflich-Sein, damit man keine potentiellen Kunden verscheuchen würde, und das adrette Aussehen waren, damit ein jeder gern in unser Geschäft kam, um sich ein Auto plus ein Stückchen Familienglück, siehe Vorbild unsere Familie, mit zu erwerben.

Dummerweise hatten meine Eltern nicht bedacht, dass es bei einer Anzahl von vier Kindern schwierig werden würde, alle vier in genau dieses vorgegebene Korsett zwängen zu können. Und siehe da, ich war die Zweite und schlug schon aus der Reihe. Zuerst einmal war ich jahrelang viel zu dünn. Ja, Sie haben richtig gelesen. Meine Mama war zwar selbst vom Schlankheitswahn völlig „übermannt" (hier bitte wortwörtlich zu nehmen, denn wer bestimmte, wie Frauen ausschauen sollen? Aber dazu im Detail später), ihr Schönheitswahn ging gar so weit, dass ich mich eine Kindheit lang nicht daran erinnern kann, jemals gemeinsam mit ihr zu Abend gegessen zu haben. Sie saß immer allein in der Küche, schlecht gelaunt, und kaute an ihrem unendlich gesunden Müsli herum, das sie abgrundtief hasste. Um dieses Müsli überhaupt zubereiten zu können, fuhr sie immer in die Stadt zum damals noch einzigen Drogisten, der ganze Hirse-, Haferflocken, Gerste- und Roggenkörner anbot. Dieses Zeug wurde dann fachmännisch von ihm zusammengemischt und war so biologisch, dass sich in die Hirsekörnermischung auch immer wieder kleine Steine verirrten, die meiner lieben Mama eines Tages einen Zahn raubten, weil er beim fest Draufbeißen, es hieß ja, jeden Bissen fünfzigmal kauen, auseinanderbrach. Aber was tat man nicht alles, um zu entsprechen! Und die Norm war nun halt mal schlank, schlanker, am schlanksten. Da fragte niemand, ob sie vier Kinder auf die Welt gebracht hatte, da zählten nur Fakten. Und Faktum war: Offensichtlich konnte sie ihre Wunschfigur nicht halten, wenn sie nicht allabendlich das ihr so verhasste Müsli allein in der Küche sitzend in sich hinein zwängte. Wahrscheinlich hätte sie – an unserem Tisch sitzend – der Heißhunger angesichts unserer leckeren Abendbrotmahlzeiten derart überfallen und gepackt, dass sie allabendlich aus ihrem engen starren Korsett heraus gefallen wäre. Ihre Statusschau nach außen ging gar so weit, dass sie einmal im Monat nach St. Gallen in die Schweiz fuhr, und das war außergewöhnlich ungewöhnlich vor 45 Jahren, um sich dort im „Snob" neu einzukleiden. Das muss man sich auf der Zunge zergehen lassen: „Snob", dieses Geschäft hieß tatsächlich so, und es war nicht etwa peinlich, wenn man dort einkaufen ging, nein, man war „jemand", wenn man sich dieses Geschäft leisten konnte, man umhüllte sich dadurch mit einem Hauch von Großstadt.

So, und diese meine Mama – ich liebe sie heiß, nichts über meine Mutter! – befand mich als zu dünn! Ich nehme heute an, dass ich vielleicht wirklich besorgniserregend dünn war, aber wie auch immer, ich bekam als Kind als erste tiefgehende Botschaft mit: „Kind, du musst mehr essen! Du bist viel zu dünn!" Ich wusste damals zwar nicht, was meine Mama damit meinte, ich wusste von damals an nur: „Mit mir und meinem

Körper stimmt etwas nicht!" Und so machte ich von nun an die bittere Erfahrung, dass ich Mittag für Mittag bis nachmittags um drei oder vier am Esstisch saß, weil ich meinen Teller, den meine Mama beladen hatte, immer noch nicht leer gegessen hatte. Und so saß ich da und wartete täglich auf ein Wunder, dass diese mir verhassten Lebensmittel sich in Luft auflösen würden. Wie oft hatte ich mir den Mund voll gestopft, bis es nicht mehr ging, und war aufs Klo gelaufen, um es dort im Klo wieder auszuspucken. Seltene Male gelang es mir. Aber meistens stürmte meine Mama aus irgendeinem Eck des Hauses hervor, um mich anzuschreien: „Was machst du da schon wieder? In Afrika verhungern die Kinder auf der Straße, weil sie nichts zu essen bekommen!"
– Hier möchte ich anmerken, dass meine Mama seit Stunde Null jedes Jahr!!! Tausende von Schillingen und später Tausende von Euros nach Afrika an ein konkretes Hilfsprojekt schickt, womit ihr mir als Kind völlig sinnlos erscheinender Sager wieder einen sehr großen Sinn ergibt …–
Und dann wurde der Teller von neuem, von ihr! versteht sich, wieder befüllt. Unaufgewärmt. „Hättest du schneller gegessen, dann wäre es noch warm!", sagte sie immer. Ich kann mich sogar erinnern, dass ich jedes Mal, wenn es Fenchel gab, tatsächlich in den Teller zurückkotzte. Nützte alles nichts, es blieb so, bis ich acht war.

Und dann kam ein riesiger Einschnitt, meine Mama wurde sehr krank. Aus heutiger Sicht sage ich mal, alle Aufgaben, die sie hatte, die vier Kinder allein aufzuziehen, allein den Haushalt, den Garten und die Haustiere zu bewältigen, und nicht nur zu bewältigen – wir befinden uns ja im Grünen Land des Perfektionismus –, dies alles auch noch perfekt zu meistern, war einfach menschenunmöglich. Dazu noch schön, jung und schlank zu sein, damit sich mein Vater nicht auswärtig orientierte, das war schließlich zu viel des gesellschaftlichen Perfektionismus-Druckes, der auf ihr lastete: Ich erinnere mich an jeden Mittag, wie sie zuerst stundenlang versuchte, und es gelang ihr auch jedes

Mal, eines der Lieblingsgerichte meines Vaters zu zaubern, und wie sie dann um punkt 12 Uhr 15 jeden Kochlöffel, den es gab, in die Spüle fallen ließ, um nach unten ins Bad zu laufen, sich frisch zu schminken und etwas Neues anzuziehen – das muss Liebe gewesen sein! Zumindest dachte ich mir das damals als kleines Mädchen von acht Jahren: Um einen Mann halten zu können – denn dass er bleibt, war ja offensichtlich nicht selbstverständlich – musste man Tag und Nacht schön und schlank sein.

An ihrer Seite mein Vater, der Geschäftsmann, der allabendlich und an den Wochenenden nach harter Arbeit reiten fahren musste, um sich wieder neu aufzutanken. Wenn man sich das in der heutigen Zeit vorstellt, es ist einfach schlichtweg unvorstellbar! Sie sitzt ununterbrochen allein zuhause, während er seine Pferdeleidenschaft hegt und pflegt und damit auch noch Meisterschaftstitel gewinnen geht. Und meine Mama immer noch Abend für Abend und Wochenende für Wochenende allein zuhause mit ihren vier gemeinsamen Kindern … Und dazu der Druck, schön, schlank und verständnisvoll zu bleiben, wenn er von seinen Reitturnieren zurückkehrt. Wo Frau annehmen kann, dass er mit absoluter Sicherheit junge, freie, schöne, schlanke und allzeit lustige Damen en masse kennen lernen durfte. Wenn man sich das vor Augen hält, werden viele Reaktionen meiner Mutter vielleicht nicht verständlich, aber zumindest nachvollziehbar … Nun gut, mein Resümee: Ich liebe meinen Vater genauso heiß und innig, das waren „halt" andere Zeiten damals, zum Glück, kann man da heute nur sagen!

Als meine Mama dann sehr krank wurde, musste ich acht Monate lang bei meiner Großmutter wohnen. Und dort vermisste ich meine Eltern, meine Geschwister, fühlte mich einsam und verlassen und durfte weder meine Familie besuchen noch dort anrufen. Damals war man der irrigen Ansicht: „Worüber man nicht redet, das existiert nicht. Totschweigen tötet den Schmerz automatisch." (Vielleicht war das die

Überlebensstrategie der Kriegsgeneration gewesen?) Und so, wie ich heute mit aller Bescheidenheit feststellen würde, entstanden damals die Wurzeln für mein weiteres Essverhalten. Dasjenige, das mir bis heute geblieben ist: Ich begann zu essen. Ich aß um mein Leben. Weil ich damals als achtjähriges Mädchen die Phantasie hegte, meine Eltern hätten mich zur Großmutter abgeschoben, weil ich zuvor nicht genug gegessen hatte. Und so begann ich Tag um Tag über acht lange Monate hinweg in mich hineinzufuttern, was nur annähernd als essbar angepriesen wurde. Gerade, dass ich mich nicht übers Katzenfutter von Miaui hermachte. Um dadurch ein Plus von zehn Kilos zu gewinnen. Das muss man sich einmal vorstellen, was das für Unmengen gewesen sein müssen – ein achtjähriger kleiner Körper, der zehn Kilos zulegte, immer in der Hoffung, dass man dann schneller wieder nach Hause durfte, weil man jetzt ein braves Mädchen geworden war: „Ich aß, was auf den Tisch kam, und noch viel mehr dazu!"

Und endlich, nach acht Monaten, durfte ich wieder nach Hause. Und was war? Waren Rufe wie: „Tolles Mädchen! Endlich hast du zugenommen!" als ich tränenüberströmt endlich wieder durch meine Zuhause-Haustür schreiten und alle meine Geschwister und Mama und Papa in die Arme nehmen durfte, zu hören gewesen? Leider nein. Es gab auch keine Umarmungen, im Grünen Land geht's mehr um Fakten und Tatsachen denn um Gefühle und andere Sentimentalitäten. Meine Geschwister blieben in ihren Zimmern, waren offensichtlich mit etwas anderem beschäftigt, und meine Mama lag im Wohnzimmer auf dem Sofa und rief bei meinem Anblick nur: „Oh mein Gott, bist du dick geworden!" Waren es ihre Schuldgefühle in diesem Moment, war es ihr Verzweifeln an sich selbst, seit Monaten nur noch Tag und Nacht herumliegen zu müssen, war es ihre Traurigkeit, ihr Kind so lange nicht selber versorgt haben zu können – was auch immer es war, was sie in diesem Moment ritt, es tat weh. Und ich bin mir sicher, ihr selbst am meisten …

14

In der Folge schlug mir meine Mama konsequent während jeden Essens auf meine Hand, wenn ich noch eine Scheibe Brot, ein Stück Käse oder noch mal Kartoffeln nehmen wollte, und posaunte laut hinaus: „Du bist doch eh schon viel zu dick!!!" Welche Schmach das für mich bedeutete! Bei jedem Frühstück, jedem Mittagessen, jedem Abendessen schlug sie auf meine Hand und bedeutete mir damit: „Ich weiß, ob du noch Hunger hast oder nicht! Ich weiß das besser als du selber!" Und dann bekam ich nichts mehr zu essen.

Ich kann gar nicht beschreiben, wie viel Scham das in mir auslöste. Zuerst einmal schämte ich mich für meinen Körper, der laut meiner Mutter wieder nicht richtig war. Dann schämte ich mich meiner Gefühle, weil die mir sagten, dass ich noch Hunger hätte, die aber laut meiner Mama schon wieder falsch waren. Und dann schämte ich mich, als Einzige in der Familie falsch auszusehen, falsch zu fühlen – und dies alles selber nicht zu spüren. So dass es immer meiner Mutter bedurfte, die mich öffentlich mit Auf-meine-Hand-Schlagen darauf hinweisen musste. Und dabei jedes Mal von neuem lauthals verkündete, dass ich doch eh schon viel zu dick wäre. Scham, Scham, Scham, in welche Richtung ich meinen Kopf auch drehte. Und aus dieser Scham heraus begann ich heimlich zu essen. Ich hatte ja mein Körpergefühl bezüglich Hunger haben oder nicht schon vor Jahren abgegeben. An meine Mama abgegeben müssen.

Genau wie sie selber. Denn auch meine Mama hatte sicher schon vor Jahrzehnten ihr eigenes Körpergefühl an „höhere Autoritäten" abgegeben. An solche, die wussten, was schön ist und was nicht. Und genau diese ihre Schmach vom Hässlich- und Dick-Sein wollte sie mir ersparen. Eine hehre Absicht mit fatalen Folgen …

Denn so trainierte sie mich, da ich den Schönheitsautoritäten nicht von selbst Macht gab, dahingehend, dass ich wenigstens auf sie hörte. Was zur Folge hatte, dass sie besser wusste, was mein Körper brauchte, als ich. Zuerst wusste sie, dass er mehr brauchte, als ich kein Bedürfnis nach Nahrung verspürte, und dann wusste sie, dass er viel weniger benötigte, als ich Hunger empfand. Das „Sich-selber-nicht-Spüren" als hohes Gut von Generation zu Generation weitergegeben … Und ich bin mir sicher, in bester Absicht!!! Damit ich es einmal leichter haben sollte als sie. Na ja, wie gesagt, manchmal macht man alles falsch, egal wie gut man es meint. (Apropos: Ich habe schon vor Jahren ein Sparkonto für Psychotherapie für meine Kinder angelegt. Wie gesagt, ich handle auch immer in bester Absicht …)

Die Krönung sollte dann sein, als ich von meinem geliebten Ferienlager zurückkehrte und ich meiner Mama die Fotos zeigte und eigentlich nur erzählen wollte, was ich dort alles Schönes erlebt hatte, dass sie mir beim Anblick des ersten Fotos, indem sie mit ihrem Zeigefinger drauftippte, entgegenschmetterte: „Oh mein Gott, schau mal, wie da dein Bauch heraushängt!"

Ich glaube, ab dem Zeitpunkt wurde das Essen für mich zu meiner eigenen Rebellion. Konnte mich mal jemand als Mensch, als Charakter wahrnehmen und nicht nur immer aufgrund meines Aussehens? „Aus!!", schrie ich innerlich laut! Ich würde mir nichts und gar nichts mehr vorschreiben lassen! Ich würde extra mehr essen und damit meiner Mutter meine Eigenständigkeit beweisen, ohne wirklich hinzuspüren, ob ich Hunger hatte oder nicht, getreu dem Motto: „Ich bestimme selber über meinen Körper, und vor allem darüber, wie viel ich esse!" Und das dann halt in Rebellionsmengen!!

Nun gut, jetzt könnten Sie vielleicht meinen, ich wäre dann in der Pubertät auf über 100 kg angewachsen und brächte heute mindestens das Doppelte auf die Waage. Aber dem ist mitnichten so. Ich war

16

damals als Kind gar nicht so dick, wie meine Mama mir das suggerierte, ich hatte einfach etwas Bauch, ja und! Und in der Pubertät, sage ich heute als 49-Jährige, hatte ich eine supertolle Figur. Einen total durchtrainierten Körper, ich liebte und liebe nach wie vor Sport, ich war zwar nicht megaschlank, wie es die Industrie vorgibt, wie man sein müsste, aber ich hatte eine kernige, sportliche, tolle Figur.

Leider sah ich dies durch die ewigen Manipulationen seitens meiner Mutter, seitens meiner ganzen Verwandtschaft – ich erwähnte ja schon, dass in Vorarlberg, im Grünen Land, als wirklich wichtige Dinge an erster Stelle rangieren: Figur, Aussehen, Geld, Status, Haus, Auto, ob du menschlich ein Schwein bist, ist völlig egal, wenn es außerhalb der Familie niemand mitkriegt – und seitens der gängigen Modeillustrierten, die unser ganzes Haus bevölkerten, natürlich nicht mehr. Ich hörte nur immer wieder, wie meine Mutter über diverse Mädchen in der Nachbarschaft in höchsten Tönen schwärmte, wie hübsch und schön und schlank diese nicht seien! Sogar meine Cousine – bitte nicht krumm nehmen, ich hasste dich damals nur aus diesem Grund –, die O-Beine hatte, dass sich die Balken biegen, die so was von wirklich nicht hübsch war zu jener Zeit damals, war im Gegensatz zu mir in den Augen meiner Mama unglaublich schön, nur weil sie dünn war. Lieber Gott, wenn das das einzige Kriterium ist, dass ein Mensch eine Lebensberechtigung auf dieser Welt bekommt?!

Jetzt als Erwachsene kommt einem das völlig absurd vor, doch die eigene Mama ist für ein Mädchen DAS Vorbild schlechthin. Und was braucht es mehr, als dass ihr Vorbild es als schön anschaut. Und wenn sie das nicht tut, ist der ganze Selbstwert im Eimer oder kann gar nicht zur Entfaltung kommen, weil man sich tagein, tagaus dafür schämt, seinem eigenen Vorbild nicht gerecht zu werden, weil man sich schämt, dass sich das eigene Vorbild für einen selbst schämt. Meine Mama hat sich offensichtlich immer auf der Straße, wenn wir jemandem begegneten, in ihrer Verwandtschaft, sogar zuhause für mich geschämt, und dafür schämte ich mich wieder vor ihr und vor mir selber. Heute bin ich mir sicher, dass sie sich in erster Linie für sich selber schämte, dass sie sich schämte, diese Schönheitsnorm nicht zu erreichen, obwohl sie so viel dafür gab. Welche Schmach musste das bedeuten, wenn man zur Erreichung dieses Zieles sogar Zähne dafür opferte …

Wie auch immer wurde ich eines Tages 16 und hatte meinen ersten festen Freund. „Sogar" einen Mädchenschwarm, den besten Tennisspieler im Grünen Land, Jugendlandesmeister. Was war ich stolz! Und dann hielt es gar drei Monate, noch nie zuvor war er mit einer so lange zusammen gewesen. Doch dann nach diesen drei Monaten kam das Aus. Sprich, es kam nicht mal das Aus. Er rief einfach nie wieder an. Und so fragte ich eines Tages ganz verzweifelt seinen besten Freund. „Na ja, Hilde, weißt du, er wollte nicht mit dir in die Badesaison gehen."

Die Welt brach zusammen. Zum Glück reagierte meine Mama in solchen Situationen immer sehr aufbauend und unterstützte meinen Wert als Mädchen bzw. als Frau aufs Höchste! (Bis heute ist sie meine Ansprechperson Nummer eins!, was Männer und Liebesfragen angeht … Danke, Mama!) Und so beschloss ich, ich würde abnehmen, so viel, dass er zurück gekrochen käme, und dann würde ich: „Nein, sicher nicht!" sagen, ihn liebenswürdigst anlächeln, um ihn dann mit einem „Kick in the ass", Sie verzeihen, in die Wüste zu schicken.

… und das war der Beginn meiner lebenslangen Diätkarriere …

Welchen Wahnsinn ich schon hinter mich gebracht habe, um endlich ein Ferrari unter Frauen zu werden!

Nun, damals mit dezenten 16 schaffte ich es mit Hilfe der Brigitte-Diät, im Nu sechs Kilos abzunehmen. Warum ich das noch so genau weiß? Weil ich mich an diesen Moment auf der Waage erinnere, an dem ich dachte: „So, und jetzt kann er kommen, dieser Bastard!" Und wissen Sie was, schon damals war es mir genau in diesem Moment auch schon wieder völlig egal, ob er kam oder nicht. Denn in Wirklichkeit hatte ich mein Selbstbewusstsein allein durch meine Konsequenz wieder aufgemöbelt. Dazu nähte ich mir damals – fragen Sie mich nicht, wie ich das machte, heute kann ich das mitnichten – ein paar neue Hosen und fühlte mich superschön. Für kurze Zeit zumindest, denn dann, wie könnte es bei einer typischen Diätkarriere anders sein, tanzte auch schon bald wieder mein Gewicht von vor Diätbeginn bei der Haustür herein und hängte sich an meine Hüften.

Das Verrückte daran ist: Heute mit 49 Jahren betrachtet, hatte ich damals eine Traumfigur, sogar im fast herkömmlichen Sinne. Aber nein, mein Geist, mein Verstand glaubte, mich alsgleich nach der Wieder-Gewichtszunahme wiederum als „dick" bezeichnen zu müssen.

Doch machen wir es kurz, bleiben wir doch gleich beim Heute: 49 Jahre bin ich nun alt. Was hat sich in der Zwischenzeit getan? In diesen 33 Jahren?

Ist es nicht ein Wahnsinn, dass man von einer Zeitspanne von 33 Jahren reden kann, wenn man schon so alt geworden ist? Nicht: Was hat sich denn getan innerhalb eines Jahres, oder in sieben Monaten? Nein, ich kann schon sagen: in 33 Jahren. Tja, da merkt man wirklich, dass man älter geworden ist. Aber diesem Thema werden wir uns später ausführlich widmen.

Also in diesen 33 Jahren habe ich zwei Kinder bekommen. Und jedes Mal innerhalb eines Jahres all die zugenommenen Kilos wieder abgespeckt. Mit eiserner Disziplin schaffte ich es jedes Mal. Nach der zweiten Schwangerschaft hatte ich gar 25 kg mehr. Aber bitte wohlgemerkt nach der Geburt. Und doch schaffte ich es. Und so bewegte ich mich in all den Jahren mit einer Größe von 1 Meter 75 in einem Rahmen von 68 bis 72 kg. Was ich heute mit tiefem Bedauern als eine wundervoll knackige Superfigur ansehe. Mit tiefem Bedauern? Na ja, kennen Sie das, wenn Sie über irgendetwas oder irgendjemand nur meckern, und erst dann, wenn „es" oder „er" nicht mehr da ist, erkennen Sie den Wert dieses „Etwas" oder dieser Person? Wenn einen der Partner verlassen hat und Sie erst jetzt all seine wundervollen Seiten zur Gänze zu schätzen wissen? Und so ist es ein Leben lang mit meiner Figur gewesen, denn ich fühlte mich einfach immer nur zu dick. Ich traute mich kaum, sexy Sachen anzuziehen, denn ich war ja dick. Und beim Sex war es noch viel schlimmer, denn wie sah ich schon aus in bestimmten Positionen! – also vermied ich solche Positionen schon gleich im Vornhinein.

Das ging dann gar so weit, dass ich in meinem dritten Kabarettprogramm eine Frau mimte, die dick und hässlich war und die via Wunder eine Misswahl zu gewinnen hatte. Und ich erinnere mich, als wäre es gestern gewesen, wie eine ganz liebe Freundin, selber Schauspielerin, nach der Premiere mit gerunzelter Stirn zu mir meinte: „Also, Hilde, langsam sehe ich ein Problem darin, wenn du dich auf der Bühne über dich und deine dicke Figur lustig machst, weil das Ganze keinen Witz mehr hat!" – „Wie, keinen Witz mehr hat?" – „Na ja, Hilde, du bist nicht dick! Du hast eine super Figur!" Da aber das Publikum weiterhin lachte, maß ich dieser Bemerkung nicht allzu viel Wahrheitsgehalt bei.

Ja, und dann sollte etwas passieren, das mich figürlich völlig aus der Bahn warf und mir bis heute jegliche Rückkehrmöglichkeit in meine Figurkontrolle, ein Gewicht zwischen 68 und 72 kg zu halten, qualvoll verwehrt:

Ich wurde vor zwei Jahren vom Wahn besessen, ich drücke das jetzt absichtlich so kompliziert aus, wieder in meine Ursprungsheimat zurückkehren zu wollen. Sehnsucht nach meiner Ursprungsfamilie, nach meinen Eltern, nach meinen Geschwistern und nach der ach so grünen Natur im Grünen Land. Ich hatte 20 Jahre fernab vom perfekten Perfektionismus mein Dasein genossen, davon vier Jahre in Linz, ein Jahr in Paris und an die 15 Jahre in meiner Lieblingsstadt Wien.

So, und wer mich kennt, wehe, wenn ich von etwas besessen. Also wohnte ich mit meinen zwei wundervollen Kindern drei Monate nachdem ich zum ersten Mal diese Idee überhaupt angedacht hatte, in Vorarlberg, in Rankweil. Eine wundervolle Wohnung mit Garten, die Aussicht glich einer traumhaften Filmkulisse in Hollywood, nicht dass ich dort schon einmal gewesen wäre, und freute mich der Dinge, die da kommen würden.

Und was kam, war eine radikale Gewichtszunahme von zehn Kilos innerhalb von vier Wochen. Sie glauben das nicht? Ich auch nicht, aber leider entsprach es der Realität. Und dem nicht genug, sobald ein kleiner oder doch größerer Schock in meinem Berufs- und Privatleben an meine Tür klopfte, legte ich sogleich ein weiteres Kilo dazu, so dass ich sieben Wochen nach Ankunft im Grünen Land mit einem plus an 12 Kilos dastand.

Was glauben Sie, wie ich mich schämte! Ich, die sich vorher schon immer als dick gesehen hatte. Jetzt war ich auf einmal wirklich „dick" geworden. Dieses Gefühl, ich kann Ihnen das gar nicht beschreiben. Und ich konnte es auch nicht ändern, denn es war so, als ob es mich essen würde, es war, als wäre ich nicht mehr Herrin meines Willens, es war, als stünde ich ohnmächtig neben mir und wusste nicht, wie mir geschah. Und als ich dann ein Schauspielengagement in Aussicht hatte, wo ich pro Vorstellung vor 400 Leuten in Unterwäsche zu stehen hatte, da wusste ich, jetzt musste etwas geschehen! Denn es war mir privat gesehen schon unendlich peinlich, so dick geworden zu sein, jedoch dieses „dick Sein" auch noch beruflich auf der Bühne zur Schau stellen zu müssen, das würde ich nicht überleben, da war ich mir sicher!

Also startete ich sogleich mit den Weight Watchers. Mit denen hatte ich doch nach meiner zweiten Geburt schon so erfolgreich abgenommen. Und ich schwöre, es klappte nicht mehr! Ich konnte eine Woche das Programm einhalten, ich konnte es zwei Wochen befolgen, und dann war es aus. Dann hatte ich solch einen Fressanfall, dass ich mich danach nächtens kaum noch ins Bett bewegen konnte. Und dem nicht genug, ich hatte dann insgesamt wohl so viele Points zu mir genommen, dass bei der öffentlichen Abwaage eine dicke, fette Zunahme festgestellt wurde, obwohl ich mich sechs von sieben Tagen strikt an das Programm gehalten hatte.

Kennen Sie die Weight Watchers? Wie ich finde, eigentlich ein ausgezeichnetes System. Man ernährt sich sehr gesund, weil man täglich fünf Obst- bzw. Gemüseportionen zu sich nehmen muss, man wird angehalten, Milch und andere Kalziumlieferanten in den täglichen Speiseplan einzubauen, man kann alles essen, es ist nichts verboten, man muss sich „nur" an das System mit den Points halten. Und wenn man sich an diese Points hält, nimmt man ab. Das habe ich nach der Geburt meines Sohnes schon einmal ganz deutlich bewiesen. Nur jetzt, acht Jahre später, funktionierte es nicht mehr. Ich konnte mich dieser Zahl 24 nicht mehr unterwerfen. Ich drehte durch in meinem Kopf, bei jedem Ding, das ich in meinem Mund verschwinden ließ, nachher auch gleich dessen Pointszahl notieren zu müssen. Und wenn dann abends Überraschungsbesuch kam, mich selber sagen zu hören: „Nein, leider, ich kann keinen Wein mehr trinken, oder gar irgendwelche Chips essen, ich habe meine Points schon aufgebraucht …" Und das für mich Schrecklichste an diesem System war dieses öffentliche Abwiegemanöver. In Wien hatte das wenigstens hinter einem Vorhang weit weg von all den anderen stattgefunden. Aber hier in Rankweil fand alles in einem einzigen Raum statt, ohne Paravent, das war dann so, dass alle Anwesenden dabei zuschauen konnten: „Hat sie jetzt abgenommen? Oder hat sie doch wieder zugelegt?" Und da ich durch meine Schauspielerei sowieso schon genug in der Öffentlichkeit stand, wollte ich nicht noch zusätzlich für Unterhaltungen am Mittagstisch sorgen: „Stellt euch vor, die Fehr hat schon wieder zugenommen. Wie viel die wohl fressen muss? Diese inkonsequente, fette Kuh! Ich freu mich schon, wenn die mit Unterwäsche auf der Bühne stehen muss!" Denn die auf „viel schlankere Fehr" bearbeiteten Plakate hingen schon im ganzen Land, und zwar im Riesenformat: auf dem Weg zur Autobahn, auf der Autobahn, neben der Autobahn …

Gut, so ließ ich meine für drei Monate im Voraus gekauften Marken verfallen und hakte die Geschichte mit den Weight Watchers als „hat nicht funktioniert" ab. Wahrscheinlich war es einfach die falsche Methode in diesem Moment! Eine neue Geschichte musste her! Also fuhr ich ins nächstgelegene Fitnessstudio, schrieb mich alsgleich dort ein und heuerte zusätzlich einen Personal Trainer an. Dieser würde nun dreimal pro Woche mit mir ein deftiges Workout durchziehen und begleitend dazu würde ich „seine" Säure-Basen-Kur durchhalten. Bei dieser musste man allmorgendlich auf einen Indikatorstreifen urinieren, um den pH-Wert des Urins zu bestimmen. Und nach einigen

Messungen konnte man den persönlichen Säure-Basen-Status abschätzen. Und je nach Messung, ob sauer oder basisch, durfte man dann ein bis zwei Esslöffel Basenpulver in Wasser auflösen und sich frühmorgens einverleiben … Ein sensationell köstlicher Drink! Dazu gab es keine Kohlenhydrate außer Kartoffeln, es gab Unmengen an Obst, auch Bananen, Fett durfte man verwenden, so viel man wollte, und dazu Gemüse, so viel man hinunterbrachte. Ich zog diese Geschichte etwa zwei Wochen erfolgreich durch. Ich nahm dabei auch ab, aber ich wurde so schlecht gelaunt, ich begann mein Leben und meine Kinder zu hassen.

Wie bitte? Ich begann meine Kinder zu hassen? Und schon war ich wieder ausgestiegen. Das erinnerte mich allzu sehr an die Situation mit meiner Mutter früher. Meine Mama, die allzeit schlechte Laune hatte. Ich kannte meine Mutter als Kind und als Jugendliche fast nur mit schlechter Laune. Sollte ich genau den gleichen Preis bezahlen? Nein! Dieser Preis war mir dann doch zu hoch!

„Dann ist das halt doch wieder die falsche Kur gewesen", dachte ich mir und so probierte ich alsbald die „Trennkost". Damit war ich nach der ersten Schwangerschaft 20 Kilos losgeworden. Da durfte man pro Mahlzeit entweder nur Eiweiß oder nur Kohlenhydrate zu sich nehmen. Käse, Butter, Rahm, Topfen, Joghurt, Milch, all diese leckeren Sachen waren erlaubt, wenn sie hochprozentig genug waren, denn dann galten sie als neutral und durften überall dazu kombiniert werden. Ja, Sie haben richtig gelesen: Normale Butter war erlaubt, Käse ab 45% Fett, Schlagobers, Milch, Joghurt, nur ja keine Light-Produkte!! Denn diese wären dann entweder zu den Kohlenhydraten oder zu den Eiweißen gezählt worden. Je nachdem. Und in ihrer vollprozentigen Montur galten sie als „neutral" und durften daher überall dazu kombiniert werden. So aß ich dann Spaghetti mit einer leckeren, hochprozentigen Fett-Käse-Soße, aber davon nur 50 Gramm. Nun, vielleicht haben Sie schon eine Idee, wie diese Sache mit der Trennkost endete! Natürlich! – nach zwei Wochen war es wieder aus.

Und dann suchte ich Hilfe bei einer Psychotherapeutin. Natürlich nur im Geheimen und niemand durfte je davon wissen. Ich muss gestehen, ich mache das schon seit 20 Jahren. Ich quäle mich doch nicht allein mit einem mich belastenden Thema durch die Welt, wenn es dafür Hilfe von außen gibt. Alsdann saß ich also bei ihr in der Praxis und erzählte von meinem Dilemma. Dass nichts mehr funktionierte. Dass ich zeitlebens immer wieder jede Diät geschafft hatte, natürlich hatte ich dann wieder zugenommen, sonst hätte ich ja nicht wieder eine neue machen müssen, aber egal, immer wenn ich mich entschlossen hatte abzunehmen, schaffte ich das auch, und dass jetzt nichts mehr funktionierte, und dass ich inzwischen vollkommen verzweifelt war und nur noch heulen könnte, und überhaupt!

„Ich glaube, Frau Fehr, bei Ihnen ist innerlich die Rebellion ausgebrochen. ‚Meuterei auf der Bounty‘, verstehen Sie, was ich meine?"
„Nein ?"
„Na ja, Sie müssen sich das so vorstellen. Es gibt in Ihrem Inneren mindestens zwei Lager. Das eine Lager sagt: ‚Abnehmen, du bist viel zu dick!‘ Und das bedeutet wochenlangen Verzicht, Disziplin, nur bestimmte Sachen zu essen, von denen aber auch wieder nicht zu viel. Und damit Sie das Gewicht dann halten können, weiterhin Verzicht und Kasteiung. Und dann gibt es ein zweites Lager, das Sie bis dato noch nicht kennen gelernt haben, das sich jetzt aber zu Wort meldet: ‚Aus, wir machen nicht mehr mit! Wir wollen leben, wir wollen genießen!‘ Apropos, sind Sie nicht auch Genuss-Coach®, Frau Fehr?"

„Ja, das bin ich, aber nicht Genuss beim Essen und Trinken, sondern Genuss im Sinne von Lebensfreude und Glück. Genießen, jetzt in diesem Moment, und nicht erst, wenn ich fünf Kilos abgenommen habe, wenn ich in der Pension bin, wenn ich dann mal Geld habe …"

„Sehen Sie? Genuss ist Genuss und bedeutet im Allgemeinen mehr Lebensfreude. Also ist es völlig klar, dass dieses Lager immer mehr die Oberhand gewinnt und sich durchsetzt und das alte Lager keine Chance mehr hat. Verstehen Sie, was ich meine?"

„Irgendetwas klingelt schon bei mir. Aber so geht es nicht! Wissen Sie, ich muss in zwei Monaten auf die Bühne, in Unterwäsche, das kann ich so nicht machen. Ich schäme mich dermaßen. Ich kann Ihnen gar nicht sagen, wie sehr ich mich schäme! Ich gehe sogar nicht einmal mehr schwimmen ins öffentliche Bad. Ich gehe in keine Sauna mehr, obwohl ich eine Jahreskarte besitze. Können Sie sich das vorstellen? Ich fühle mich so dick, dass ich mich sogar schon in meiner Lebensweise einschränke, weil ich Dinge, die ich liebe, vor lauter Scham gar nicht mehr mache! Ich habe keinen Sex mehr, mit niemandem. Ich würde mich so schämen, mich irgendjemand so nackt zu zeigen, das wäre völlig unmöglich! Und wenn ich mir vorstelle, ich müsste jetzt nach Wien und all meine Freunde, Kollegen und Kunden würden mich so sehen können, würde ich mich lieber in einem Erdloch im Grünen Land vergraben und freiwillig darin ersticken, so sehr schäme ich mich meines Körpers und meiner Disziplinlosigkeit und Inkonsequenz."

Und dann fing ich an zu heulen. Ich heulte und heulte. Es war echt eine Situation zum Verzweifeln. Und dass dieses so genannte zweite Lager die Oberhand gewinnen sollte, das wollte ich natürlich mitnichten. Was würde das denn heißen? Ohne jegliche Kontrolle, ohne Disziplin? Würde ich es dann zu 200 Kilos bringen?

Und so flüchtete ich mich in die nächste Methode. Es sprach doch jeder von dieser phantastischen Wunderwaffe: Metabolic-Balance. Jeder, der das laut Frauenzeitschriften gemacht hatte, war um 10 bis 20 Kilogramm leichter daraus hervorgegangen. Also würde ich das jetzt auch schaffen. Jetzt wusste ich ja, welcher „Feind" mir im Nacken saß, und den würde ich jetzt ein für alle Mal bezwingen! „Nieder mit der Meuterei auf der Bounty!"

Und schon fuhr ich zur Blutabnahme und bekam daraus resultierend meinen Speiseplan. Na ja, etwas mager fiel der schon aus, durfte ich doch nicht einmal jedes Gemüse essen, geschweige denn jegliches Obst, an Kohlenhydraten gab es nur vier Scheiben reines Roggenbrot pro Tag und auch sonst musste jede Obst- bzw. Gemüseportion auf 75 Gramm pro Mahlzeit abgewogen werden. Bei den Weight Watchers durfte man bis zu 500 Gramm Gemüse pro Tag mit null Points berechnen. Nun, ich muss gestehen, ich ging trotz alledem voller Enthusiasmus in diese Geschichte hinein. Da stand einem auch eine Ärztin bei jedem kleinen Problemchen, das auftauchen würde, im Rahmen einer Einzelbetreuung zur Seite. Doch ehrlich gesagt hatte ich nach zwei Wochen solchen Hunger, dass mir keine Einzelbetreuung mehr half und ich zuhause nur noch meine Kinder anschrie. In dieser Verzweiflung eilte mir meine begeisterte Metabolic-Freundin sofort zu Hilfe und inspizierte meinen Speiseplan:

„Ja und wo ist die zweite und dritte Seite?", fragte sie mich alsgleich.
„Welche zweite und dritte Seite?"
„Na ja, was du sonst noch alles essen darfst?"
„Das ist alles, was ich bekommen habe!"

Da war dann sogar meine Begeistert-Freundin kurz mal still.

„Das ist alles? Das ist echt nicht viel! Ich bin einen Kopf kleiner als du und darf doppelt so viel Brot essen. Hast du vielleicht ein blödes Blut!"

Durch viel positives Zureden dieser Freundin hielt ich noch weitere vier Tage durch, und dann war es wieder aus. Ich hatte Hunger, das können Sie sich gar nicht vorstellen. Ich hatte solchen Hunger, ich habe noch nie in meinem Leben so viel Hunger gehabt wie in diesen drei Wochen. Ich sah manchmal schon die Sterne vor lauter Hungergefühl. Und als ich wieder einmal im Begriffe war, meine zwei lieben Kinder anzuschreien, machte irgendetwas in meinem Inneren Klick, und aus war es. Ende! Wieder einmal. 410 Euro dafür ausgegeben, dass ich nur noch vor lauter Hunger meine Kinder anbrüllte. Nein, dieser Preis fürs Schlanksein war dann auch mir zu hoch!

Kleiner Scherz am Rande: Inzwischen, drei Jahre später, hat die Metabolic-Balance-Fraktion öffentlich zugegeben, dass man nicht anhand des Bluts bestimmen kann, welche Lebensmittel für einen Menschen gut verträglich sind und welche nicht. Das Ganze war nur ein Schwindel gewesen! Sie würden das neuerdings mit einem Atemmessgerät bestimmen, welche Lebensmittel und wie viel davon man essen dürfe. Ich sage Ihnen, wenn man grundsätzlich so wenig zu essen bekommt wie bei Metabolic-Balance, dann ist es meiner Meinung nach egal, was man isst. Denn man nimmt so oder so ab, weil man eh nichts isst. Und bitte, 410 Euro dafür bezahlen, dass man nichts mehr isst, wie blöd sind wir eigentlich noch?

Auf alle Fälle war ich darauf hereingefallen, obwohl mir sämtliche Alarmglocken meines Körpers damals gebimmelt hatten, es kann nicht sein, dass ich nur halb so viel essen darf wie meine Freundin, die 15 Zentimeter kleiner ist als ich! Und noch dazu keinen Sport betreibt! Aber genau so etwas kommt heraus, wenn man sich von selbsternannten „Gurus" Schwachsinn für viel Geld vorschreiben lässt! Da kann ich nur mir selber gratulieren!

Nun, Fazit war, ich hielt keine Diät, Ernährungsumstellung oder was auch immer länger als zwei Wochen durch. Ich konnte mich nicht mehr unterordnen. Irgendeiner Doktrin von außen unterwerfen. Keiner einzigen! Mit 12 Kilogramm mehr eine tragische Einsicht.

Und stellen Sie sich vor, trotz Einsicht und wissend, dass momentan mein zweites Lager die Oberhand innehatte, habe ich dann die 50 Bühnenauftritte in Unterwäsche überlebt. Und nicht nur das, es gab sogar einige wirklich amüsante Momente in dieser Zeit:

Zuerst einmal war ich von der Theaterleitung engagiert worden, ohne dass mich der Regisseur jemals zuvor gesehen hatte. Also traf man sich am Tag X das erste Mal zum Fototermin fürs Plakat, und es stellte sich heraus, dass das Stück mit einer Frau: „Typ Sexy" und einer Dame „Typ Unsexy" zu besetzen war. Alles dies nicht wissend, führte man mich sogleich zu den Kostümbildnerinnen, die mich für das Fotoshooting einkleiden sollten, wo ich mit Händeschütteln und den Sätzen: „Das geht sich nie aus!" und „Das ist die völlige Fehlbesetzung!" begrüßt wurde. Ich immer noch im Unklaren, worum es da eigentlich ging, dachte schon: „O weh, die mögen mich nicht!" Mir war zwar schleierhaft, warum, aber was weiß man schon? Bis endlich die Maskenbildnerin, die mich schminken sollte, meinte: „Das kommt heraus, wenn der Regisseur seine Freundin besetzt! Wie soll ich denn dich auf hässlich schminken? Jeden Abend?!" In dem Moment dämmerte mir schon einiges, und als ich dann aufgeklärt wurde, worum es in diesem Theaterstück ging, und als ich dann noch meiner Kollegin „Typ Sexy" zum ersten Mal gegenüberstand, wusste ich, was gespielt wurde: Das ging sich definitiv nicht aus! Nur, „Typ Sexy" hatte ihre Rolle und wollte diese um jeden Preis behalten. Koste es, was es wolle! Ich muss gestehen, mir war das völlig egal, ich dachte mir nur, die legt sich ja selbst ein Ei! Wie will sie denn das erspielen? Ich meine, sie war blond, langhaarig, schlank mit riesigem Busen, also alles Attribute, die sie als „Typ Sexy" etablieren würden. Aber wie man sieht, wieder ein Beispiel, dass weder Haarfarbe noch Figur über sexy oder nicht entscheiden. Denn ihre Gesichtszüge verrieten eine ihr innewohnende Bissigkeit, die jede Erotik schon auf ihrer Türschwelle kehrtmachen ließ.

Amüsiert setzte ich mich hin und harrte der Dinge, die da kamen. Und so verging eine Stunde um die andere, in der der Regisseur von links nach rechts durch die Hallen lief, die Kollegin „Typ Sexy", sprich seine Freundin, wild gestikulierend hinter ihm her, sich das Ganze wieder drehte und sie von rechts nach links zurück stöckelten, zumindest seine Freundin wieder hinter dem Regisseur her, bis dann nach eineinhalb Stunden beide mit hochroten Köpfen vor der auf sie wartenden Crew mit den Worten: „Es wird zwei Frauen Typ Sexy geben!" zu stehen kamen: Aha, also wirkte ich auch noch mit all meinen Kilos, war mein erster Gedanke. Und ich freute mich. Sehr! Und so gingen die Proben los und der Klassiker begann.

Regisseur probt mit Freundin. Eine zweite, ein bisschen attraktive Frau ist dabei, und was passiert? Natürlich! Regisseur lobt andere Frau öfter als Freundin, andere Frau ist öfter in der Zeitung, weil schon etwas bekannt vom Kabarett, ja ich glaube, der Rest dürfte von selbst klar sein. Nur dass dann „Typ Sexy-1" zu so tiefen Sprüchen wie: „Oh, was hast denn du für dicke Waden?! Und ich dachte immer, Schwarz macht schlank!" (weil ich für die Bühne schwarze Strümpfe trug) griff, war mir auch nicht mehr egal. Ich kenne Mobbing vom Feinsten. Passiert in der Schauspielbranche meistens, wenn eine Kollegin sich unterlegen fühlt, Angst um das eigene „Nicht-in-der-Presse-Stehen" hat oder eifersüchtig wegen ihres Mannes ist. Aber dass jemand so unter der Gürtellinie unterwegs ist wie „Typ Sexy-1", das hatte ich in all den Schauspieljahren zuvor noch nie erlebt!

Und so freute es mich umso mehr, als ich noch während der Probenzeit mit meiner Kostümbildnerin vom Unterwäsche-Einkaufen zurückkam und Sexy-1 starr vor Schreck einige Minuten zu lange wortlos dastand und meinte … Stopp, lassen Sie mich von Anfang an erzählen: Kommen die Kostümbildnerin und ich vom Einkauf zurück, säuselt Sexy-1 mit freundlichster Anteilnahmstimme: „Und habt ihr was Schönes gefunden?" – Ich, schon wieder naiv und gutgläubig: „Na ja, ich weiß nicht, weißt eh, mit meiner Figur ist momentan nicht viel zu machen …" – Und Sexy-1 einfühlsam und nett – ich schon wieder naiv wie ein Eichhörnchen, denk mir, ja die will mir jetzt Mut machen, dass es eh nicht so schlimm ist – „Dann zeig doch mal her!", und ich gutgläubiger Idiot zieh mir das Ensemble an, stell mich vor sie hin und schaue in das völlig schockierte, vor Schreck wortlose Gesicht von Sexy-1. Und nach zwei Minuten fällt der bissig gebellte Befehlssatz zur Kostümbildnerin: „Wir kaufen neue Unterwäsche für mich!"

Und in dem Moment erst leuchtete bei mir im Hirn die Birne: „Ich sehe gut aus! Trotz Kilos, Kilos, Kilos sieht sie in mir eine Gefahr!" Und in diesem Moment wusste ich, das kann und wird nie Freundschaft werden, denn die hasst mich, oder vielleicht auch nur sich selbst. Auf alle Fälle entpuppte sich Sexy-1 als so eine Schauspielratte, die mich vor jeder!!! Vorstellung zur Sau machte. „Da hast du wieder ein Wort ausgelassen! Da war ein Wort verdreht! Auf dich kann man sich nie verlassen! Immer machst du was anders!" Das sollte dann die harmlose Abteilung werden. Die kräftigere kam dann immer, wenn ich groß in der Zeitung war und sie nicht: „Wie viele hast dafür flachlegen müssen?", oder wenn sie im Fernsehbeitrag nicht zu sehen war, ich aber schon: „Im Fernsehen schaut man ja noch viel dicker aus als in echt!", oder wenn ich zu jener Zeit mit einem Oscar-Preisträger zusammenkam: „Alles, was bei drei nicht auf dem Baum ist, landet in seinem Bett!"

Ja, ich hatte das alles ausgehalten! Und nicht nur das! Ich hatte es sogar ausgehalten, mich in diesem Drei-Minuten-Trailer fürs Fernsehen volle drei Minuten lang in Unterwäsche – wie konnte es anders sein, ich war während dieses Theaterstückes zwei Stunden lang angezogen und nur für drei Minuten in Unterwäsche – selber anzuschauen.

Ich hatte schon gehört, dass sie diesen Trailer schon seit einer Woche im Fernsehen rauf und runter spielen als Werbung: „Geht dort hin!" Und ich wusste für mich selber, ich kann diesen Trailer nicht anschauen! Ich würde vor Scham neben dem Fernsehgerät verenden – tot. Und als ich dann an einem spielfreien Abend bei meinem Großvater saß und mit ihm über Gott und die Welt plauderte, während im Hintergrund der Fernseher lief, was flimmerte in diesem Moment über den Bildschirm? Natürlich genau dieser Ausschnitt. Ich drei Minuten lang in Unterwäsche. Wie in Trance saß ich da und starrte auf den Fernseher. Und dort sah ich mich, wie ich in Unterwäsche über die Bühne raste, meinen „Ehemann" des Ehebruchs bezichtigte und mich von einem Heulkrampf in den nächsten stürzte. Als ob das ungustiöse Ehedrama nicht schon genug war, das ganze auch noch in Unterwäsche! Doch dann geschah das Unglaubliche: Als der Trailer vorüber war, atmete ich immer noch. Weder hatte sich die Erde zweigeteilt, noch hatte mich ein tiefes schwarzes Loch in den Erdboden verschluckt. Ich lebte immer noch!

Und in diesem Moment begriff ich, wenn ich das überlebt hatte, ich atmete ja noch immer, dann konnte wirklich nichts Schlimmeres mehr in meinem Leben passieren.

Außer dass ich ein paar Tage später des Nachts im Bücherregal nach einem Buch zu suchen begann, von dem ich mir die allerletzte Hilfe erhoffte. Und siehe da, ich fand das Buch, das mich auf die hervorragende Idee brachte, jetzt selbst etwas Neues zu kreieren. Etwas Bahnbrechendes zu erfinden und auf die Welt zu bringen. Etwas Neues zum Abnehmen! Und dieses Neue würde ich anhand von Aufzeichnungen in einem Tagebuch dokumentieren und dann der ganzen Welt zur Nachahmung zur Verfügung stellen. Denn was ich in diesem Moment mit Gewissheit wusste: Das würde jetzt mit Sicherheit funktionieren!

Mein gescheit(ter)ter Selbstversuch

Woche 1, Montag

Liebes Tagebuch, hiermit eröffne ich offiziell den Beginn meines Selbstversuches. Und beginne also gleich mit den schrecklichsten Nachrichten wie folgt:

82 kg. In der Früh, unvoreingenommen, geradeheraus, ich habe nicht einmal den Frühstücksespresso intus. Die Waage blinkt mit: 82.00 Das muss man sich mal auf der Zunge zergehen lassen. Ich habe mir vor drei Tagen eine neue Schiausrüstung gekauft, fragt mich der Verkäufer nach meinem Gewicht, entgegne ich siegessicher, für was er denn, meint er, für die Bindung, er müsse sie einstellen, sage ich, 80 kg, lacht er und sagt drauf, ja, gut genährt.

Super. Ich habe mich monatelang nicht mehr auf die Waage gestellt. Aus Angst, dieser kurze Moment frühmorgens könnte mir vielleicht doch etwas an guter Laune für den Rest des Tages rauben. „Gut genährt". Diese beiden Wörter ziehen seither sicher fünfmal stündlich durch meine Gehirnbahnen.

Und jetzt: 82 kg. Bei meiner Größe von einem Meter fünfundsiebzig. Zwei Kinder kann ich mein „eigen" nennen. Inzwischen sind sie 14 und 11. Und genau zweimal in meinem Leben habe ich diese 82-kg-Schallgrenze überschritten: in den hierfür notwendigen Schwangerschaften. Mit eisernem Willen und Disziplin habe ich es jedes Mal geschafft, mein Relativnormalgewicht von 68 kg wiederzubekommen. Schön war ich zu der Zeit gewesen, denke ich mir jetzt immer wieder. Damals leider mitnichten. Damals dachte ich unentwegt, ich wäre viel zu dick. Was soll ich mir denn jetzt denken? 14 kg plus? Innerhalb von eineinhalb Jahren zugelegt? Frust gefressen? Schutz benötigt? Pause mit der Männerwelt machen wollen?

Egal was ich mir jetzt für Argumente zurechtlege, ich habe versagt. Unabänderlich, unauslöschlich legen sich die Rundungen um meinen Körper und befehlen mir, alle paar Wochen neue Hosen zu kaufen, da die letzte Kleidergröße schon wieder nicht mehr passen will. „Wirst halt älter! Da ist das normal!" Will ich mich wirklich mit diesen Alibi-Beruhigungsthesen abfinden?

Nein! Nein! Und abermals nein! Nur, der klitzekleine Haken an diesem Nein ist, ich bringe keinerlei Konsequenz auf. Vielleicht mal eine Woche, zwei oder vielleicht gar vier Wochen, aber spätestens dann gibt es immer wieder einen Auslöser in meinem Leben, der mich zwingt, so viel zu essen, dass es zu diesen stolzen 82 kg überhaupt kommen konnte. War es, weil mein Liebhaber glaubte, er müsse mich jetzt dringend verlassen, da ich ihm zu groß, zu schön und zu intelligent sei (übrigens Originalzitat, danke auch, David!), war es, weil meine Tochter in der Schule gemobbt wurde und ich nur noch für ihre Interessen und Bedürfnisse unterwegs war, oder war es auf den Druck zurückzuführen, dass ich vor Monaten schon wusste, ich müsste in Unterwäsche auf einer Bühne vor 400 Menschen stehen und dem Begriff „sexy" gerecht werden, aber dennoch nicht schaffte, auch nur ein Gramm herunterzubringen?

Was auch immer der Grund war, das Resultat blinkt mir immer noch entgegen: 82.00. Jetzt dünkt mich gar, als würde die Zahl auch noch hämisch lachen. „Hähähä, wir haben es doch immer schon gesagt!" Und so stürze ich in meiner unendlichen Verzweiflung zum Bücherregal im Wohnzimmer und schnappe mir das Buch von Ruediger Dahlke: „Krankheit als Symbol": „Übergewicht". „Ich kann mir selber einfach nicht mehr helfen! Ich brauche Hilfe!" ist mein Gedanke: Und dann lese ich alle möglichen Ratschläge und: „Nehmen Sie lieber an seelischem Gewicht zu …"

Wie bitte? Seelisches Gewicht? Was war das? Körpergewicht im Zusammenhang mit Seelengewicht? Und dann spüre ich auf einmal meinen erhöhten Herzschlag. „Kann das etwa bedeuten, wenn man an seelischem Gewicht zulegt, dass man automatisch an körperlichem Gewicht abnimmt? Keine Diät mehr? Keine Kalorienzählerei, kein ,Das darfst du nicht!' mehr? Nein, im Gegenteil ein stetes Denken ans Zunehmen? Ich will mich von Übergewicht befreien und soll ans Zunehmen, nämlich ans Zunehmen von seelischem Gewicht denken?" Diese Gedanken erregen mich.

Bis dato war mein Denken den ganzen Tag lang nur darauf ausgerichtet gewesen, mich selbst im Essverhalten zu maßregeln. „Nein, das darfst du nicht essen! Viel zu viel Fett und Zucker! Halt, diese Würste machen dick! Iss einen Salat! Aber doch keine Kekse! Da nimmst du ja schon vom Hinschauen zu!" So ging das den ganzen Tag lang. Manchmal diskutierte ich innerlich mit diesen Stimmen: „Aber bitte doch nur eines!" – „Nein, sicher nicht! Bist eh schon viel zu dick!" Ein Leben in ständigem Verzicht. Ein Leben im steten Mangel. Zumindest gedanklich. Denn hätte ich nach meinen Gedanken gelebt, würde ich nicht stolze 82 Kilos auf die Waage bringen. Denn natürlich bin ich ein Mensch, der völlig unabhängig ist und sich von niemandem auf dieser Welt etwas sagen oder vorschreiben lässt. Was in diesem Fall zur Folge hatte, dass ich mir ständig selber beweisen musste, dass ich mir von meinen Stimmen im Kopf doch sicher nichts sagen ließ. Und das bedeutete, dass ich alles, was nicht niet- und nagelfest war, in mich hineinschaufelte und hinunterschüttete. Ohne zu spüren, dass ich schon lange voll und satt war. Nein, ich hatte mir ja etwas zu beweisen! „Ich lass mich doch nicht fremdbestimmen! Sicher nicht! Da bestimme immer noch ich selber!" Und dieses ganze Spiel nicht einmal im Monat. Nein, inzwischen täglich. Denn je stärker diese Stimmen im Kopf wurden, desto vehementer musste ich meine Unabhängigkeit beweisen. Ein Kriegszustand im eigenen Körper.

Und nun soll es tatsächlich eine Möglichkeit geben, endlich aus diesem Mangelzustand auszusteigen? Nein, sogar noch viel besser, gleichzeitig dabei in ein Denken von Fülle einzusteigen? Sprich, meine Gedanken sollen sich nicht mehr damit beschäftigen, was ich alles NICHT soll und NICHT darf. Im Gegenteil, meine Gedanken dürfen sich ab nun nur noch damit beschäftigen, was ich alles tun kann, um ZUZUNEHMEN, um in die FÜLLE zu kommen, um an seelischem Gewicht zuzulegen.

Das ist ein so neuer und spannender Gedanke für mich und schon beschließe ich, genau jetzt mit diesem Selbstversuch zu starten: „Nehme ich, wenn ich mich nur auf das Zunehmen an seelischem Gewicht konzentriere, automatisch an körperlichem Gewicht ab?" Morgen wird Tag 1 meines Selbstversuches sein!

Woche 1, Dienstag

Der Wecker klingelt frühmorgens, ich quäle mich aus dem Bett, erinnere mich dumpf an mein gestriges Vorhaben, gehe duschen und denke mir dann, während ich meinen ersten Kaffee in mich hineinschütte: „Bitte wie soll ich das jetzt anstellen? Diese Sache mit dem seelischen Gewicht und so? Ich habe doch null Ahnung! Was ist seelisches Gewicht überhaupt? Und wie kann ich messen, ob ich an seelischem Gewicht zugenommen habe?" Ich wische mir den Schaum von den Lippen. „Und überhaupt, wo ist die Seele eigentlich zu finden? Damit ich sie dann abwiegen kann? Ich habe irgendwann einmal gehört, sie befinde sich unter dem Herzen. Ein Stück weit hinter oder unter dem Herzorgan. Und diese Seele, von der ich nicht einmal weiß, wo sie tatsächlich ihren Platz hat, soll ich nähren, füttern, mästen, so sehr, dass sie an Gewicht zunimmt?" Der Blick auf die Küchenuhr mahnt mich, ein anderes Mal tiefer in diese Materie vorzudringen.

Ich befinde mich seit September nach einer 20-jährigen freiberuflichen Tätigkeit zum ersten Mal wieder in einem Angestelltenverhältnis. Ich verdiene die Hälfte meiner Brötchen mit meinem Ganz-Alt-Beruf, mit einer LehrerInnentätigkeit an einer Sonderschule in einer Förderklasse. Die Hälfte meiner Brötchen darum, weil ich damit nur die Miete meiner Wohnung berappen kann, gegessen haben wir davon noch nichts. Wir, das sind meine eben 14-jährige Tochter, mein 11-jähriger Sohn und ich. An dieser Stelle bitte eine lange Gedenkminute für alle Lehrer Österreichs. Ich habe in all meinen Berufsjahren noch nie so viele Nerven auf einmal verbraucht (wachsen Nerven eigentlich wieder nach?) und bin gleichzeitig mit so wenig Geld dafür abends wieder nach Hause entlassen worden. (Es lebe die öffentliche Meinung über Lehrer: Unterm Jahr nichts tun und dann drei Monate Urlaub machen!)

Der Blick auf die Küchenuhr besagt, dass ich schon im Auto Richtung Schule sitzen müsste. Dort dann gerade noch vor Ertönen der Schulklingel angekommen, stürme ich ins Klassenzimmer. Im Klassenzimmer wiederum stürmen die SchülerInnen auf mich zu. Und in mich hinein, indem sie 100 Fragen auf der Stelle und genau jetzt in dieser Sekunde beantwortet haben wollen. Somit hat der Lauf eines typischen Unterrichtstages seinen Anfang genommen: durchfunktionieren bis ans Unterrichtsende. Kein Gedanke mehr an Seele, deren Sitz, und wie ich sie nähren soll. Vielmehr denke ich ständig daran, was ich jetzt nicht gern alles essen würde. Und was ich aber lieber nicht essen sollte, weil Kohlenhydrate mittags gut verdaulich sind, aber dennoch dick machen. Abends dagegen wieder nur Eiweiß zu empfehlen ist, wenn man abnehmen will, ich es abends aber nie schaffe, nur Eiweiß zu essen, ich das aber endlich anfangen will, denn mit 82 kg …

Und als ich in der Mittagspause nach Hause fahre, weiß ich zwar noch nicht, ob es Kohlenhydrate oder doch nur Eiweiß geben wird, aber eines weiß ich mit Bestimmtheit: dass ich mich heute zusammennehmen werde! Denn heute, habe ich beschlossen, ist es wirklich an der Zeit, mich endlich wieder zu disziplinieren! Und diesem allabendlichen Auszucken der letzten Wochen und gar der letzten Monate endlich ein würdiges Ende zu setzen!

Allabendliches Auszucken? Na ja, diesen Begriff habe ich kreiert für ein bestimmtes Phänomen, das mit meinem Essverhalten in der letzten Zeit einhergeht: Ich sehe fern. Und immer wenn ich vor dem TV-Gerät sitze, verwandelt „es" mich in eine Art überirdisches Monster, das alles Ess- und auch Nicht-Essbare wie von Sinnen wahllos in seinen Mund steckt. Und während dieses „Monsteressens" habe ich keinen Bezug zu mir selbst und zu meinen körperlichen Empfindungen mehr. So startet das Ganze ohne ein Gefühl von „Ich habe Hunger!" Nein, ich esse einfach so. Ohne Grund. Ohne Sinn. Ich esse um des Essens willen. Und später, wenn ich schon Unmengen gegessen habe, stellt sich auch kein Gefühl von „Ich bin satt!" oder „Ich kann nicht mehr!" ein. Ich esse immer so lange, bis mir schlecht ist. Und erst wenn mir so richtig wirklich schlecht ist, dann, wenn mir schon mein ganzer Körper wehtut, dann erwache ich wieder wie aus einem Trancezustand. Dann, wenn ich mich vor lauter Völle- und Schlechtseinsgefühlen ganzkörperlich winden muss. Und erst in diesem Moment bekomme ich mit, was ich in dieser „Ich-stopfe-alles-in-mich-hinein"-Phase alles an Lebensmitteln in meinem Körper verschwinden habe lassen: Gestern waren es zum Beispiel eine Packung Taco-Chips mit Avocadocreme, eine Packung Wasabi-Erdnüsse, eine Packung Schokolade-Weihnachtskugeln, sämtliche Weihnachtskekse meiner Tochter, und sind da nicht auch noch diese Käsebällchen gewesen?

In Wirklichkeit habe ich danach keine Ahnung mehr. Es ist jedes Mal, als ob ein Fremder meine Hand nehmen würde und sie per Fernsteuerung unentwegt vom Essen zum Mund und vom Mund zum Essen führen würde. Und erst wenn alle diese Fressalien gleichzeitig in meinem Magen übereinander und ineinander kullern und sich dort einem erbitterten Territorienkrieg hingeben, „erwache" ich. Dann, wenn mir hundsübelkotzschlecht ist. Und zu diesem Zeitpunkt schwöre ich mir jedes Mal aufs Neue: Nie wieder! Nie wieder werde ich mich so gehen lassen! Nie wieder!

So auch heute. Denn ab heute wird ja wirklich alles anders! Alles neu! Nun gut, tatsächlich funktioniert dieses mich Zusammennehmen und heute Bewusst-wenig-und-nur-gesunde-Sachen-Essen exakt wieder bis 20 Uhr 25, nämlich bis zu dem Zeitpunkt, an dem ich wieder vor dem Fernseher liege. Interessanterweise muss ich mich dann zum Essen all dieser Lebensmittel sogar aus meiner gemütlichen Position des Liegens wieder aufsetzen, aber leider ist mir dafür nicht mal diese Mühe zu anstrengend. Und so wiederholt sich an diesem Abend genau das gleiche Szenario wie am Vorabend. Mit dem Endergebnis, dass ich mir zum ersten Mal überlege, ob ich mir nicht schnell einen Finger in den Hals stecke, weil mir so unendlich schlecht ist.

Woche 1, Mittwoch

Ja super! denke ich mir, als ich heute frühmorgens in der Küche stehe. Das Erste, was mir entgegenlacht, sind die unaufgeräumten Verpackungsberge aller zu mir genommenen Fressalien vom Vorabend. Unvorstellbar, mit wie viel Schrott im Magen ich die Nacht hinter mich gebracht habe. Und immer noch lebe. Das muss man sich einmal vorstellen! Was für Schwerarbeit mein Körper da leisten muss in der Nacht! Habe ich nicht gestern noch so lautstark hinausposaunt: Nie wieder! Geschworen habe ich es sogar! Ja, das ist wirklich ein tolles Experiment! Die Seele nähren und an Seelengewicht zunehmen. Irgendetwas läuft da schief. Ich nehme zu, ja, aber nicht auf der Seelenebene. Nein, wieder nur auf der Waage! Und in der Menge des Plastikmülls. Was die da immer für Unmengen von Verpackungsmaterial verwenden! Das ist doch unglaublich! Nur von läppischen drei Packungen Knabbergebäck und vier Packungen Keks ein Müllberg ohnegleichen! Na ja, versuchen wird man es wohl noch dürfen, vom eigentlichen Thema abzulenken.

Gestärkt durch den Beweis meines eisernen Willens von gestern Abend verbringe ich meinen Tag wieder mit lauten, kreischenden Kindern in der Schule. Und kaum bin ich wieder zuhause angekommen, geht genau diese Schrei- und Kreischnummer mit meinen zwei Kindern von neuem wieder los. Lieber Gott, wer hat nur Kinder erfunden? Und jedes Mal, wenn ich ein Kind schreien höre, egal ob in der Schule oder zuhause, ist mein erster Impuls: „Essen!" „Hunger!" „Sofort mir etwas Gutes tun!", schreit es dann in meinem Kopf. Mit dem Endergebnis, dass ich abends vor dem Abendessen schon völlig satt bin. Und in dem Moment, als ich mich gemütlich auf das Sofa drapiere und gerade im Begriff bin, auf den Knopf der Fernbedienung zu drücken, halte ich inne.

Habe ich mich gestern eine Sekunde lang um meine Seele gekümmert? Nein. Habe ich heute meine Seele mit Nahrung versorgt? Nein. Aber ich weiß ja auch nicht, wie! Also beschließe ich, den Fernseher mal auszulassen und mich nur noch um diese Sache zu kümmern. Ich hole mir einen Zettel samt Stift und sammle Ideen. Ideen von Dingen und Tätigkeiten, die mir gut tun. Bei denen ich währenddessen oder zumindest nachher ein gutes Gefühl habe. Dinge, die sich nach Mich-Wohlfühlen anspüren:

- ❤ **ein heißes Bad nehmen**
- ❤ **… mit gutem Badeöl dazu**
- ❤ **eine besondere CD hören**

Oh Mann, was tue ich da? Ich sitze auf meinem geliebten Sofa, darf den Fernseher nicht einschalten und muss Tätigkeiten aufschreiben, bei denen ich mich wohlfühle. „Wie tief bin ich gesunken?", höre ich mich nur noch denken. „Aber so kann es doch nicht weitergehen!", vertritt die Gegenpartei in meinem Kopf. „Du verfettest sitzenden Fleisches!" Also nehme ich den Stift wieder auf und schreibe weiter:

- ❤ **ein Buch lesen**
- ❤ **joggen, sporteln**
- ❤ **in die Hängematte legen**

Das ist ja wirklich superfein. Nur daran denke ich nie.

- ❤ **mit den Kindern eine Geschichte erfinden, jeder sagt abwechselnd einen Satz**
- ❤ **mit den Kindern im Bett ein Sandwich machen, eine Person vorne, eine hinten, in der Mitte die Sandwichperson**

Das sind ja tolle Ideen! Und in der Entschuldigung für die Schule steht dann: „Leider konnte mein Kind heute Nacht nicht schlafen, weil ich es für mein Anti-Fress-Experiment gebraucht habe …"

- ❤ **E-Bass spielen**
- ❤ **ins Kino gehen**
- ❤ **Solarium**

Apropos, ich habe mir sagen lassen, je dunkler die Haut, umso mehr Schatten wirft sie, umso schlanker wirkt man. Vielleicht sollte ich gleich ein Dauerabo buchen?

💜 **Sauna**

Das ist wieder schwierig, weil nackt. Und wer will schon so einen aus den Fugen, Konturen geratenen Körper zeigen, nackt? Na ja, vielleicht Damensauna?

💜 **viele Kerzen**
💜 **Duftlampe**

Isst man dann weniger? Ich weiß nicht …

💜 **im Liegestuhl in die Sonne**

Das ist eine Superidee, vor allem im Winter!

💜 **abends im Garten Feuer machen**

Das ist nochmals super, weil keine Feuerstelle da ist, und was soll man dann reden, so allein vor dem Feuer?

💜 **etwas Besonderes essen und trinken**

Apropos, es geht doch ums Nicht-Essen und Nicht-Trinken. Oder habe ich etwas falsch verstanden?

💜 **Fest feiern**

Ein Fest ohne Essen und Trinken?

💜 **meditieren im Yogasitz**

Kann ich ja gar nicht.

💜 **spazieren gehen**
💜 **Atem beobachten**

Wie spannend!

- 💜 **Körperkonturen mit Händen abgreifen**

Wie bitte? Wo kommt denn diese Idee her?

- 💜 **zehn Minuten nur „sein"**

Oh mein Gott! Vielleicht sollte ich meine Figur einfach lieben lernen, so wie sie ist!

Ich stelle fest, ich habe schon Ideen, aber das sind alles Dinge, die mit einem gewissen Aufwand verbunden sind. Man kann nicht einfach mal schnell in der Schule in die Badewanne hüpfen. Oder jeden Abend im Solarium abhängen. Abgesehen von der Tatsache, dass ich dann so weiter essen hätte können, na ja, bei der Menge an Schatten, die mein gebräunter Körper dann werfen würde.

Jetzt mal Witz beiseite, irgendwie fühlt sich das Ganze etwas nach Übungen machen müssen, nach Übungen in den Alltag einbauen sollen an. Und wenn ich das Wort „Übungen" sage, merke ich, das ist schon wieder alles mit „Arbeit", mit „Tun-Müssen" besetzt. Vielleicht könnte man einen neuen Begriff kreieren, eine neue Überschrift finden?

Eine halbe Stunde später hab ich es: „Genussmomente für die Seele" schaffen (habe ich doch im Rahmen meiner Coaching-Ausbildung das Genuss-Coaching® kreiert). Ich will nicht Übungen machen müssen, sondern für „Genussmomente für meine Seele" sorgen. Und mich dafür während des ganzen Tages immer wieder einsetzen: Genussmomente während des Frühstücks, während der Arbeit, während der Zeit mit meinen Kindern, abends, im Grunde genommen den ganzen Tag über, während des Funktionierens immer wieder innehalten und für ein paar Momente lang genießen.

 **„ICH-BEREITE-MIR-FREUDE"**-Übung:
Sorgen Sie 3mal pro Tag bewusst dafür, dass Sie sich von Herzen freuen!

Siehe Seite 198 ❤

Woche 1, Donnerstag

Mein erster Gedanke, wenn meine Augen frühmorgens im Bett aufgehen, ist: „Gar kein Fernsehen!" Fernsehen ist auf meiner Liste gar nie aufgetaucht. Aber ich tue es doch so gerne! Und ich tue es so oft. Wenn ich fertig bin vom Tag, mich abends nur noch vor das TV-Gerät fallen und berieseln lassen. Was gibt es Schöneres? Offensichtlich laut Liste eine Menge. Nur ist mir das alles viel zu mühsam erschienen in den letzten Monaten. Zum Reden habe ich abends, seit ich Alleinerzieherin bin, niemanden, und so verspreche ich mir offensichtlich nur Zuspruch vom Fernseher. Traurig eigentlich, aber trotzdem tröstend, denn sonst hätte ich das doch nicht monatelang so praktiziert. Oder? Oder ist genau diese Leere, die ich dann dabei irgendwo unterbewusst verspüre, der Auslöser dafür, dass ich regelmäßig vor dem Fernseher so viel in mich hineinstopfe? Dass ich mich beim Fernsehen selbst nicht mehr spüre und dann so viel esse, bis ich mich wieder spüre? Zwar nur im Negativen, weil mir vor lauter Überfüllung schlecht ist, aber immerhin, ich spüre mich wieder? Also wenn das stimmt, bin ich geschockt ob dieser Tatsache. „Aber …", beschließe ich in dem Moment, „Tatsache ist das noch lange keine! Dies soll sich doch erst einmal von selbst beweisen, bevor es zur Tatsache erhoben wird!"

Und so erhebe ich mich aus meinem warmen Bett und starte beruhigt in meinen dritten Tag. Was mir im Laufe dieses Tages nur auffällt, ist meine Reaktion bei meiner Freundin. Diese liegt mit Grippe im Bett und hat zwei große Teller mit Weihnachtskeksen vor sich stehen, von

44

ihrer Mutter selbst gebacken. Ich trinke Kaffee, ein großes Glas Wasser und bin zufrieden. Bis mich meine Freundin fragt: „Magst keine Kekse essen?" Und ich mich antworten höre: „Nein, ich habe keine Lust. Und wenn ich schon mal keine Lust habe, möchte ich das gerne ausnützen." Das mag Ihnen, liebe/r LeserIn, als eine natürliche und normale menschliche Reaktion vorkommen, verständlicherweise. Mitnichten bei mir. Egal ob ich Hunger habe oder auch nicht, wenn superleckere Kekse, Schokolade, Chips oder Eis auf einem Tisch vor mir herrenlos herumstehen, greife ich zu. Als ginge es darum, diese Utensilien vor bösen Raubtieren zu beschützen. So nach dem Motto, wenn schon gefressen, dann wenigstens von mir. Also Sie sehen, das war schon eine wahrliche Meisterleistung, hier, vor diesen Keksen sitzend, zu sagen: „Ich habe keinen Hunger. Nein danke!" Zumal ich das auch so empfand. Ich fühlte das aus meinem Inneren heraus genau so. Es war seit Monaten der erste Moment, in dem ich spürte, was ich körperlich wollte, und dabei blieb, was ich spürte, obwohl all die Kekse unentwegt mit lauter Stimme riefen: „Nimm mich, pack mich und ich bin dein!"

Und das Ganze war mir nur möglich, weil ich dem folgen durfte, was ich spürte. Eine Woche vor Experimentbeginn hätte ich sofort Stimmen in meinem Kopf gehört, die natürlich sagten: „Nein, tu es nicht! Weihnachtskekse sind Kalorienbomben!" Und wie schon erwähnt, bin ich ja ein freier, selbstbestimmter Mensch, was mit Sicherheit dazu geführt hätte, dass ich nicht nur einen, sondern gleich beide Teller leer gegessen hätte, nur um mir zu beweisen, wie unabhängig ich doch war. Und heute ist etwas ganz Neues passiert. Ich darf alles. Es gibt keine Stimmen, die sagen: „Nein!" Es gibt nur Gedanken, die dahin zielen, wie ich meine Seele nähren kann. Und somit bin ich frei zu spüren, was ich wirklich will. Und ich wollte in dem Moment keine Kekse. Ein traumhaftes Gefühl!

Was von diesem Tag noch vielleicht erwähnenswert ist, ist die Art der Abendgestaltung. Im Laufe des Nachmittags wird mir bewusst, dass ich schon seit Wochen nicht mehr mit meinen Kindern selbst erfundene Abendgeschichten kreiert habe. Sei es, weil die Kinder einen Schub von: „Wir sind schon groß und wollen so einen Kinderkram nicht mehr machen!" gehabt haben. Sei es, weil ich nie mehr auf die Idee gekommen bin. (Früher haben wir das täglich gemacht! Und wenn es nur für kurz war.) Doch an diesem Abend schnappe ich mir zuerst meine Tochter für einen gemeinsamen Abendspaziergang durch den Schnee und nach dem Abendessen wird Treffpunkt in meinem Doppelbett ausgemacht. Und siehe da, wir drei – spazieren gehen wollte mein Sohn beim besten Willen nicht – machen sowohl ein Sandwich als auch kreieren wir eine neue Geschichte. Und so gehen wir alle lachend und glücklich in unsere Betten. Ein schöner, wohltuender Abendausklang.

Woche 1, Freitag

Frühmorgens auf der Waage: 80,30. Stopp! Das kann doch nicht stimmen! Manchmal spinnt meine Waage ja. Also stelle ich mich erneut drauf: 80,30. Ich bin so baff, dass ich mir mit etwas Misstrauen im Hinterkopf denke, warte mal ab, Hilde, das ist jetzt ein Zufall, und wir beobachten die Sache weiterhin kritisch. Was mir in dem Moment nur beim gedanklichen Revue-Passieren des vorigen Tages auffällt, ist die Tatsache, dass ich wirklich viele Dinge meiner Liste „Genussmomente für die Seele" in den Tag eingebaut habe. Und ich habe überhaupt nicht daran gedacht, was ich essen soll bzw. nicht essen darf. Ich hatte meine Gedanken in erster Linie bei den „Genussmomenten für die Seele" und was ich meiner Seele alles zuliebe tun kann. Also kann ich rückblickend auf den Tag schon sagen, dass ich gut für mich und meine Seele gesorgt habe. Ja das ist ja doch ein spannendes Experiment. In der Tat!

Woche 2, Freitag, ein Tag nach Weihnachten

Sechs Tage lang nichts aufgeschrieben. Und das genau in der schwierigsten Zeit des Jahres, wie zumindest ich finde. Wenn ich Ihnen nun sagen könnte, ich habe in dieser Woche, mit meinem Experiment an meiner Hand, abgenommen, dann würden Sie jetzt mit Sicherheit den Weltbestseller in Händen halten. Nun, vielleicht habe ich das Glück und Sie halten nichtsdestotrotz einen Bestseller in der Hand, nur abgenommen habe ich nichts. Im Gegenteil, ich habe sicher massiv zugelegt. Zum Pech für Sie, zum Glück für mich kann ich das bis zum Jahreswechsel nicht prüfen, weil ich eine Woche lang Ferien bei einer Freundin mit kaputter Waage mache. Doch wie jeder weiß, wenn der Gürtel im sonst verwendeten Gürtelloch nach um ein Vielfaches mehr an Weite sucht, hat man zugelegt. Da kann man sich verkleidet oder auch nackt vor den Spiegel stellen und sich selbst tief in die Augen schauen und mit sanftestweicher Stimme sagen: „Ich bin schlank!" Das wird einfach niemand in dieser Welt glauben, Sie selber am wenigsten.

Apropos „Ich bin schlank!". Ich habe Mitte Dezember (eine Woche vor meinem Experimentbeginn) in Wien ein Seminar bei Pierre Franckh besucht. Der Spezialist für „Erfolgreich Wünschen", ein wunderbarer, unterhaltsamer, hochintelligenter Mann. Er hat erzählt, dass er eine Schlankwerden-Methode entwickelt hat, die ihn im Jahr zuvor um neun Kilos erleichterte. Die funktioniert genau so, dass man sich täglich mindestens einmal, je öfter, desto besser, nackt vor den Spiegel stellt und sich mit lauter Stimme sagt: „Ich bin schlank!" Nun, ich habe das natürlich auch sofort versucht, nur jedes Mal, wenn ich das gesagt habe – immerhin konnte ich mich schon dahingehend beherrschen, dass ich es wirklich bis zum Ende sagte –, überkam mich ein derartiger Lachanfall, dass ich mich überhaupt nicht mehr einkriegte. Da stehst du nackt vor dem Spiegel, siehst alle Fettpolster, Rundungen mitsamt dem Hängebusen (je mehr Gewicht man hat, desto größer

47

wird er, und daraus resultierend gibt's mehr Stoff zum Hängen) im Gegenlicht leuchten (die Sonne kam von hinten) und sollst allen Ernstes glauben: „Ich bin schlank!" Ja vielleicht ist das eine Methode, um wieder mehr Humor in seinen Alltag zu bringen.

Zur Ehrenrettung von Pierre Franckh: Die Idee ist super. Er meint, nach dem Gesetz der Anziehung (das besagt, dass man das in sein Leben holt, was man denkt) wird man automatisch schlank, wenn man sich so denkt. Und man bewegt und verhält sich so, als wäre man schon schlank, und das bringe automatisch das Schlank-Sein mit sich. Also viel Glück, vielleicht schaffen Sie das auf diese Art. Ich stelle mir das als die müheloseste Variante vor, die es zum Abnehmen gibt. Vorausgesetzt Sie sind der Typ, der das glaubt, sobald er in den Spiegel schaut.

Nun, da diese leichteste Methode bei mir nicht funktioniert, wende ich mich wieder meinem Experiment zu. Doch leider kann ich erst morgen wieder starten.

Ich habe heute meine allererste Schitour gemacht: Ein Traum! Sonnenschein, warm, wildromantisch verschneite Tannen und Berge, so weit das Auge reicht, ein frischer Pulverschnee zum Abfahren und zwei liebe und interessante Frauen zur Unterhaltung mit dabei. Sprich, ich habe heute meine Seele ohne Unterbrechung genährt. Ein Genuss-Moment, der den ganzen Tag lang andauerte. Nur leider bin ich dann mit einem Riesenhunger zurückgekehrt. Und da es meine erste Schitour war, hatte ich weder eine Jause noch einen Tee noch eine Schokolade mit dabei. Ich hatte einzig und allein eine große Flasche Wasser in meinen neuen Rucksack eingepackt. Die dann, oben am Gipfel angelangt, nur noch aus einem mit Plastik umhüllten riesigen Eiswürfel bestand. Als ich das sah, war wenigstens genug Grund vorhanden, mal deftig und ohne Unterlass loszulachen. Das kann auch nur einem

Anfänger passieren! Der einzige Proviant ist eingefroren und ich hatte nicht einmal etwas zum Trinken! Natürlich haben alle netterweise alles mit mir geteilt, aber wie es halt mal so ist, wenn man einen Berg besteigt, jeder Profi lässt jeden nicht unbedingt notwendigen Bissen und Schluck im Tal, damit er nicht unnötig Gewicht auf den Berg schleppt. Fazit, ich hatte nach meiner Rückkehr Hunger. Großen Hunger! Und so habe ich wahllos alles in mich hineingestopft, was ich finden konnte.

… aus diesem Grund werde ich also morgen wieder ganz von vorne anfangen. Denn ich erinnere mich mit großem Wohlbehagen an dieses Gefühl von „Ich will mein Seelengewicht nähren, ich will zunehmen!" Das ist ein unglaublich angenehmes, erfüllendes Gefühl. Nichts mehr, was ich nicht darf! Nichts mehr, was ich muss. Alles zu dürfen. Und dann draufzukommen, ich darf, und ich will jetzt gar nicht. Zu diesem Gefühl will ich wieder hinkommen!

Woche 2, Samstag

Eine Orange essend, einen exquisiten Caffè-Latte trinkend, sitze ich in der Panoramaküche meiner Freundin, die es mir ermöglicht, dass mir jetzt, frühmorgens, die Sonne ins Gesicht scheint. Herrlich!

Die wärmenden Sonnenstrahlen auf meinem Gesicht genießend, melden sich auf einmal meine hochphilosophischen Gedankenstränge zu Wort: „Was ist in der letzten Zeit passiert, bezüglich Seele nähren und an Seelengewicht zunehmen?", höre ich sie fragen. Eigentlich kenne ich nur den Begriff „die Seele baumeln lassen". „Was bedeutet das eigentlich? Wenn man nicht einmal richtig weiß, wo sich dieselbe befindet, wie soll man sich vorstellen, dass sie wie ein Pendel hin und her baumelt? Ist das damit gemeint? So ein Ding, das sich unter beziehungsweise hinter dem Herzorgan befindet und das Pendel zum Herzen bildet? Die unsichtbare Seele hin und her schaukelnd wie ein Neugeborenes? Ist das damit gemeint?"

Ich drehe den Kopf etwas zur Seite, beginnt mich die Sonne doch zu blenden. Oder sind es die hochwissenschaftlichen Ergüsse meines Innersten, die mich zu blenden beginnen?

„Gibt es eigentlich irgendetwas, über das man mehr mutmaßt als über die Seele? Aber gleichzeitig nichts darüber weiß? Jeder hört irgendwann einmal etwas über ‚die Seele‘. Niemand weiß, wer oder was sie in Wirklichkeit ist. Und doch meinen viele Menschen, dass unser Körper irgendwann einmal stirbt, die Seele aber nicht. Dass diese weiterlebt. Und im buddhistischen Glauben meint man gar, die Seele würde sich tausende Male von neuem verkörperlichen und dann wieder frisch und jungfräulich auf die Welt kommen. Um sich erneut weiter zu entwickeln. Das klingt doch alles so verrückt. Und so unnachvollziehbar. Und genau dieses verrückte Ding von Seele soll ich jetzt nähren. Hoffentlich gerate ich nicht auch mit meiner Seele in diesen Übergewichts-Kreislauf. So dass sie im nächsten Leben auf der Erde schon mit Verfettung starten muss. Kann eine Seele eigentlich verfetten?"

Ich habe in den letzten Jahren schon des Öfteren von einer „spirituellen These" gelesen, die besagt, dass es für uns Menschen das Leben auf der Erde gibt und dass nach unserem Erdenleben eine sogenannte Zwischenwelt existiert. Und dass sich die Seelen nach dem Tod in dieser Zwischenwelt treffen und das hinter einem liegende Leben reflektieren. „Was hat man alles gelernt? Und was hat man noch zu lernen?" Und dementsprechend werde dann das nächste bevorstehende neue Leben geplant: Man suche sich dann Lebensumstände aus, in die man geboren wird, in denen man die maximale Möglichkeit hat, sich weiterzuentwickeln.

Muss zum Beispiel jemand Geduld entwickeln, ist es möglich, dass er im Laufe seines Lebens in den Rollstuhl kommt. So dass er die größtmögliche Chance hat, Geduld mit sich und mit den anfangs widrigen Umständen zu lernen. Oder hat jemand einen friedlichen Umgang mit Menschen und mit sich selbst zu lernen, dann kann er in eine Familie oder ein Umfeld kommen, in dem er geschlagen wird. Gemeinerweise sollen diese Lernvorgänge nicht mit Positivbeispielen durch Nachahmung erlernt werden, nein, man kommt in schwierige Lebenssituationen, weil man in solchen die größtmögliche Chance hat, das Gewünschte zu entwickeln und als Persönlichkeit und damit als Seele zu wachsen.

„Na ja, das mutet schon alles etwas makaber an, aber andererseits macht es auch wieder so viel Sinn. Dann hat nämlich alles anfängliche Leid immer einen tieferen Sinn, birgt immer eine Chance, sich und seine Seele weiterzuentwickeln und sich als Persönlichkeit zu verfeinern."

Na ja, auf jeden Fall, um wieder zum Thema zurück zu kommen, treffen sich laut dieser These also alle unsere Seelen vor Lebensantritt in dieser Zwischenwelt und ein jeder kreiert für sich einen neuen Lebensplan für das nächste Leben. Und dabei wird auch besprochen, welche Lebensumstände es am möglichsten machen, dass man eine ganz bestimmte Entwicklung in seiner Persönlichkeit schafft. Und damit man diesen Lebensplan auch ausführen kann, dann auf der Erde, muss man sich nun mit den anderen Seelen absprechen und diese fragen, wer bereit ist, diese und jene Rolle für die eigene Entwicklung zu übernehmen. Das heißt, wenn ich jetzt zum Beispiel das Loslassen lernen müsste, könnte es sein, dass in dieser Zwischenwelt beschlossen wird, dass ich ein Kind bekomme und dass dieses eines Tages ermordet wird. Und meine Kür meines persönlichen Wachstums bestünde dann darin, dass ich es irgendwann in meinem weiteren Leben schaffe, sogar dem Mörder zu verzeihen. Und das heißt wiederum, bevor ich mit einem neuen Körper wieder ins Leben einsteige, muss sich vorher eine Seele freiwillig melden, die sagt, okay, ich übernehme für deine Entwicklung die Rolle des Mörders. Das würde dann wieder passen, wenn die „Mörder-Seele" lernen muss, trotz maximalem Freiheitsentzug, mit Gefängnis auf Lebenszeit, nicht als Persönlichkeit vor lauter Hass auf die Welt zu verbittern, sondern zu bereuen und trotz alledem in seiner Zelle als Mensch zu wachsen und Liebe zu lernen.

Kurzum, eine jede Seele kommt also so lange wieder auf die Welt, jeweils immer mit einem neuen Lebensplan, bis sie in der Lage ist, alles und jeden bedingungslos zu lieben.

Kurzes Innehalten.

„Oh mein Gott, wenn das stimmt, wie viele Leben stehen mir dann noch bevor?" Und schon drehe ich die andere Seite meines Gesichtes der Sonne zu. Will ich doch die Sonnenbräune mit gleichmäßigem Schattenwurf nützen.

„Nur, wenn diese These annähernd stimmt, habe auch ich mir in dieser Zwischenwelt für mein jetziges Leben einen Lebensplan zurechtgelegt. Und das bedeutet, ich habe jetzt in diesem Leben eine ganz bestimmte Aufgabe. Aber welche Aufgabe habe ich? Unterrichten in der Schule? Dieses Buch schreiben? Was ist, wenn ich gar nicht weiß, was meine Aufgabe ist? Und was erst, wenn ich diese Aufgabe bis an mein Lebensende nicht finde?

Ist das vielleicht der Grund, warum zurzeit so viele Menschen nach dem Sinn des Lebens suchen? Es gibt ja inzwischen Unmengen an Büchern, die sich alle nur mit dem Sinn unseres Lebens und unseres Daseins beschäftigen. Und damit, wie man glücklich wird. Wie man seine Berufung und seine Erfüllung findet. Aber wenn man als Seele in der Zwischenwelt schon einen Seelenplan ausgeheckt hat, warum bekommt man den nicht einfach, auf einer Schriftrolle mit schöner Handschrift notiert, ins Leben mit? So dass der Arzt/die Ärztin bei der Geburt eines Kindes schon automatisch weiß: „Wunderbar, das Baby ist da, jetzt muss nur noch die Mutterkuchen-Schriftrolle folgen …" Wie sonst sollen alle Menschen wissen, was ihr Seelenplan, ihr Sinn hier auf der Erde ist? Und heißt das dann in der Konsequenz, wer seinen Seelenplan nicht findet, lebt am eigenen Lebenssinn vorbei?"

Zum Glück scheint die Sonne immer noch in mein Gesicht. Als hätte sie es geahnt, heute wird's happig, heute braucht Hilde Wärme von außen, bei den Themen, die sie gerade durchkaut.

„Früher ging es darum, Essen zu finden, Kinder zu bekommen und diese zu beschützen. Das alles ist für uns in der westlichen Welt meist keine Herausforderung mehr. Denn das Essen finden wir im Supermarkt, und unsere Kinder werden von keinerlei Ungeheuern mehr gefressen. Das heißt, dies kann wirklich nicht mehr unsere erfüllende Lebensaufgabe sein. Sind darum so viele von uns auf der Suche nach Sinn? Auf der Suche nach einem erfüllenden Job, nach einer erfüllenden Partnerschaft, nach einem erfüllenden Freizeitleben? Oder auf der Suche nach Schlankheit? Und Glattheit im Gesicht und an den Schenkeln? Weil innerlich irgendetwas leer ist und man noch keinen anderen Sinn gefunden hat?"

Ich drehe mein Gesicht nochmals der Sonne nach.

„Dann geht es also ,nur' darum, seinen Seelenplan, seine ,Seelenrolle' für dieses Leben auch zu finden! – Ja wenn es weiter nichts ist", denke ich mir augenzwinkernd, genieße die Sonne in meinem Gesicht um ein Vielfaches mehr und lausche der Musik aus dem CD-Player.

„Aber ob man diesem Seelenplan dadurch näher kommt, indem man versucht, seine Seele zu nähren?", das wage ich dennoch zu bezweifeln.

„STILLE"-Übung:
Nehmen Sie sich jeden Tag fünf Minuten Zeit fürs Still-Sein,
um nach innen, auf Ihr Herz zu hören.

Siehe Seite 197 ❤

Woche 2, Sonntag

Heute gibt ein Freund von mir ein Konzert: „Burning Rosettas". Schon dieser Bandname! Drei gestandene Jungs: Bass, Drums, Gitarre und Gesang. Alle drei in knallweißen Anzügen. Die Drums mit weißem Plüsch überzogen, das allein schon eine Augenweide. Gesang und Bass: mein früherer Nachbar. Jahre haben wir allabendlich miteinander verbracht. Ab sechzehn. Gelacht und gelacht, und ich weiß gar nicht, ob ich je wieder mit irgendeinem Menschen derart viel gelacht habe wie zu jener Zeit. Ich wusste zwar, dass mindestens die Hälfte aller Geschichten erfunden war, aber das war egal. Hauptsache, der Unterhaltungsfaktor stimmte. Nach Salzburg ging er dann, studieren. Um ein Jahrzehnt später wieder zurückzukehren mit dem Magistertitel im „Studentenleben führen". Jetzt, mit 48, kann er zwischen den besten Jobs im ganzen Bodenseeraum Deutschland, Schweiz und Liechtenstein wählen. Weil man Sprachfertigkeit und Witz eben nicht per Magister erwerben kann. Und dieser Freund erfüllt sich mit seiner Band bis heute seinen Jugendtraum. Und auch meinen, denn ich war schon siebenmal auf ein und demselben Konzert. Und beim siebten meiner Konzertbesuche in Folge fing ich an, mir Gedanken zu machen, was die drei Herren wohl über mich dachten? Eine alleinstehende Frau? Sieben Konzertbesuche in Folge? Ob es etwa um Spekulationen in Richtung:

„Auf welchen der drei sie denn wohl nun steht?" ging? Und in dem Moment wurde mir klar, ich will heute kein achtes Mal drauflegen.

Nun, die besonders aufregende Alternative, für die ich mich dann entscheide, ist: „Weil es dich gibt", mit John Cusack und Kate Beckinsale im TV-Gerät. Und dort, vor dem Fernseher, kommt es, wie es wohl kommen muss.

Und dabei hat der Tag so vielversprechend begonnen. Habe ich doch (die österreichischen Lehrer befinden sich momentan in ihren, so wie ich meine, wohlverdienten Weihnachtsferien, somit also auch ich) einen langen Spaziergang über Eis und Schnee mit meiner Schwester hinter mich gebracht. Und haben wir dabei doch auch unglaublich wichtige Erkenntnisse bezüglich meiner Partnerwahl durchleuchtet. Mein Schwesterherzchen meinte nämlich: „Weißt du, Hilde, das ganze Lokal ist voll mit tollen, liebenswerten Männern, und wen wählst du? Das allergrößte Arschloch, das sich in diesem Raum befindet!" Ja danke aber auch, denke ich mir. Aber vielleicht wird mir das ja in näherer Zukunft eine wertvolle Hilfe sein. Zu wissen, also der, zu dem es mich hinzieht, ist ein Arschloch, und der, der mir nicht gefällt, der wäre mein Idealpartner. Leider haben wir noch nicht besprochen, wie man es anstellt, die Gefühle und die Anziehungskraft für interessante Männer auf uninteressante Langweiler umzupolen. Tja nu, vielleicht wird sie mir das beim nächsten Spaziergang ja genauer erläutern. Wie dem auch sei, zwei Stunden lang in der Kälte dahinzuwandern und danach einen wundervollen Caffè-Latte mit viel Milchschaum zu schlürfen, ist sicher für mich eine Art Seele-Nähren gewesen. Dazu habe ich nachher ein bis zwei Stündchen lang geschrieben – wieder Nahrung für die Seele. Also doch alles Voraussetzungen, die diesen Tag zu einem äußerst gelungenen Tag werden lassen hätten können. Wenn ich dann nicht bei besagter Alternative hängen geblieben wäre.

Zuerst läuft alles wunderbar. Ich liege auf der Couch, schlürfe Sekt und heißes Wasser, mein neues Lieblingsgetränk, und gebe mich diesem „Schicksalsfilm" hin. Zwei verwandte Seelen begegnen einander (schon wieder Seelen, Hilfe!!!), verlieben sich unsterblich ineinander, lassen aber das Schicksal entscheiden, ob sie einander je wieder sehen werden. Sie schreibt ihre Adresse in ein Buch, und er sucht zehn Jahre lang in jedem Trödlerladen nach diesem einen Buch, bis sie einander schlussendlich durch wundervolle Zufälle glücklich wieder finden.

Ich erlebe das Ende des Films. Ja. Nur leider nicht nur mit dem Sekt und heißem Wasser intus, nein leider plus einer Packung Taco-Chips mit Avocadocreme (wie einfallsreich!) und Tonnen von Weihnachtskeksen dazu. Wobei ich die beiden Dinge seit einer halben Stunde abwechselnd zu mir nehme. Kennen Sie das, wenn man schon satt ist, aber noch Gelüste hegt, und diese Gelüste dann auch irgendwann befriedigt sind? Und man sich dann zur erneuten Stimulation ganz neue Maßnahmen einfallen lassen muss? Also wechsle ich von süß zu salzig und umgekehrt. Aber nicht im langweiligen absehbaren Wechsel hin und her, nein, mal süß, dann wieder süß, dann lange salzig, ein klitzekleines Süß, wieder salzig, wichtigstes Gebot, den Körper immer wieder von neuem überraschen.

„Welch wundervolle Fähigkeit", denke ich mir gerade beim Schreiben, „seinen Körper immer wieder so von neuem überraschen zu können!", bis mir meine eigene Selbstironie im Hals stecken bleibt.

„Meinen Körper immer wieder von neuem überraschen …?" hallt es in meinem Kopf nach. Und in dem Moment bricht alles auf. Es ist, als hätte meine Staumauer ihre unendliche Kraft, den über ihr liegenden See zu halten, vollends verloren. Das heißt also im Klartext, ich überliste meinen eigenen Körper dahingehend, dass er den Mund öffnet, obwohl er satt ist und obwohl ich eigentlich abnehmen will?! Das ist doch in außerordentlichem Maße nur noch krank! Verstehen Sie, was ich meine? Ich wende Tricks an, damit ich esse, obwohl ich abnehmen will. Bin ich krank? Im Hirn? Und dann noch diese Taktik, immer alles hinter einem Witzchen, hinter einer ach so lustigen Selbstironie zu verstecken?

Und in dem Moment heule ich los. Ich weine und weine. Immer mehr und mehr schüttelt es mich durch. Ich heule ob meiner selbst, ob meiner unendlichen Unfähigkeit, ob des Lebens an sich und überhaupt, ich weine. Und dann weine ich nur noch aus Scham. Scham über mich selber, über meinen Körper, über meine Unfähigkeit, mich und mein Essverhalten in den Griff zu bekommen. „Die Seele nähren und an Seelengewicht zunehmen, und dabei automatisch an Körpergewicht verlieren" war doch das Thema. Und wovon berichten meine Einträge? Von meinen unglaublich peinlichen Fressanfällen und meiner Unfähigkeit, endlich herauszufinden, wo die Seele ihr Zuhause hat, wie man dieselbe nährt und wie es in der Konsequenz automatisch zu körperlichem Gewichtsverlust kommt.

Und jetzt sitze ich da und schäme mich. Keine Selbstironie mehr. Kein Witzchen, kein Späßchen mehr. Ich schäme mich ob meiner Gedanken, ob meines Mich-so-Verhaltens, wie ich es seit Beginn dieses Experimentes tue, ich schäme mich meines Körpers, meiner Figur, ich schäme mich meiner selbst. Bis ich beschließe, jetzt um 22 Uhr 49 hinaus ins Schneegestöber zu gehen, ins Dunkle, wo mich niemand sieht, dorthin, wo ich mich, auf einem Waldweg gehend, allein mitten in der Nacht vor der ganzen Welt verstecken kann.

„Soll es das jetzt wirklich gewesen sein? Will ich jetzt tatsächlich aufgeben? Will ich ein Leben mit drei Kilo plus pro Monat vor Augen einfach hinnehmen?" Diese und andere Gedanken schießen mir beim Gehen und den tanzenden Schneeflocken Aufmerksamkeit Schenken durch den Kopf. Weiß, leicht und schwerelos fallen sie vom Himmel, die Schneeflocken … immer wieder öffne ich meinen Mund und fange mit meiner Zunge eine vom Himmel fallende Schneeflocke auf – ich liebe das Gefühl, wenn sich der kalte Schnee so peu à peu auf der Zunge auflöst.

Und auf einmal kommt glasklar die Antwort: Nein, ich gebe nicht auf! Es hat sich vor zwei Jahren zwar alles verändert, mit mir und meinem Körper und mit meiner Figur. Vor diesen zwei Jahren hatte ich meine Figur mehr oder weniger, zwei Kilo auf oder ab, immer im Griff gehabt. Ich konnte sie kontrollieren, ich hatte mein Essverhalten unter Kontrolle. Und dann muss wie von Geisterhand jemand einen Schalter umgelegt haben, der da wohl hieß: „Nein, keine einzige Regel mehr! Ich leiste dir und deinen Regeln keine Sekunde mehr Folge!" Dieses „Geisterhand-Ich" scheint aber nicht zu wissen, wie das geht, trotzdem eine tolle Figur zu haben. Denn seit dieses „Geisterhand-Ich" sich selbstständig gemacht hat, in genau diesen zwei Jahren habe ich inzwischen 14 kg zugenommen. Und egal was ich anstelle, dieses „Geisterhand-Ich" ist nicht wieder unter Kontrolle zu kriegen. Kein Zwang, keine Diät, kein Gedanke, keine Regel, auch keinerlei in Aussicht gesetzte Belohnung (ich bin in meiner Verzweiflung schon bei einem neuen Auto, nämlich bei einem …, was auch immer, angelangt) besitzt die Macht, dieses „Geisterhand-Ich" (die Geister, die ich rief) wieder unter Kontrolle zu bringen. Und genau aus diesem Grund habe ich so viele Hoffnungen in dieses Experiment gelegt: Vielleicht fühlt sich dieses „Geisterhand-Ich" mit Seele-Nähren satter und schreit nicht mehr ständig nach Essen. Vielleicht ist dieses „Geisterhand-Ich" sogar die Seele selbst? Oder die Seele hat sich einen Helfer an ihre Seite gestellt: das „Geisterhand-Ich"? So mit der Botschaft: „Nähre endlich mich, deine Seele! Im Innen! Dann brauchst du nicht mehr so viel von außen nach innen zu befördern!"

Wenn das stimmt, stehen Essen und Trinken mit der Seele in einem unmittelbaren Zusammenhang. Das heißt, ich muss lernen, meine Seele zu hören und zu spüren: was sie will, was sie braucht, was sie erfüllt und was sie sättigt. Das heißt, ich muss unterscheiden lernen: zwischen Hunger auf der körperlichen Ebene und Hunger auf der seelisch-geistigen Ebene. Und logischerweise kann der seelisch-geistige Hunger durch Essen und Trinken gar nicht gestillt werden. Denn seelischen Hunger kann man nicht mit Weißwürsten sättigen. Das entspricht wohl nicht der richtigen Ernährungsweise! Muss ich etwa darum immer wieder so viel Essen in mich hineinstopfen, weil ich die seelische Welt mit körperlicher Nahrung zu sättigen versuche? Und die Seelenwelt davon aber gar nicht satt werden kann? Nur, und jetzt kommt der springende Punkt, was ist dann wirkliche, richtige Seelennahrung? Welche Nahrung sättigt die Seele? Muss man sich dafür selber spüren lernen? Die Seele spüren lernen? Und wenn man gelernt hat, die Seele zu spüren, wie funktioniert das dann mit der Umsetzung?

Ich gehe dahin im Schnee, spüre die immer dichter werdenden Schneeflocken in meinem Gesicht, auf meiner Zunge und finde keine Antwort. Ich weiß es nicht, wie man sich selber spüren lernt, wenn man das irgendwann einmal auf seinem Lebensweg verlernt hat. Verlernen hat müssen. Wie bekommt man dieses Gefühl jetzt wieder zurück? Ich weiß es nicht.

Nur eines spüre ich: Ich will mich stellen: „Ich will ins Spüren kommen. Ich will erreichen, dass ich durch das Mich-Spüren keinen Schrott mehr in mich hineinstopfe! Und ich schwöre, ich schaffe das! Eines Tages bin ich so weit, dass vor mir auf dem Tisch Taco-Chips und Weihnachtskekse und Popcorn und Schokolade stehen, und ich greife nicht mehr automatisch hin, bloß allein aufgrund der Tatsache, dass diese Dinge dastehen! Ich komme dahin, dass ich mich vorher spüre und dass ich mich währenddessen spüre. Und dass ich nur genau so viel esse, wie sich aufgrund meines Spürens gut anfühlt. Und wenn ich so weit bin, dann bin ich in der Königsklasse und habe 14 kg weniger! Automatisch und ganz von selbst!"

Ich atme tief durch. Mit dieser Gewissheit kann ich mich, vom Schneespaziergang zurückgekehrt, jetzt, um 3 Uhr 07, mit tiefer Ruhe ins Bett legen:

„Das nächste Mal, wenn ich vor dem Fernseher sitze und wie computergesteuert etwas zum Essen holen will, lege ich einen Stopp ein und halte inne und spüre nach: Ist es Hunger? Oder geht's um etwas anderes?" Und schon bin ich eingeschlafen.

Woche 3, Sonntag

Ich frage mich gerade, ob ich wirklich allabendlich vor dem Fernseher sitze. Erbärmliche Antwort: Offensichtlich wirklich sehr oft ... Genau aus diesem Grund werde ich heute auf einen rosaroten Zettel mit großen Lettern schreiben: „Wie kann ich meiner Seele jetzt etwas Gutes tun?"

Doch gerade als ich mich, nach einem wundervollen Spaziergang am Rhein entlang und den genussvollen Saunagängen in der badeigenen Sauna meines momentanen Wohnortes, wiederum auf die Couch vor dem Fernseher drapiere, klingelt das Handy. Ob ich nicht Lust auf ein Essen hätte? Zum Glück habe ich noch nichts zu Abend gegessen. Und so lande ich in einer wirklich netten Runde, bis spät in die Nacht hinein.

Woche 4, Montag

Heute Morgen, na ja es ist schon 11 Uhr, nach dieser, sagen wir mal ehrlich, ziemlich durchzechten sowie durchfressenen Nacht muss ich feststellen: Ich habe nicht nur eine absolute Schwachstelle, nein es sind derer mindestens zwei. Essen vor dem Fernseher und Essen in einer Runde, wo ich mich wohlfühle, wo alle lustig sind und wo ständig etwas zum Essen und Trinken auf dem Tisch steht. Und was habe ich die ganze Nacht gemacht? Gegessen, egal was, getrunken, Hauptsache Sekt süß, geredet, keine Ahnung, was, wahrscheinlich Hauptsache viel.

Und jetzt darf ich mir wieder einmal ein Lob aussprechen. Denn: Es war mir nie schlecht. Das klingt für Sie sicher völlig abstrus, ich weiß, aber für mich ist es eine Leistung, dass mir die ganze Nacht hindurch nie schlecht war. Weil ich in Gesellschaft ein ganz ähnliches Phänomen wie vor dem Fernseher erlebe. Ich esse in Gesellschaft viel mehr als normal. Weil es gar so gut schmeckt, weil man gar so viel Spaß miteinander hat und weil es Dinge gibt, die ich selber weder zuzubereiten, noch zu backen, noch zu kochen fähig bin. Und weil dann mein Verstand wieder und wieder schreit: „Nimm! Schnell! Viel! Das gibt es nie wieder!" Hätte ich nun jedes Mal auf meinen Verstand gehört, wäre mir schon nach der Vorspeise schlecht gewesen. Von wegen: „So gut! Und nimm so viel du kannst! Sonst hast du das nie wieder!" Aber nein, ich habe stets versucht, mich zu spüren. Immer und immer wieder habe ich ganz bewusst hingespürt, ob ich wirklich noch etwas mag oder ob ich schon satt bin. Und dann das Wichtigste: Wenn ich satt war, bin ich dem nachgegangen und habe nichts mehr gegessen.

Ich weiß, für die meisten Menschen eine völlig logische Angelegenheit! Bin ich satt, esse ich nichts mehr. Mein Essverhalten entbehrt aber leider völlig jeglicher Logik. Denn mein Grundproblem besteht schon darin, gar nicht zu spüren, dass ich satt bin. Ich befinde mich über Jahrzehnte beim Essen nur im Kopf. „Iss nichts, du bist viel zu dick!", ruft die eine Fraktion. Die Gegenfraktion schreit: „Nimm! So etwas Gutes gibt's lange nicht mehr!" Und dann existiert noch die

Abteilung: „Iss so viel du kannst, denn ab morgen schmeckt sowieso alles wieder nach Hausschuh ohne Sohle: kein Fett, kein Zucker, keine Sahne!" Und wenn ich Essbares nur anschaue, höre ich alle Fraktionen gleichzeitig wild durcheinanderschreien, bis ich nur noch den Weg des Mich-tot-Stellens als Ausweg erkenne: nichts mehr hören, nichts mehr spüren. Und dann isst „es" mich, so lange, bis mir schlecht ist.

Also drum noch mal großes Lob an mich: Es ist mir die ganze Nacht gelungen, den Pfad des Mich-Spürens beizubehalten. Bravo!

 „Zwei-Sekunden-STOPP"-Übung:
Wenn Sie in Gesellschaft sind und es wird gegessen und getrunken, was das Zeug hält, halten Sie jedes Mal, bevor Sie ein Getränk nachschenken oder Essen nachlegen, zwei Sekunden inne. STOPP!! Und in diesen zwei Sekunden spüren Sie zu Ihrem Bauch hinunter: „Tut mir das gut, wenn ich das jetzt nehme?" Und dann folgen Sie der Antwort! ❤

Woche 4, Dienstag

Apropos Lob. Wissen Sie, wo ich die letzte Stunde verbracht habe? Wir haben jetzt 1 Uhr 07, um genau zu sein, eigentlich auch schon den 31. 12. Raten Sie mal, wo ich war? Ich wette, dass Sie nie draufkommen werden!

Im Lift.

Wissen Sie, wie lange eine Stunde sein kann? Und wissen Sie, wie kalt es sein kann, mitten im Winter, stecken geblieben in einem Lift in den Vorarlberger Bergen? Nur mit T-Shirt, die Haare vom Tanzen vom vorher besuchten Konzert nass geschwitzt? Und wissen Sie zudem, wie sehr man an Klaustrophobie leiden kann? Allein? Das Handy im Auto vergessen?

Nun, ich weiß es jetzt.

Und wissen Sie, an welch einer ausgeprägten Klaustrophobie ich schon seit 20 Jahren leide? So ausgeprägt, dass ich 20 Jahre in keinen Lift eingestiegen bin. So ausgeprägt, dass ich in Paris ein Jahr lang nur mit dem Fahrrad unterwegs war, jede Strecke. Und wenn ich pro Fahrt zwei Stunden dafür aufbringen musste, weil ich solche Angst vor dem Steckenbleiben mit der U-Bahn hatte. Und so ausgeprägt, dass ich bis heute keinen Tunnel über einen Kilometer Länge mit dem Auto selbst lenkend schaffe.

Und genau mich erwischt es im Lift.

Ich steige ein, singend, völlig euphorisch vom Konzert, drücke auf Knopf 5, die Türen gehen zu, der Lift setzt sich in Bewegung. Rums. Stopp. „Nein, das ist jetzt aber nicht wahr!" Ich drücke sämtliche anderen Knöpfe 1, 2, 3, 4, 6, 7, 8 (die haben es sehr gut gemeint mit den Stockwerken, es gab derer nämlich nur 6). Es tut sich nichts. „Nein, das darf jetzt wirklich nicht wahr sein!" Ich kriege einen endlosen Lachanfall. Das Lachen beginnt zu verebben. „Nein!" Ich entdecke den Notfallknopf. Ich drücke ihn. „Piep." Ende. Nichts tut sich. Ich drücke wieder. Ein bisschen länger „Piiiiep." Nichts tut sich. „Verdammt!" Ich beginne wieder zu lachen. Zum zweiten Mal merke ich, wie Panik aufsteigen will. „Nein, sicher nicht! Hilde, es ist sowieso nichts zu ändern! Bleib ruhig!" Ich drücke den Notfallknopf zum dritten Mal, ganz lange drücke ich drauf. „Ja, guten Abend! Was kann ich für Sie tun?" Endlich, jemand reagiert! „Hallo, hallo, ich stecke im Lift fest!" Und mir schießt ein, ich weiß ja nicht einmal die Adresse, wo ich bin. Ich weiß nicht, wo meine Freundin mit Sauna im Bad und Panoramaküche wohnt. Natürlich weiß ich, wo sie wohnt, aber ich weiß nicht, wie die Adresse lautet. „Geht es Ihnen gut?" Ich bekomme wieder einen Lachanfall. „Gut?! Meinen Sie das im Ernst?" – „Na ja, ich meine nur, geht es Ihnen soweit gut?" – „Wissen Sie, wo ich bin?" – „Ja, in Klaus." – „Ach so, Sie sehen, wo ich bin?" – „Ja, keine Sorge, ich verständige gleich einen Mechaniker, und der wird sich um Sie kümmern! Übrigens, meine Leitung ist gleich weg …" Und weg war er. Ich allein, im Lift. Mit Klaustrophobie der Extraklasse. Ich drücke wieder auf den Knopf. „Ja hallo, geht es Ihnen gut?" – „Wann kommt der Mechaniker?" – „So in 40 Minuten wird er bei Ihnen sein." – „Nein! In 40 Minuten bin ich erfroren." – „Ja das tut mir jetzt leid für Sie. Das halten Sie schon durch." Und dann atme ich tief durch, bis ich mich sagen höre: „Wissen Sie eigentlich, dass ich an einer starken Klaustrophobie leide?" Absolute Stille. „Aha. Das ist natürlich dann eine unangenehme Situation für Sie!" – „Erzählen Sie mir einen Schwank aus Ihrem Leben!" – „Die Leitung wird gleich wieder unterbrochen sein, aber Sie können jederzeit wieder auf den Knopf drücken." Und noch bevor er das letzte Wort ausgesprochen hat, ist er wieder weg. Oh mein Gott! Die dritte Panikwelle will mich überrollen. Und ich höre mich innerlich wieder ganz souverän sagen: „Nein, sicher nicht! Das ist mir jetzt viel zu anstrengend!" Und stellen Sie sich vor, es klappt. Ich bin wieder ruhig. „Piiiiiiep." Nicht ich, der Typ meldet sich wieder: „Hallo, Überraschung, ich bin's …" – „Ich friere so! Können Sie nicht die Heizung einschalten?" – „Nein, das tut mir leid, uns ist gerade das Holz ausgegangen …" Ich stelle fest, er hat Humor. – „Haben Sie überhaupt Zeit, sich mit mir zu unterhalten?" – „Bis morgen um sieben Uhr. Dann muss ich meinen Kollegen bitten, dass er …" – „Sie glauben doch nicht, dass ich so lange hier festsitze?" Und dann unterhält sich dieser Mann eine geschlagene Stunde lang mit mir. Ich lache viel, ich friere ohne Ende und ich bin überglücklich, als der Mechaniker ruft: „Sind Sie da drin?" Ich habe es geschafft! „Sie wundervoller Mann! Ich danke Ihnen tausendmal! Danke! Danke! Danke!", sage ich noch zu Mister Unbekannt ins linke Eck oben im Lift. Dahin, wo ich das Mikrophon vermute. Eigentlich schade, dass ich ihn nicht richtig kennen lernen kann, denn jetzt ist die Leitung wieder unterbrochen. Und in dem Moment hilft mir schon der Mechaniker aus dem Lift. Ich merke, wie sich mein Kinn vor lauter Kälte verselbstständigt hat. Es klappert von selbst auf und zu. „Guten Abend!" – „Ja ...", sage ich, während mein Kinn rauf und runter klappert. „Einen wundervollen guten Abend ..." und schon laufe ich die Treppen hinauf in den fünften Stock.

Ich habe es geschafft! Ich habe eine solche Situation ohne einen einzigen Anfall gemeistert. Ich bin so stolz auf mich! Ich glaube, so stolz kann ich nicht einmal sein, wenn ich eines Tages auf der Waage bemerke, die 14 Kilos sind weg. Oder vielleicht doch? Na ja, vielleicht doch. Aber wissen Sie, was es für eine Klaustrophobikerin bedeutet, solch eine Situation ohne Anfall zu meistern? Das heißt, dieser heutige Tag wird für mich in die Geschichte eingehen. In die Geschichte von: „Was ich alles schon geschafft habe!"

Ob es etwa zum Teil auch daran liegt, dass ich heute meine Seele so gut genährt habe? Sie geradezu gemästet habe? Wie dem auch sei, auf alle Fälle habe ich einen Riesenhunger, als ich in meine Wohnung komme. Und wissen Sie was? Ich gehe direkt ins Bett und lasse mir meine Meisterleistung mit unendlichem Stolz auf der Zunge zergehen. Habe ich meine Klaustrophobie etwa überwunden?

Wie auch immer, mein letzter Gedanke vor dem Einschlafen kreist um Mister Unbekannt. „Schade aber auch, dass ich mich nie bei ihm persönlich bedanken werde können. Und überhaupt hätte ich ihn schon gerne persönlich kennen gelernt. So ein unglaublich lustiger und einfühlsamer Mann, vielleicht ist er ja sonst auch interessant. Immerhin kommt man sich während einer Stunde Extremsituation schon außergewöhnlich nahe."

Meine Freundin meint am nächsten Morgen nur: „Ja nu, wenn du jetzt unentwegt die Notklingel drückst und jedes Mal meinst: ‚Nein danke, war doch nichts!', bis du Mister Unbekannt wieder gefunden hast, dann bitte mach das doch in einem anderen Wohnhaus mit Lift. Schließlich habe ich einen Ruf zu verlieren." Ja, danke auch. Es ist immer gut, so einfühlsame Freundinnen an seiner Seite zu wissen.

 **„ICH-KLOPFE-MIR-AUF-DIE-SCHULTER"**-Übung:
Haben Sie etwas, egal wie Banales, gut gemeistert, klopfen Sie sich selbst auf die Schulter und sagen dreimal laut zu sich: „Super, XXX, das hast du super gemacht!"
Siehe Seite 205 ❤

Woche 4, Sonntag

Silvester ist vorbei. Die erste Nacht wieder zuhause. Und das bedeutet: Ich habe meine Waage wieder. Also der erste Gang nach dem Aufstehen? Nein! Natürlich zuerst aufs Klo! Dann erst auf die Waage: 81,60. Wow! Ich bin total überrascht. Ich habe mit mindestens 83 oder 84 kg gerechnet! Nach diesem zweiwöchigen Fressgelage über die Weihnachtsfeiertage und Silvester nur 1,30 Kilo zugenommen? Das scheint mir das erste Wunder dieses Jahres zu sein! Vielleicht ist das Ergebnis wirklich nur darum genau so, weil ich mich und meine Seele all die Tage hindurch gemästet habe. Mit fast täglichen Wanderungen und Schitouren. Mit vielen Treffen mit Freunden, mit Schreiben, mit Saunieren, mit Lesen, mit Engelskarten, mit was auch immer. Dadurch, dass ich frei hatte und meine Kinder bei ihren Vätern waren, konnte ich mich jede Sekunde um mich selber kümmern. Und das ist in meinem sonstigen Alltag der absolute Luxus. Jetzt wird sicher die Herausforderung ab Mittwoch (da geht die Schule wieder los, sowohl für mich als auch für meine Kinder) sein, dass ich trotz forderndem Alltag mich und meine Seele weiterhin nähre. Aber egal wie, ich bin total motiviert! Dieses Jahr ist meines!

Hat meine Ärztin in Wien also doch Recht gehabt. Sie hat mir schon vor einem Jahr gesagt, als ich ihr meine Situation am Telefon schilderte, ich solle schauen, dass ich Tage in der Woche habe, an denen ich bewusst esse. Bewusst mich gesund ernähre und auch nicht über den Hunger in mich hineinfuttere. Und dann solle ich darauf achten, dass ich pro Woche mehr gelungene Tage als Fresstage habe. Und wenn ich das durchzöge, dann würde ich von selbst automatisch abnehmen. Denn so wie sie mich kenne, sei ich der Antiregeltyp. Ich könne mich sicher nicht einer Vorgabe, egal wie sie laute, unterordnen und auf Dauer dabei bleiben und abnehmen. Dazu wäre ich viel zu freiheitsliebend. Und was hatte ich das ganze letzte Jahr über getan? Mir zu beweisen versucht, dass sie im Unrecht war? Dass ich nämlich sehr wohl fähig bin, mich unterzuordnen und ein System einzuhalten?

Oh mein Gott, wie unendlich groß muss meine Panik vor Freiheitsberaubung eigentlich sein, dass ich mir nicht einmal von meiner Ärztin sagen lassen kann, dass ich keine Regeln aushalte. Vielleicht geht das einher mit meiner Klaustrophobie. Immer alles offen halten müssen. Ja nichts Fixes, Verbindliches, Verpflichtendes vor mir haben. Wie ich das als Alleinerzieherin von zwei Kindern schaffe? Das mit der Verpflichtung und so? Gar nicht! Ich schaffe das überhaupt nicht, mitnichten, und trotzdem ziehe ich es durch. Ich glaube, da muss ich mir mal beizeiten selber einen Pokal verleihen. Denn so wie ich gestrickt bin, trotz alledem zwei Kinder im Alleinverfahren großzuziehen, wird für mich sicher DIE Leistung meines Lebens sein. Egal ob ich noch den Friedensnobelpreis erringe oder einen „Oscar" für die beste Schauspielerin mein eigen nennen darf, die Leistung meines Lebens wird genau diese mit meinen Kindern sein. Außer, ich heirate eines Tages.

Ich habe gestern mit meiner Freundin lange über Hochzeiten und Heiratsanträge geredet. Und danach in ein unendlich erstauntes Gesicht geblickt, als ich von meinen sämtlichen Heiratsanträgen erzählt habe. „Ja sag einmal, was hast du an dir, dass dich alle gleich heiraten wollen?" Ich war mir dessen nicht bewusst gewesen. Ich dachte immer, das wäre der Lauf von Partnerschaften. Das wäre normal. Nur, das Verrückte daran, ich war schlussendlich nie wirklich verheiratet. Das eine Mal habe ich behauptet, ich würde die Kirche blöd finden und den Staat genauso, also bräuchte ich auch keine Institution, die meine Liebe besiegeln müsse. In Wirklichkeit wollte ich nicht voll und ganz vergeben sein. Also habe ich auf meiner riesigen Hochzeitsfeier ohne offizielle Heirat teilgenommen. Und die nächsten Male habe ich gleich nicht „Ja, ich will!" gesagt. Ich habe einfach immer nur lauthals verkündet, heiraten sei etwas für Spießer. Nur beim letzten Mann habe ich „ja" gesagt, sogar dreimal, weil ich gleich jährlich jedes Mal aufs Neue einen Heiratsantrag bekommen habe. Doch dann habe ich jegliches Gespräch umgangen, bei dem es irgendwie um die Umsetzung dieses „Ja"-s hätte gehen können. Ich habe sogar jeden gemeinsamen Besuch von anderen Hochzeiten boykottiert, nur damit wir dann nicht darüber reden könnten, was wir auf unserer Hochzeit gleich, anders oder gar nicht machen würden. Und so bin ich mit 49 immer noch ledig und wundere mich, warum ich nun schon seit fünf Jahren Single bin.

Doch zurück zu heute: Ich war doch dabei, dass dieses mein Jahr ist und sein wird. Und wissen Sie, was ich heute vorhabe? Ich kaufe mir zwei kleine Boxen, so bunte Schachteln, und in diese kommen abends immer Belohnungssticker hinein. Kennen Sie die noch? Wenn man in der Schule, also in der Volksschule war es zumindest so, etwas gut gemacht hatte, bekam man immer ein Abziehbild darunter geklebt. Und so ein Belohnungssystem möchte ich einführen: Wenn ich einen Tag lang meine Seele gut genährt habe, kommt ein Abziehbildchen in die

„Seelenbox". Und wenn ich mich an diesem Tag gut und gesund ernährt habe, gibt es ein Abziehbildchen für die „Ernährungsbox". Na dann los, dass ich da mal schöne Boxen finde und tolle Kleber, am liebsten wären mir natürlich rosarote Hello-Kitty-Kleber, oder sonst so was in Rosa oder Pink. Wer mich kennt, weiß um meine Vorliebe für Rosa ...

Woche 5, Samstag

Sechs Versuchstage mit den Boxen sind verstrichen. Und ich kann es kaum glauben: Ich habe in den letzten sechs Tagen jeden Abend sowohl ein Abziehbildchen – es sind kleine, mittlere und große rosa Sterne geworden, und die Boxen sind eine davon außen rosa und wenn man sie aufmacht, beginnt eine superschlanke Primaballerina sich, natürlich in rosa Tüll gekleidet, zu Musik im Kreis zu drehen, und die andere Box ist pink mit orangen Blumen drauf – in die „Seelenbox" als auch eines in die „Ernährungsbox" geworfen. Wenn ich das so betrachte, dann stimmt meine These doch! Wenn man die Seele gut nährt, braucht man nicht mehr so viel zu essen und wird und bleibt schlank. Mensch, was wäre ich glücklich, wenn ich die Lösung all meiner Figurprobleme in diesen beiden Boxen liegen hätte!

Und nicht nur das, ich fühle mich momentan so gut, dass ich immer wieder meine, ich wäre schon wieder so schlank wie vor zwei Jahren. Mein Körper und ich fühlen sich so leicht, so stimmig, so eins an, dass ich wirklich immer wieder vergesse, dass ich noch ganz anders ausschaue, als ich mich fühle. Denn jedes Mal, wenn ich vor einem Spiegel stehe (ich wusste gar nicht, wie verspiegelt unsere Welt ist), erschrecke ich im ersten Moment, dass noch all die Kilos auf mir oben sind. Nur mittlerweile sage ich mir jedes Mal: „Egal! Bleib dabei! Hilde, bleib bei diesem Gefühl! Und dein Körper folgt automatisch nach. Wirst sehen, dein Aussehen folgt in Bälde deinem Gefühl nach." Dem Gefühl, dass ich schön und sexy bin und eine Superfigur habe.

Apropos: „Ich bin schön, sexy und habe eine Superfigur!" Ich habe diesen Satz inzwischen auf diversen Kärtchen in der ganzen Wohnung überall lesbar aufgehängt. (Da kann man nur hoffen, dass nicht unerwarteter Besuch auftaucht! Oder nein, noch besser, dass eben doch Besuch auftaucht. Denn sollte ich eines Nachts einen spannenden Mann aufreißen, er aber nicht wirklich anbeißen, dann kann ich ihn ja zu einem dieser Kärtchen führen, und wenn er es gelesen hat, wird er mit Sicherheit entgegnen: „Na ja, wenn es da steht!" – und alsbald über mich herfallen …) Wissen Sie, ich habe einen Workshop gemacht, bei dem es hieß: „Sagen Sie den für Sie am unmöglichsten erscheinenden Satz über sich selbst." Und meiner lautete wie folgt: „Ich bin schön, sexy und habe eine Superfigur!" Und genau diesen Satz musste ich dann anderen 50 KursteilnehmerInnen im vollen Brustton der Überzeugung laut mitteilen. Und diese wiederum mussten mir denselben Satz zurücksagen. Zuerst habe ich mir selber überhaupt nicht geglaubt, ich habe mich nur über mich lustig gemacht dabei. Und irgendwann, so ab der 30. Person, habe ich mir schon ein kleines bisschen geglaubt. Und bei der 50. Person hörte ich mich diesen Satz doch tatsächlich mit voller Inbrunst und Überzeugung rufen. Nur, wieder zuhause angekommen, erschien es mir dann doch zweckmäßig, mich in Form dieser Kärtchen, tapeziert an allen Wänden meiner Wohnung, immer mal wieder dezent daran zu erinnern. Also nur so zur Sicherheit, falls ich es doch noch nicht so ganz glauben sollte.

Ja und stellen Sie sich vor, inzwischen gibt es tatsächlich schon Augenblicke, Momente, in denen ich das glaube. Und wo ich mich dann auch danach fühle. (Ich darf in diesen Momenten nur an keinem Spiegel vorbeigehen …)

Und wenn ich das glaube, dass ich schön und sexy und im Besitze einer guten Figur bin und noch dazu frei bin, alles essen zu dürfen, was ich will, wissen Sie, was das für Auswirkungen auf mich hat? Ich esse momentan Unmengen an Gemüse, Obst, Salat, Tofu, Quinoah, Bohnen – alles nur gesunde Sachen, aber nicht weil mir irgendeine verdammte Diät diese Dinge vorschreibt. Nein, weil ich das selber so will. Ich darf alles, auch Zucker, Fett und Schlagobers, aber weil ich es darf, will ich es nicht mehr. Ist das nicht verrückt? Ich habe keine Stimmen mehr in mir, die den ganzen Tag lang sagen: „Nein, iss das nicht! Du bist eh schon viel zu dick!" Nein, ich darf alles, weil: „Ich bin schön und sexy und habe eine Superfigur!"

„ICH-SCHAUE-MICH-IM-SPIEGEL-SCHÖN!"-Übung:
Stellen Sie sich jeden Tag einmal nackt vor den Spiegel und beschreiben Sie drei Körperteile, die Ihnen ganz besonders gut gefallen! (Beginnen Sie mit leichten Sachen: Fingernägel, Knöchel, Nase …)

Siehe Seite 199 ❤

Das Einzige, auf das ich mich wirklich konzentriere, ist das Nähren meiner Seele. Ich denke nicht mehr ans Essen. Was ich alles nicht essen bzw. schon essen soll, was ich mir mittags gerne kaufen würde, was ich tun soll abends auf einer Einladung, wenn so supergute Delikatessen in die Welt schreien: „Iss mich!", nein, ich muss über all das nicht mehr nachdenken, weil ich alles darf! Das Einzige, worüber ich mir den ganzen Tag lang Gedanken mache, ist die Frage: „Wie kann ich mir und meiner Seele Gutes tun?"

Und darin werde ich immer kreativer. Zuerst einmal nehme ich mir bewusst Zeit für mich selber. Ich trage mir immer wieder im Terminkalender Termine mit mir selber ein: Treffen von 14 Uhr bis 15 Uhr mit H.F. Und das bin dann ich. Somit ist dieser Termin für mich selber vergeben und kein Kunde kann ihn bekommen, denn diese Stunde ist schon ausgebucht. Und während dieser Stunde höre ich ganz genau in mich hinein, worauf ich Lust habe: ein kleiner Spaziergang, in der Hängematte liegen, im Auto sitzen bleiben und dort Musik hören, allein in ein Kaffeehaus gehen und Leute schauen, eine blödsinnige Zeitung lesen. Alles nach dem Motto: Ich bin wichtig. Ich bin sogar die Wichtigste! Denn geht es um etwas, wen frage ich zuerst? Mich selber! Im Sinne von: „Was tut mir jetzt gut?" Und wenn ich zum Beispiel Meetings und Kundentermine habe, erlaube ich mir die Kleinigkeit, einfach aufzustehen und aufs WC zu gehen, ohne dass mich meine Blase dazu getrieben hätte. Einfach nur, um zwei, drei Minuten für mich allein zu sein, mich zu sammeln und mich wieder vollzutanken. Oder ich nehme mir fünf Minuten bewusst die Zeit, einen wundervollen Caffè-Latte zu fabrizieren und alsdann genießend zu schlürfen. Ich sage Ihnen, so stelle ich mir das Schlaraffenland vor! Und dort lebe ich nun seit sechs Tagen.

 **„TERMIN-MIT-MIR!"-Übung:**
Wenn Sie das Gefühl haben, es bleibt keine Zeit mehr übrig für Sie, jeder will irgendetwas von Ihnen und für Sie bleibt nichts mehr übrig, dann schreiben Sie: „Termine-mit-mir!" in Ihren Kalender. Und diese sind dann für NIEMANDEN mehr zu haben. Denn dann sind sie vergeben, und zwar für Sie selber! ❤

Woche 6, Dienstag

Was bin ich stolz! Dieses Seele-Nähren ist wirklich eine tolle Sache. Ich werde Fan davon. Sogar beim Thema Fernsehen beginnen sich klare Konturen abzuzeichnen. Erinnern Sie sich, wie ich wie eine Süchtige, kaum davor Platz genommen, auch schon wieder aufgestanden bin, um mir Material zu besorgen, das ich mir dann wahllos in den Mund gestopft habe?

Meine Ferien sind nun seit einer Woche vorbei. Und der Alltag hat mich wieder in seinen Fängen. Und ich muss gestehen, ich habe wieder manchen Abend vor meinem Lieblingskästchen verbracht. Aber, und das ist der phänomenale Aspekt des Ganzen, ich hatte trotz alledem keine Fressattacke. Nicht eine einzige. Ich bin so etwas von stolz! Und wissen Sie, warum? Weil ich mich vorher immer kulinarisch bestens versorgt habe, getreu dem Motto: „Wenn essen, dann nur vom Besten!" Und wenn beim Fernsehen Gelüste aufgetaucht sind, habe ich immer innegehalten, gestoppt und mich dann gefragt: „Wie kann ich mir jetzt etwas Gutes tun?"

Und immer hat es eine Alternative zum Wahllos-Essen-in-mich-Hineinstopfen gegeben. Einmal habe ich mich nur in eine wunderwarme Decke hinein gekuschelt. Ein anderes Mal habe ich mich selber für fünf Minuten umarmt und mir dabei laut gesagt, dass ich mich lieb habe.

Hilfe, das klingt jetzt nach Esoteriktante auf dem „Auch-ich-werde-mich-eines-Tages-lieb-haben-und-dazu-ist-mir-kein-Mittel-zu-blöd-Trip"!
Wenn ich das so schreibe, merke ich, wie unendlich bescheuert das klingt. Aber wissen Sie, wie ich auf diese Idee gekommen bin? Ich habe mir überlegt, warum ich mit Partner immer viel schlanker war. Weil ich mich abends oft an ihn gekuschelt habe. Weil er mich gestreichelt hat. Weil er mir gesagt hat, dass er mich liebt. Weil ich für ihn die schönste Frau der Welt war. (Wie gesagt, Geschmäcker sind verschieden …) Und das alles habe ich seit fünf Jahren nicht mehr. Also habe ich beschlossen, bevor ich aus Frust wieder Chips in mich hineinwerfe, mache ich mich lieber auf diese Art lächerlich, indem ich mich selber umarme und mir selber sage, dass ich mich liebe. Ja, warum eigentlich nicht?

„ICH-UMARME-MICH-SELBER"-Übung:
Nehmen Sie sich selber immer wieder einmal in den Arm!

Siehe Seite 215 ❤

Wieder ein anderes Mal habe ich ein Duftöl geholt und daran gerochen (Vanillearoma, eine „Duftnachspeise"), anstatt zu essen. Oder ich habe den Fernseher wieder ausgeschaltet und stattdessen E-Bass geübt. Hat Spaß gemacht.

So gesehen wäre es schon ein Hit, wenn auch die Waage morgen sagen würde, vielleicht etwas unübliche Methoden, aber sie führen nichts desto trotz zum Sieg!

Woche 6, Mittwoch

Und was spricht sie jetzt, meine Waage? 80,80 kg. Das ist ja quasi ein Kilo weniger! Ich habe alles gegessen. ALLES, was ich wollte, und ich habe fast ein ganzes Kilo abgenommen. Was bin ich glücklich! Und jetzt kommt das Allerbeste, ich hatte den ganzen Tag über nicht das dringende Bedürfnis, mich unbedingt mit Schokolade, Chips oder was auch immer belohnen zu müssen. Dieses Phänomen kenne ich nämlich von jeder Diät, Ernährungsumstellung oder wie auch immer man das nennen möchte: dieser Heißhunger nach allem, worauf man immer verzichten muss. Denn während des Diätierens war mein Denken immer nur auf Verzicht ausgerichtet gewesen. Was bei einem Sieg auf der Waage zur Folge hatte, dass ich ein unendliches Bedürfnis nach genau den Sachen hatte, auf die ich so lange verzichten musste. Und jetzt ein Sieg? Das war doch ein Anlass, sich zu belohnen. Oder nicht? Aber? Ich habe absolut keinen Heißhunger, auf gar nichts, weil ich sowieso alles darf. Yeah, ich bin rundum glücklich!

„WIE-KANN-ICH-MIR-JETZT-ETWAS-GUTES-TUN?"-Übung: **Falls Sie beim Fernsehen oder in einem Frustmoment, oder wenn Sie Langeweile verspüren, dazu neigen, sich mit unkontrolliertem Essen zu „nähren", halten Sie doch kurz inne und stellen Sie sich diese Frage! Und lassen Sie sich überraschen, was Ihnen in dem Moment wirklich gut tut.** ❤

Woche 7, Mittwoch

Eine ganze Woche nicht geschrieben. Was bedeutet das? Habe ich in der Zwischenzeit drei Kilo abgenommen? Habe ich alles wieder zugelegt?

Sehen Sie, was mir ad hoc auffällt, ich denke nur in Kilos. Kilos abgenommen oder zugenommen? Die Fragen wären doch vielmehr: „Wie geht's es mir?", „Wie fühle ich mich psychisch?", „Wie fühle ich mich körperlich?" Aber solche Fragen tauchen erst gar nicht auf. Was wieder einmal mehr beweist, ich bin von meinem tapferen Pfad abgekommen. Denn in meinem wunderbaren Experiment geht's ja nicht um Kilos, nein, es geht um mein Wohlbefinden, es geht darum, meine Seele zu nähren. Und wenn ich wieder in Kilos denke, bin ich nicht im Seele-Nähren-Programm drin. Ist das schade! Dann bin ich also wieder im Verzicht-Programm gelandet. In dem es nur darum geht: „Was darf ich alles nicht?", „Was muss ich schon?" und „Wie viele Kilos hab ich ab- bzw. zugenommen?" Das volle Programm des Mangel- und Verzichtdenkens.

Aber bitte wie ist das passiert? Ich habe mich doch schon in Vollbädern von Fülle gewälzt!

Dann mal der Reihe nach. Wir schreiben Samstag letzter Woche: Mir geht es super und ich setze mich frühmorgens um 5 Uhr in den Zug nach München. (Ich habe mich dazu durchgerungen, die Ausbildung zum „Erfolgreich-Wünschen-Coach" zu machen. Sie erinnern sich, Pierre Franckh, der mit dem „Stell-dich-vor-den-Spiegel-und-sag-dir:-Ich-bin-schlank!"-Typ.) In München-Pullach angekommen, erlebe ich einen wundervollen ersten Ausbildungstag und freue mich am Abend auf mein vor zwei Monaten gebuchtes Hotel mit Sauna, Whirlpool und 5-Sterne-Essen.

„Frau Fehr, wir haben Sie schon den ganzen Tag lang zu erreichen versucht! Wieso nehmen Sie Ihr Telefon nicht ab?"

Ich stehe zum allerersten Mal an der Rezeption besagten Hotels und glaube im ersten Moment nicht, was da gerade passiert. Ich werde weder herzlich willkommen geheißen, noch wenigstens mit „Guten Abend, Frau Fehr, hatten Sie eine gute Reise?" begrüßt, nein, ich werde einfach verbal frontal angeschossen, warum ich mein Telefon nicht abnehme.

„Ihnen auch einen schönen guten Abend! (Doofe blond gefärbte Über-50-Zicke im Bayerndirndldress mit Knitterfaltenbusenausschnitt bis ins Gräbchen hinunter) Ich hatte heute keinen einzigen Anruf auf meinem Handy, wieso hätte ich …?"
„Ja weil Sie Ihr Zimmer nicht haben können! Ein Gast ist erkrankt!"

Fassungslos stehe ich da, 20 Uhr abends, München, ich kenne dort nichts und niemanden, und die charmante Mitteilung, ich kann mein Zimmer nicht haben …

– Ein Gast erkrankt. Nicht dass das nicht ein plausibler Grund für eine Absage gewesen wäre, aber diese Art! Ich kann diese Art nicht fassen! Wozu mache ich immer wieder in hochrenommierten Firmen Mitarbeitertrainings? Damit ich mich dann privat in meiner Freizeit mit dem

Worst Case herumschlagen muss? Mit einer Rezeptionistin, die mich nicht begrüßt, die mir als Entree den Vorwurf entgegenschmettert, warum ich untertags während des Seminars nicht an mein Handy gehe (war die noch nie auf einem Seminar? … Ring … „Hallo Mama! … ja natürlich kann ich reden, es hören eh nur 200 Leute mit …"), und die mich dann noch vor anderen an der Rezeption wartenden Gästen maßregelt, ihr nicht in diesem Ton zu antworten, denn dieser sei ihr um drei Phon zu laut! –

Ich ärgere mich! Ich ärgere mich so sehr, dass ich jetzt meinem Ärger wirklich laut Ausdruck verschaffe. Madame Doof-blond-über-50-Zicke-im-Bayerndirndldress-mit-Knitterfaltenbusenausschnitt-bis-ins-Gräbchen-hinunter beginnt sich meinen Drei-Phon-zu-Laut anzugleichen.

„Ja was soll ich denn noch für Sie tun?! Ich habe schon ein anderes Zimmer in Buchwald besorgt, wir zahlen das Taxi, was wollen Sie denn noch?!"
„Mitgefühl hätte ich gerne. Und eine Entschuldigung. Das würde ich mir wünschen. Und nicht dass Sie mir 1000 Gründe aufzählen, warum Sie im Recht sind und warum die Situation jetzt so ist, wie sie ist. Ich hätte gerne einmal einen Moment, wo Sie sich einfach nur entschuldigen. Punkt. Und dann hätte ich gerne zehn Gramm Mitgefühl. Vielleicht einen Satz wie: Das ist jetzt wirklich eine unangenehme Situation für Sie. Es tut uns total leid! Können wir Ihnen irgendetwas als Wiedergutmachung anbieten?"
„Aber wir können doch nichts dafür, dass dieser Gast erkrankt ist! Sollen wir ihn vor die Tür stellen, oder was?!!!"

Ich gebe auf. Dieses Hotel hat dringend eine MitarbeiterInnenschulung nötig, denke ich mir und werde wortlos mit dem Taxi ins nächste Kaff gefahren. Dorthin, wo ich allein am Tisch das Abendessen zu mir nehmen werde, und dorthin, wo ich mich wieder allein beim Frühstück mit mir selber unterhalten werde. Nicht zu reden von Sauna, Whirlpool und anderen Feinheiten. „Zum Glück sind alle anderen nur darum in diesem Hotel in Pullach, weil ich ihnen diesen Tipp gegeben habe ..." wird mir ironischerweise bewusst. Ich kenne sie alle vom Seminar in Wien. So lande ich also einsam und allein in einer Absteige, deren Zimmer schon seit Wochen nicht mehr geheizt worden sind, weil sie sich mehr als Gaststätte denn als Übernachtungsstation sieht. Kennen Sie das, wenn die Daunendecke vor lauter Kälte feucht ist bis in die Matratze hinein? Und wenn es ab 20 Uhr abends kein fließendes heißes Wasser mehr gibt? Ich will mich nächtens, im Bett durchgefroren, in der Dusche wieder aufwärmen.

... Ich sage Ihnen, ich kenne das! Und wie ich das kenne! Von meiner jahrelangen Tournee-Erfahrung in der Zeit, als ich mit meinen Solokabaretts unterwegs war. Sie können sich nicht vorstellen, in was für Absteigen man da manchmal landet. Unfassbar! Und wenn dann bestimmte Veranstalter behaupten, Künstler seien versnobt, weil sie in ihren Verträgen so absurde Dinge verlangen wie: „... das Nächtigungszimmer muss mindestens 21 Grad vorweisen, in der Nacht muss es fließendes Warmwasser geben. Das Bett und die Bettwäsche haben warm und trocken zu sein ... etc", da kann ich nur darauf sagen, diese Veranstalter waren noch nie auf Tournee! Das sind Erfahrungswerte, die man im Laufe verschiedener Tourneen sammelt!!! Auf solche Dinge würde man doch nicht von selber kommen. Solche Dinge, glaubt man, seien selbstverständlich und alles andere menschenunwürdig. Ich habe einmal irgendwo im Niemandsland von Oberösterreich eine Nacht im Wintermantel und den Winterstiefeln im Bett verbracht. Da war es so kalt, dass die Matratze eingefroren war. Oder in einem anderen Hotel sagte der Chef mit einem müden Grinsen, als ich ihn fragte, warum es denn kein warmes Wasser gebe: „Wer duscht denn schon mitten in der Nacht? Das können Sie doch untertags erledigen!" Ja sicher, wenn mein körperlicher Marathon auf der Bühne erst um 20 Uhr startet?! Aber die Krönung war, als ich in Südtirol für drei lange Tage an ein Hotel gefesselt war, weil ich dort drei Abende hintereinander spielte und man mir auf meine Bitte nur entgegnete: „Nein, untertags heizen wir nicht, da sind sowieso alle Schi fahren." Ich erspare Ihnen weitere Einzelheiten, aber genau aus diesem Grund habe ich das Hotel in München schon zwei Monate im Voraus gebucht! -

Ja und dann lande ich in dieser Absteige, wo ich zuerst allein in der Gaststube sitze und mir einen relativ ungenießbaren Salat einverleibe und wo ich die Nacht trotz zwei feuchten Daunendecken, plus Winterjacke über meinen Kopf gebunden, erbärmlich frierend, schlotternd und am ganzen Leibe zitternd hinter mich bringe. Und spätestens in dieser Nacht scheint sich der Schalter Fülle/Mangel verselbstständigt zu haben. Denn schon zum Frühstück stopfe ich alles in mich hinein, egal ob es mir schmeckt oder auch nicht, am Mittag beim Seminar schöpfe ich gleich zweimal nach und abends auf der Rückfahrt im Zug „gönne" ich mir zwei Mozzarellabrötchen plus eine Laugenbrezel und ein Schokoladecroissant! Und dem nicht genug, am nächsten Tag wieder zuhause, all das Gelernte, all die wundervolle Wunschenergie halten wollend, kaufe ich frühmorgens im Lebensmittelgeschäft Vorrat für sieben Tage ein. Und was tue ich? Ich weiß nichts Besseres, als mir all die Vorräte der Reihe nach in den Mund zu stopfen, so lange, bis am Abend alles weg ist. Und als ich mich dann dabei ertappe, in einem Vorratskasten nach neuem Essbarem zu suchen, halte ich zum ersten Mal inne:

Das darf doch nicht wahr sein!!!

Ich stoppe alles, was ich tue, alles, was ich zu tun vorhatte, und sitze nur noch da. Aus. Punkt. Stille.

So sitze ich etwa eine halbe Stunde auf meinem roten Ledersofa im Wohnzimmer und denke nach. Was ist nur los mit mir? Warum will ich unentwegt nur essen? Das Wochenende ist doch super toll gewesen? Sogar das Fünfsternehotel hat mich am nächsten Tag zur Entschuldigung auf ein Fünf-Gänge-Abendessen eingeladen. Also sogar das ist ausgesöhnt worden. Was ist nur los?

Und dann wird mir klar, mein Schalter des Denkens verharrt immer noch in der falschen Position. „Mangel." Er steht immer noch auf Mangel: „Die Welt will mir nur Böses! Niemand liebt mich! Alle durften in dem Hotel schlafen, nur ich nicht! So ungerecht! Immer nur ich!" Kennen Sie das? „Ich bin die Ärmste auf der ganzen Welt! Einsam und verlassen muss ich meinem Schicksal frönen!"

Ich bin beeindruckt, was ich da für Gedanken wahrnehme. Eine unglaubliche Litanei von altem, mich selbst bemitleidendem Müll. Und diese Gedanken kommen alle von selbst. Automatisch sind sie da. Ohne Einladung tauchen sie auf und ziehen Endloskreise in meinem Hirn. Und in dem Moment ist mir klar, das ist jetzt mein Job! Ich muss diesen Schalter selbst wieder ganz bewusst in die Fülle hinüberschalten.

Ich atme tief ein und stelle mir vor meinem geistigen Auge den Platz vor, wo sich diese Schaltung befindet. Ich sehe eine weiße Wand, mit einem altmodischen, händisch nach links und rechts zu drehenden schwarzen Schalter, der auf der linken Seite eine Markierung mit „Fülle" vorweist und der auf der rechten Seite „Mangel" eingraviert hat. Und in dem Moment sehe ich, wie meine Hand zu diesem Schalter greift und diesen nach links dreht: FÜLLE. Und um das Ganze noch zu verstärken, wiederhole ich den Satz ganz laut, den meine Freundin erst gestern zu mir gesagt hat: „Ich stehe in der Früh auf und preise sofort mein wunderbares Leben! Indem ich danke, für alles, was ich habe! Egal wie schlimm im Moment bestimmte Themen sein mögen in meinem Leben. Ich konzentriere mich bewusst darauf, was schön und gut ist und wofür ich aus tiefstem Herzen danke." Ich fange ganz technisch an, Wort für Wort laut vor mich hinsagend, sitze ich da. Und dann nehme ich konkrete Dinge, für die ich mich bedanke: Dafür, dass sich das Hotel in Pullach bei mir mit einem Abendessen entschuldigt hat. Dafür, dass die Ausbildung so phantastisch war. Dafür, dass meine Eltern in der Zwischenzeit auf meine Kinder geschaut haben, obwohl sie Eltern sind, die da sagen, wir haben schon vier Kinder groß gezogen und wollen nicht mehr wirklich. Dafür, dass ich in einem so tollen Experiment stecke, wo die reale Möglichkeit besteht, dass ich mein Ziel- bzw. Ursprungsgewicht wieder erreiche. Für meine zwei Kinder. Dafür, dass …

Und ab dem Zeitpunkt ist mein Denken wieder in der Fülle zuhause.

Ich sage Ihnen, das klingt alles so verrückt! Ich weiß es. Aber umso begeisterter bin ich, dass das wirklich funktioniert. Wissen Sie, ich habe zwei sehr starke Seelen in meiner Brust. Die eine, die hochspirituell ist, und die andere, die manchmal viel stärker ist, und zwar diejenige mit dem scharfen, klaren Verstand. Die überall und immer Beweise haben will und dementsprechend auch immer alles in Frage stellt. Und dann darf ich diese Erfahrung machen, dass man wirklich aktiv seinen Schalter umlegen kann. Das ist doch phänomenales Beweismaterial! Denn ich bin wieder im Wohlgefühl und im Lebensgenuss.

 „DANKBARKEITS"-Übung:
Setzen Sie sich frühmorgens hin und preisen Sie Ihr jetzt schon wundervolles Leben, egal wie negativ Sie es gerade erleben. Und Ihr Denken wird sich von Mangel in Fülle wandeln.

Siehe Seite 211 ❤

Woche 7, Donnerstag

Und ich traue es mich kaum zu sagen, heute auf der Waage habe ich 79,60 Kilo. Insgesamt schon zwei Kilo weniger. Nähre deine Gedanken mit schönen Sachen des Genusses, des Dich-Wohlfühlens, nähre deine Seele mit Handlungen, die Genuss-Gefühle nach sich ziehen, und du nimmst automatisch ab. Ist das nicht genial?

JA! Das ist genial, und genau in dem Moment, wo ich das denke, meldet sich das hiesige Fernsehen für eine Homestory. „Ja, gerne mach ich das, natürlich!" Und dann kommt eine hübsche, intelligente (Es gibt Interviewpartner, wo du dir wirklich denkst, lieber Gott, wo haben sie die ausgegraben!) Dame, die mit Witz und Humor gesegnet ist, und beginnt ihr spannendes Interview. Und irgendwie kommen wir im Laufe des Interviews auf mein gerade entstehendes Buch (das Buch, das Sie jetzt in Händen halten und lesen). Die Dame hört von meinem Selbstversuch und lässt nicht mehr locker. „Ja und wie funktioniert das jetzt genau? Ich will nämlich schon seit ewig langen Zeiten abnehmen", „Aha, und was machen Sie, wenn …", bis sie zum Schluss mit einem riesigen Seufzer feststellt: „Ja, aber das bedeutet doch auch wieder Arbeit!"

Als sie wieder weg ist, lasse ich unser Gespräch Revue passieren: „Ja, aber das bedeutet doch auch wieder Arbeit!", wiederhole ich mit einem Schmunzeln und gebe mich meinen darauf folgenden Gedanken hin: Ja sicher, Arbeit an sich selber, am Thema. Man muss immer wieder daran arbeiten, dass der Schalter in die richtige Richtung steht. Man muss sich mit seinen Gefahrenzonen, die Fülle wieder zu verlieren, immer wieder von neuem auseinandersetzen. Ja, das stimmt sicher. Nur, gibt es irgendeine Methode, mit der man abnimmt, ohne eine „Arbeit" dabei zu tun? Irgendeine Methode, bei der man einfach so, ohne jemals wieder daran zu denken, ohne Verhaltensänderung einfach abnimmt? Ich kenne sie nicht. (Und falls Sie sie entdecken sollten, meine Telefonnummer lautet …)"

Also wenn wir zum heutigen Datum davon ausgehen, dass die Methode „Ich-beschließe-ab-heute-abzunehmen-und-esse-genauso-weiter-wie-bisher-und-nehme-dabei-jetzt-aber-automatisch-ab" noch nicht erfunden wurde, dann ist abnehmen einfach verbunden mit irgendeiner Art von Arbeit. Entweder ich esse weniger, oder ich verzichte auf bestimmte Dinge, oder ich schlucke Tabletten, Enzyme oder Zusatzstoffe. Oder ich zähle Points, oder ich ersetze Mahlzeiten mit Abnehmersatzmahlzeiten. Oder ich stelle mich täglich fünfmal vor den Spiegel und sage mir laut: „Ich bin schlank!" Egal für welche Methode ich mich entscheide, Tatsache ist, ich muss irgendeine Form von Arbeit investieren. Und ich muss jetzt zugeben, bei all diesen „Abnehmmethoden" ist mir halt mein Experiment, diese Form von Zugang diejenige, die mich am meisten anspricht.

Denn in Wirklichkeit sehe ich meine Methode inzwischen schon als meinen ganz persönlichen Luxus, den ich mir in meinem Leben gönne, an. Ich habe nicht mehr das Gefühl, ich muss etwas tun, ich muss auf etwas verzichten. Nein, ich darf mir Gutes tun. Am liebsten den ganzen Tag lang darf ich mich selber verwöhnen. Ich darf mich den ganzen Tag über immer wieder fragen: „Was tut mir jetzt gut?", „Wie kann ich mich jetzt selbst auf Händen tragen?", „Wie kann ich jetzt für einen Genuss-Moment mehr sorgen?" Und ich darf mich nicht nur fragen, nein, ich darf die Antworten in Handlungen umsetzen, in denen ich mir und meiner Seele tatsächlich etwas Gutes tue.

Wenn das Ziel meiner „Arbeit" darin besteht, dass ich und meine Seele sich rundherum genährt und wohl fühlen, ist das die schönste Arbeit, die ich je in meinem Leben gemacht habe! Darauf zu schauen, dass ich im Genuss, in der Lebensfreude bin. Es als meine Aufgabe ansehen zu dürfen, glücklich zu sein, und alles dafür „tun" und genauso „nicht tun" zu dürfen. Das ist doch Genuss, Lebensfreude pur.

 **„ICH-ANERKENNE-MICH-SELBER"-**Übung:
Schenken Sie sich fünfmal täglich selber anerkennende Worte, die Sie LAUT zu sich selber sagen.
Siehe Seite 196 ❤

Woche 7, Sonntag

Ach wie ging es mir vor drei Tagen noch wunderbar. Heute sitze ich vor dem Computer und frage mich, was ich schreiben soll. Ich fühle mich heute nicht so sonderlich gut. Seit gestern habe ich die Regel, was meine Stimmung schon immer wieder etwas aus der Bahn wirft. Erstens fühle ich mich aufgeblasen wie ein Basketball. Und zweitens rumort mir immer etwas im Magen herum, so dass ich nicht recht weiß, sind das jetzt normale Regelbeschwerden, oder sollte ich doch eine Kotzschüssel bereitstellen.

Oder wäre es angebracht, dass ich meinem neuen Verehrer den Laufpass schicke. Schicke? Ja schicke – wir mailen.

Mein neuer Verehrer? Den gibt es seit zweieinhalb Wochen. Kennen gelernt habe ich ihn in Zürich auf dem „Rosenstolz"-Konzert. Ein deutscher Landsmann, der sich als unglaublich langweilig mit einem noch viel langweiligeren Beruf und noch viel, viel langweiligeren Hobbys vorstellt. Ein snowboardender Wirtschaftsprüfer. Snowboarden, na ja, würde ich auch gerne können. Und die Wirtschaft prüfen würde ich auch gerne können, für den Eigengebrauch, als Beruf muss ich es aber nicht unbedingt haben. Nun gut, wir unterhalten uns das ganze Konzert lang, halt ab dem Zeitpunkt, ab dem wir ins Gespräch kommen. Das geschieht etwa eine halbe Stunde nach Konzertbeginn. Er fragt mich, ob ich den Text kenne. Welchen Text? Ja den, von diesem Lied, aha, beide lachen lauthals (unglaublich originelle Anmache!) und schon unterhalten wir uns. Wie sich herausstellt, anscheinend so laut, dass sich bald die ganze Umgebung gestört fühlt: „Könnt ihr nicht endlich die Klappe halten?" Und das in Zürich. Ich dachte immer, die Schweizer wären ein gemütliches Völkchen. Egal, Frank-Eric (sagte ich schon, ein Deutscher, aus dem Hohen Norden, mit Eltern patriotischer Natur? Na ja, wenn man von seinem Namen rückschließt) nimmt meine Hand und zieht mich bis in die erste Reihe nach vorne. Genial. Ein Nest von Homosexuellen. Ach ja, Rosenstolz ist die Hymnenband aller. Also wir inmitten von schwulen Männern. Ein wahres Fest, denn es gibt meiner Meinung nach kaum lustigere, offenere, feschere Männer als homosexuelle Männer. (Schade nur, dass die dann nie wirklich für unsereins zu haben sind!) Auf alle Fälle haben wir einen Riesenspaß, zumal Frank-Eric einer der wenigen Hetero-Männer ist, der sowohl gut ausschaut, gut gekleidet und noch dazu mit Humor gesegnet ist. (Ich stelle im Laufe des Abends wieder einmal fest, intelligenter, scharfer Humor und Wortwitz wirken auf mich wie ein Aphrodisiakum. Kein Waschbrettbauch dieser Welt kann fehlenden Witz aufwiegen.) Nun, ich glücklich, habe ich doch eines dieser Sonderexemplare an meiner Seite stehen, juble unentwegt der Band zu. Wir tanzen, singen (nach wie vor ohne Text, ich höre zuhause nie Rosenstolz), lachen, lachen, habe ich schon erwähnt, dass Frank-Eric mit einem unglaublich guten Humor …, wir lachen viel …

Um die Geschichte abzukürzen, noch in derselben Nacht um 1 Uhr 40 kommt die erste Mail von Frank-Eric herein. Warum ich das weiß? Ich bin natürlich neugierig, ob er mir wirklich schreibt, und gehe gleich nach dem Nachhausekommen zum Computer. Es geht hin und her bis morgens um vier, bis ich glücklich w.o. gebe und die mir verbleibenden zwei Stunden Schlaf konsumiere.

Frank-Eric lebt in Hamburg, arbeitet in Zürich. Wir mailen tagelang hin und her, er besorgt sich ein Handy, mit dem er billig ins Ausland telefonieren kann, und dann kommen klare Ansagen wie: „Kommst mich in Zürich besuchen, sonst komme ich! PS: Damit alles von Anfang an klar ist: Ich bin glücklich verheiratet. Ich liebe meine Frau über alles. Ich habe zwei Kinder und restauriere gerade ein Fachwerkhaus in Hamburg bei mir zuhause." – „Ja ich liebe dich auch!" ist mein erster Reflex, nur damit von meiner Seite auch gleich alles klar ist.

Das war am Freitag.

„Weißt du, Frank-Eric, Freundschaft mit dir wäre eine Lüge, weil wir das beide nicht hinkriegen, wenn wir uns ohne Anstandswauwaus begegnen. (In Zürich waren meine Freunde dabei …) Sprich, wir fallen übereinander her. Zweitens kann ich nicht an zweiter Stelle stehen. Ich bin so narzisstisch, dass mir in einer Beziehung manchmal sogar die unangefochtene erste Stelle zu wenig ist. Und drittens, wenn du jetzt mit mir was anfängst, würde ich mir von dir denken, du bist ein fieses Schwein, weil du deine Frau betrügst. Lass uns das Feuerspiel lieber gleich beenden!" schreibe ich zurück. Wie gesagt, am Freitag.

Und heute ist Sonntag. Er hat sich nicht mehr gemeldet. Da ist jetzt doch alles klar, oder? Warum warte ich überhaupt noch? Was soll er denn schreiben? „Jetzt liebe ich meine Frau noch viel mehr." Oder: „Fein, dann lass uns doch gleich einen Hochzeitstermin festlegen! Dann habe ich endlich einen Grund, meine Frau zu verlassen …"

In dem Moment klingelt es an der Haustüre. Meine Freundin. Sie lacht sich halb tot, als sie mein Mail liest. „Hilde, ich bin mir sicher, das kommt genial gut, wenn du einem Mann, den du einmal gesehen hast, der dich nicht einmal geküsst hat, so ein Mail schreibst. In Zukunft kannst du dem Glücklichen, der mal fünf Worte mit dir wechselt, gleich eine Karte überreichen: Hochzeit, am 22. 2. 2022, im Dom in Feldkirch. Freu mich, dich dort als meinen Ehemann begrüßen zu dürfen …"

Ja, sehr witzig, kann ich da nur sagen. Ich habe schon lange nicht mehr so gelacht! Leider muss ich ihr ein gewisses Quäntchen an „Sie-hat-ja-so-Recht" zugestehen.

Mein Computer klickt. Ein Mail von Frank-Eric. „Meine Warnglocken sind jetzt an. Ich werde meine Frau niemals verlassen. Nicht, dass mir jemand vorwerfen könnte, ich wäre nicht ehrlich! Und das mit dem Billighandy ins Ausland, das hätte ich für dich schon auch verwendet. Aber eigentlich wollte ich damit meine Freunde in Deutschland anrufen, weil da am Wochenende nie Zeit dafür bleibt …" Und ich reagiere prompt: „Ich hab mich schon eingekriegt. Ich bekomme das jetzt gebacken." (Hab ich schon erwähnt, dass er aus Deutschland kommt und dass ich recht schnell auf die Gepflogenheiten meines Gegenübers reagiere?).

Meine Freundin geht. „Bau ja keinen Scheiß, Hilde!" – „Sicher nicht. Ich hab diese Willst-du-mein-Ehemann-sein?-Kärtchen eh noch nicht vorrätig …" Keine Stunde später ein Sms im Eingang: „Na, Lustmolch, noch Lust zu telefonieren?" Aha, also doch nicht nur für seine Freunde in Deutschland.

Wir telefonieren. Über zwei Stunden. Frank-Eric (wie kann man das einem Kind nur antun?) ist wirklich ein zuckersüßer Kerl. Der hätte echt nichts angefangen mit mir. Wo gibt's denn noch so etwas? Seit 25 Jahren mit ein und derselben Frau zusammen. Aber nicht, dass Sie jetzt glauben, mein neuer Fang bewegt sich auf das Seniorenheim zu. Nein, gezählte 39 Jahre hat er anzubieten. Und seine Frau noch nie betrogen. Vielleicht gedanklich mal, aber noch nicht mal fremdgeküsst. Bitte, wo gibt es denn noch solche Männer? (Hab ich Ihnen schon meine E-Mailadresse zukommen lassen? Na ja, falls Sie da eine Info hätten ?) Egal, dieser Mann ist wirklich geistreich, witzig und höchst charmant. (Zu schade aber auch, dass der nicht auf dem freien Markt herumkugelt.) Morgens um halb drei schaffe ich es, das Telefonat endlich zu beenden. (Habe ich schon erwähnt, dass ich momentan einem unendlich erfüllenden Job nachgehe, für den ich täglich um sechs in der Früh …)

„Der Mann ist echt cool!" ist mein vorletzter Gedanke, bevor ich einschlafe. Ich habe ihm von meinem Experiment erzählt. Und so gegen 1 Uhr seinem Betteln nachgegeben, ihm eine persönliche Autorenlesung angedeihen zu lassen. Also lese ich ihm den Teil ab Zürich, Frank-Eric kennen gelernt, vor, worauf er mir nachher entgegnet: „Hilde, du redest vom Abnehmen. Warum bitte? Hast du nicht selbst gerade vorgelesen: Kein Waschbrettbauch dieser Welt kann fehlenden Witz aufwiegen!" Der Mann ist gut. Echt gut! Und dann schlafe ich weg.

Woche 8, Sonntag

Gestern war ich auf der Waage, 80,60 Kilo. Mein heutiger Frust ist dermaßen groß, dass ich mich nicht mehr auf die Waage gestellt habe, da die Zeiger heute sicher noch mehr in die Höhe ausschlagen würden. Ich hatte letzte Nacht meinen dritten Fressanfall in Folge. Gerade habe ich mir den Eintrag von Woche 7, Donnerstag, noch einmal zu Gemüte geführt: „Wenn das Ziel meiner ‚Arbeit' darin besteht, dass ich und meine Seele sich rundherum genährt und wohl fühlen, ist das die schönste Arbeit, die ich je in meinem Leben gemacht habe!"

Wissen Sie, was ich heute auf dieses Zitat antworten möchte? „So ein absoluter Scheißdreck!!!" (Habe ich schon erwähnt, dass meine Sprache ziemlich derb sein kann?) Und seit gestern in der Früh, nach meiner Abwage, ein Kilo plus anstatt eines weniger, mache ich mir Gedanken, woran das liegt. Zum Glück habe ich mich nicht gleich gestern an den Computer gesetzt, obwohl …, dann wäre meinen Kindern einiges an entsetzlicher Stimmung meinerseits in ihre Richtung erspart geblieben. Und die Gedanken, die mir seit gestern so durch den Kopf gehen, sind wie folgt:

Erstens muss ich Frank-Eric wirklich Recht geben. Seit er das gesagt hat mit Waschbrettbauch und Co, denke ich mir immer wieder, na ja vielleicht wirke ich auf Männer trotz (haben Sie das gelesen? – „trotz") meiner Figur anziehend, weil ich doch ein gewisses Quäntchen Humor und Hirn mitbringe. Könnte ich mir alle diese Abnehmprozeduren vielleicht etwa sparen?

Und zweitens ereignet sich diese Woche ein Briefwunder der ganz besonderen Art. Ich bekomme einen Brief!!, man stelle sich vor, einen handgeschriebenen Brief von jener Fernsehredakteurin, die unlängst diese Homestory bei mir gemacht hat, mit folgendem Wortlaut:

„Hallo, Frau Fehr, ich habe so manches ‚Äh', Lachen und Gicksen weggeschnitten – aber ich glaube, Sie wirken so auch noch sehr dynamisch, genussfähig und schwungvoll. Übrigens, ich kann mir nicht vorstellen, dass 14 Kilo weniger bei Ihnen anstrebenswert sind. Ich glaube nicht, dass Sie dann immer noch so gut, so weiblich und sinnlich aussehen. Wie schade! (musste ich einfach loswerden) Weiterhin viel Spaß, A.B.
PS: Anbei die DVD"

Hat man da noch Worte? Nein! Diese Dame schickt doch tatsächlich einen handgeschriebenen Brief plus dazugehöriger DVD. Das ist in der heutigen Zeit gar nicht mehr wahr!

Nun jetzt könnte ich natürlich behaupten, Frank-Eric mit seinem Aufdecker sowie A.B. mit ihren umwerfenden Komplimenten hätten Respekt verdient, in dem Sinne, dass ich auch gleich tatkräftig ihre Ideen und Gedanken umsetze. Sprich, also sind die beiden schuld! Schuld daran, dass ich wieder zu- anstatt abgenommen habe. Oder etwa nicht?

Na ja, ich muss schon gestehen, dass ich wirklich angefangen habe, mich und meine Entscheidung fürs Abnehmen in Frage zu stellen. Ist es all diese Mühen wert? Ja, Sie lesen richtig. Ich empfinde auf einmal all diese Seelennährungsgeschichten als unendlich mühsam und aufwendig. Immer wieder nachspüren müssen, sich stetig fragen: „Wie kann ich mir jetzt Gutes tun?", das geht mir schon so unendlich auf die Nerven! Ich will mich endlich wieder einmal gehen lassen können. Ohne ewige Selbstreflexion, ohne mich in meinen spontanen Handlungen stoppen zu müssen, einfach nur tun.

Und in diesen schweren Momenten des Zweifelns wandelt man durch den Tag, und was begegnet einem? Ein Mann, der erzählt, dass er in zwei Wochen 12 Kilos abgenommen hat. Und ich weiß, er lügt nicht, ich habe ihn vorher gesehen. Und eine Kollegin, die eine ganz neue Methode entdeckt hat: Bonvita. Man isst drei Riegel pro Tag plus 200 Gramm Gemüse und ein bisschen Obst. Die hat in zwei Wochen fünf Kilos abgenommen. Und ich denke mir sofort, meine Methode ist doch schei… Sieben Monate für drei Kilos?

Kennen Sie das, wenn die eigene Motivation sowieso schon etwas im Wanken begriffen ist? Dann reicht oft eine Aussage von außen, und schon läuft wieder die Platte: „Ich schaffe das eh nie! Das geht alles viel zu langsam! Oh mein Gott, wie ist das alles mühsam!" Und dann hast du zu allem Glück auch noch diese Kommentare von Frank-Eric und A.B. auf der Festplatte.

Ergebnis? Essen, essen, essen, trinken, trinken, trinken wie eh und je? Nur dass jetzt überhaupt alles mit Essen kompensiert wird. Sei es der Frust im Job, sei es, dass Frank-Eric vergeben ist, sei es, dass mich Provinzkaffingen momentan gerade so sehr ankotzt.

… wie auch immer, oder sei es die Tatsache, dass ich so dick und unansehnlich bin, dass … So gemäß dem Motto, wenn Frust, dann aber auch überall! Und da, das muss man schon ehrlich zugestehen, da kommt schon eine Menge an Essen und Alkohol zusammen, die es braucht, um nämlich genau das alles nicht mehr spüren zu müssen …

Und zudem muss ich mir auch noch eingestehen, dass ich selber einer Selbstlüge aufgesessen bin: „Ich mache ein Selbstexperiment und schaue, ob ich durch das Meine-Seele-Nähren automatisch an Kilos abnehme. Ja das sage ich zu Ihnen und auch zu mir. Aber irgendwo im Hinterkopf heißt meine Regel doch: ‚So, jetzt nimmst du mit dieser Methode 14 Kilos ab. Und wenn du es nicht schaffst, werde ich dich zum Gespött der Nation machen! Denn ich veröffentliche jeden deiner peinlichen Fressanfälle. Also beherrsch dich endlich!!!'"

„Ja, das ist die Freiheit, die ich meine!"

Die Lösung? Das Ziel von 14 Kilos muss weg! Und ich darf kein neues Programm zur Regel erheben! Es funktioniert immer nur im Augenblick. „Was braucht meine Seele jetzt?" Und mit dieser Frage muss ich vom einen Augenblick zum nächsten Augenblick gehen. Ohne Programm oder Regel. Das entspricht der Seele nicht. Also auf ans Seele-Nähren. Von morgens bis abends. Nur, diese Dame vom Fernsehen hatte Recht: Das ist wirklich anstrengend!

Woche 12, Freitag

27 Tage sind wieder verstrichen. Frühmorgens aufstehen. Gang zum Klo. Pyjama ausziehen, Waage: 83 kg. Und das Verrückteste, ich bin froh, dass es heute, am Morgen des Faschingsdienstages, „nur" 83 kg sind. Warum das?

Da ist mal zum einen mein Unterrichtsjob, der mich Unmengen an Lebensenergie kostet. Ja „kostet", das ist der richtige Ausdruck. Jetzt stellt man sich natürlich die Frage, warum mir das Unterrichten von Kindern mit erhöhtem Förderbedarf, sprich von behinderten Kindern, keine Freude macht und nur Energie saugt, anstatt Energie gibt!

Nun, ich möchte dazu bemerken, dass ich in meinem Ganz-uralt-Beruf vor 25 Jahren schon als Volksschullehrerin tätig gewesen bin. Und dass es mir damals mit den Kindern unendlich viel Spaß gemacht hat. Doch das Problem, das ich dann bekommen habe, war ein rein ideologisches: Ich durchschaute alsbald, dass von mir als Lehrerin erwartet wurde, dass ich die Kinder nur nach den Fächern Deutsch, Rechtschreibung und Mathematik zu beurteilen habe. Es fragte sich niemand, ob ein Schüler ein wunderbarer Fußballer war, der erste Ronaldo Österreichs, oder ob eine Legasthenikerin die phantasievollsten Geschichten verfasste. Oder ob ein Schüler eine römische Eins in Sozialer und Emotionaler Kompetenz bekommen müsste. („Bitte, was ist das überhaupt?", hätten sich die meisten Lehrer zum damaligen Zeitpunkt sicher gefragt.) Leider fragten sich laut unserem Schulsystem damals alle nur: „Kann dieser Schüler rechtschreiben? Und kann diese Schülerin das Einmaleins, Schlussrechnen und dividieren?" Und wenn man diese beiden Fragen mit Nein beantworten musste, hieß das, diese Schülerin war: dumm. Eine schlechte Schülerin. Egal was sie sonst noch alles konnte, wenn sie die weltbeste Köchin war – laut unserem Schulsystem war sie eine schlechte Schülerin, somit einfach nur dumm. Punkt! Und ich versichere Ihnen, nach vier Jahren in diesem Beurteilungssystem festsitzend, konnte ich das mit meinem Herzen und mit meinem Gewissen nicht mehr vereinbaren. Dass ich als Lehrerin dazu angehalten war, nur Mathe und Deutsch als Leistungskriterien zur Beurteilung dieses jungen kleinen Wesens, das noch die ganze Zukunft vor sich hat, nehmen zu müssen.

– Ganz provokante Frage: Ich hatte das Glück, eine exzellente Rechtschreiberin zu sein. Ich hatte zudem das Glück, mir in Mathe leicht zu tun. Bin ich deswegen gleich intelligent? Ich versichere Ihnen, diese Frage würden einige meiner FreundInnen und Bekannten mit schallendem Lachen quittieren. Warum? Weil ich in lebenspraktischen Dingen oft so daneben stehe, dass man sich nur fragt, bitte wie hat denn die zwei Hochschulstudien abschließen können? Geschweige denn, wenn wir von Geographie (ich höre meine Mutter gerade brüllen vor Lachen) oder Geschichte anfangen. Da würde mir heute keiner mehr glauben, dass ich überhaupt die Matura geschafft habe –

Verstehen Sie, was ich meine? Ich finde, wir dürfen uns Menschen nicht nur auf Deutsch- und Mathekenntnisse reduzieren lassen. Ich finde, da macht unser Schulsystem mit seinen Beurteilungskriterien für SchülerInnen einen riesengroßen Fehler. Auf alle Fälle war ich der leider irrigen Annahme, dass sich erstens in unserem Schulsystem in den vergangenen 25 Jahren sehr viel verändert und weiterentwickelt hat. Und zweitens habe ich geglaubt, dass die LehrerInnen in einem Sonderpädagogischen Zentrum, alias Sonderschule, vor allem in einer Förderklasse – das sind Schüler, die aufgrund ihrer Behinderungen ganz besondere Förderungen nötig haben – genau aus diesem Leistungsschema-Denken der normalen Regelschulen ausgestiegen wären.

Und das sind genau die zwei Irrtümer, denen ich gleichzeitig aufgesessen bin. Und das ist auch der Grund, warum ich in meinem neuen Job so leide. Wie oft wollte ich in den ersten Monaten sofort wieder aussteigen! Aber dann komme ich in die Klasse, sehe meine SchülerInnen, die mich schon so in ihr Herz geschlossen haben und die ich schon so in mein Herz geschlossen habe, dass ich es nicht „nur" aufgrund meines Unglücklichseins mit meiner Kollegin zusammenbringe, diese Kinder auch schon wieder im Stich zu lassen. Und so bleibe ich. Und kämpfe ich. Und leide ich.

Und da mein „Essmuster" in Stresszeiten leider zu mehr Völlerei denn zum „Nichts-mehr-hinunter-Bringen" tendiert, sage ich nur: 83 kg.

Aber das war lange noch nicht alles:

Am ersten Wochenende kommt ein Kunde aus Wien, der einen Coaching-Tag von morgens um 6 Uhr 30 bis abends um 23 Uhr 30 bucht: Gemeinsames Schreiben eines Vortrages mit anschließendem Rhetorik-Coaching für seinen Vortrag. Eine Zeiteinheit, die mich fast um meinen ganzen Verstand bringt. Am Wochenende darauf empfange ich zwei Opernsängerinnen, ebenfalls aus Wien, zum Schauspiel-Coaching.

– Ein für mich unglaubliches Phänomen, das sich zu meinen Zeiten in Wien entwickelt hat. Ich bin ein völliger Klassikbanause, ich habe keine Ahnung von Opern, von Liedern, von Klassik überhaupt. Zudem höre ich auch nie klassische Musik und bin dementsprechender Laie auf diesem Gebiet. Und dennoch hatte ich auf einmal einen Kunden nach dem anderen aus der klassischen Gesangswelt zum Schauspiel-Coaching. Dennoch? Irgendwann kam ich zur Erkenntnis, vielleicht genau darum, weil die Kunden nicht nur gut, sondern super super singen und schauspielern mussten, bis ich etwas absegnete. Da mir nichts von selbst aus sich heraus gefällt, muss die Darbietung umso genialer sein. Und dadurch bin ich wahrscheinlich ungemein streng und fordernd. Und das scheint unerklärlicherweise gut anzukommen –

Zwei Tage später fahre ich nach Zürich. Zu Frank-Eric, ja Sie lesen richtig, wir hatten doch beschlossen, wir kriegen das „gebacken" mit der Freundschaft und so. Zudem hat Frank-Eric sogar am Telefon allen Ernstes gemeint: „Wenn du zu mir nach Zürich kommst, suchen wir gemeinsam für dich einen Mann!"

Kaum dem Zug entstiegen, meint Frank-Eric jedoch als Erstes: „Das mit dem Mann-Suchen geht sich leider nicht aus, weil ich dich selber will!" Na super, es kommt, wie es kommen muss, wir landen im selben Bett (welch' Überraschung aber auch …) und turnen die halbe Nacht durchs Bett, den Boden entlang, bis wir dann doch irgendwann einschlafen. Kurz darauf wache ich auf, Panikattacke. Ich weiß nicht, wie viele Jahre das her ist, dass ich meine letzte Panikattacke bewältigte. Diese hier läuft unter dem Wortlaut: „Hilfe, was habe ich da gemacht! Ich habe eine Familie zerstört!" Ich ringe nach Luft, hechle durch die Gegend, suche nach innerer Ruhe, zähle bis hundert und retour, nur um wieder ruhig zu werden. Das gelingt mir nach einer Weile mit dem Satz: „Der ist für sein Leben selber verantwortlich! Wenn seine Familie zerstört ist, war er mit dabei!" Morgens verabschieden wir uns „in aller Freundschaft" und ich treffe mich mit einer Freundin aus Wien.

Diese macht gerade in Zürich das Diplom zu einer Schreibausbildung. (Was es alles gibt!) Wie dieses Zusammentreffen gut tut! Einen Moment lang das Gefühl von „zuhause sein", im Bellevue in Zürich. Und wissen Sie, was am meisten gut getan hat? Ich habe ihr am Telefon meinen Figur- und Gewichtskampf bis ins Detail geschildert: wie dick und unansehnlich ich in den letzten zwei Jahren geworden bin. Und sie gesteht mir, dort in diesem fast nur aus Glas bestehenden Luxuscafé, dass sie schon Angst hatte, mir zu begegnen. Angst, mich zu sehen und sich wirklich zu denken: „Lieber Gott, was ist aus der Hilde geworden!" und genau das vor mir – wie gesagt, wir kennen uns sehr gut – nicht verbergen zu können. Und was ist? Sie findet mich attraktiver denn je. Es ist jetzt nicht so, dass sie meint, zum Glück hast du endlich zugelegt, nein, sie meint freudestrahlend: „Hilde, es fällt gar nicht auf, du leuchtest wie ein Sonnenstrahl!" Ich lache innerlich, mit jeder einzelnen Zelle lache ich ihr ins Gesicht. Welch Kompliment. Ich weiß, sie wäre ehrlich gewesen, wenn sie fände, ich sähe furchtbar aus.

Die Woche darauf zurück im Grünen Land, bereite ich mich für den hiesigen Theaterball vor: Frisör, Kleid? Nein mit meinen 14 plus traue ich mich nicht über Stöckelschuhe und ein Kleid drüber. So ziehe ich meinen Uraltfummel aus dem Schrank, gerade noch, dass ich mir die Haare wasche, und das war's. Und wer rennt mir dort auf dem Theaterball alsgleich schon beim Eintreten in der Eingangshalle über den Weg? Fabrice. Woher ich Fabrice kenne? Genau letztes Jahr zur gleichen Zeit hatte ich auf diesem selben Ball einen Auftritt, aber nichtsdestotrotz hielt mich das nicht davon ab, nachher einen superfeschen, halbfranzösischen Anfangdreißiger, nämlich Fabrice, küssend an ein Sofa zu fesseln – oder war es eher umgekehrt? –, der mir im Laufe des immer höher ansteigenden Erotikfaktors gesteht, er sei nicht nur toll, er habe auch dunkle Seiten …

„Ja, das ist doch klar, wir alle haben …"
„Ich bin kokainsüchtig!"

Ach ja, wenn es sonst nichts ist. Und wissen Sie, was das mit mir machte? Ich greife nicht meine Füße, beide in eine Hand, um mich auf der Stelle in Form von Flucht in Sicherheit zu bringen, nein, ich bleibe sitzen und blicke ihm fassungslos in seine Angst verströmenden Augen. Diese Offenheit, dieses Geradeheraus fühlt sich so entwaffnend an (jeder „Normal"-Süchtige tut doch alles, aber wirklich alles, seine Sucht tunlichst zu verbergen), dass ich mich Fabrice gleich um ein Vielfaches näher fühle als zuvor. Berührt bin ich. Zutiefst berührt von seiner Offenheit. Und ich gebe ihm meine Telefonnummer. Denn unbedingt und unter allen Umständen will er mich zum Essen einladen …

Das erste Mail kommt dann tatsächlich am nächsten Tag daher. Das zweite auch, und im dritten steht: „Er habe mich „etwas" angelogen. Seine Ex sei nicht seit einem halben Jahr seine Ex, nein, sie sei es erst seit zwei Wochen. Und dieses Thema sei somit noch nicht ganz vom Tisch. Und solange der Tisch gedeckt sei, könne er kein neues Essen bestellen." – „Ja super!", denke ich mir, „dann will ich auch keine Mails mehr!" Gedacht und gleich geschrieben. Und das war es dann. Bis heute. Bis zu diesem Moment wieder auf dem Theaterball.

„Das war schon hart von dir! Gar keinen Kontakt mehr! Und du sollst eines wissen, ich habe mich nur dir zuliebe nicht mehr gemeldet. Wollen wir nicht mal essen …"
„Und deine Freundin?"
„Schon lange vorbei!"

Gut, ich verabrede mich mit Fabrice zum Essen für nächste Woche. Und heute verbringe ich den ganzen Abend mit ihm. Bis seine Freunde irgendwann meinen: „Wird das jetzt ein jährliches Revival werden? Jedes Jahr wieder auf dem Theaterball?"

Ich denke mir nur, wenn die wüssten, diesmal wird es was. Denn diesmal bestellt er das Essen …

Am nächsten Tag Schule, dazu meine Kinder, dazu Frank-Eric am Telefon und Mail, der das alles mit der „Nur-Freundschaft" ziemlich leicht gebacken hinzukriegen scheint (komischerweise meldet er sich inzwischen täglich, na ja, gute Freundschaften …), dazu Fabrice, der Zwar-immer-noch-aber-sicher-nicht-mehr-so-fest-Kokainsüchtige zum Essen-Gehen in Aussicht, dazu acht neue Radiogeschichten, „Genuss-Tipps zum Wohlfühlen", schreiben und im Studio aufnehmen müssend. Ja und dem nicht genug, wieder eine Coaching-Einheit der Superlative von morgens um 6 Uhr 30 bis abends 23 Uhr 30 in Aussicht. (Dieser liebe Kunde reist mit dem Nachtzug aus Wien an, lässt sich von mir den ganzen Tag lang coachen, unterhalten und kulinarisch verwöhnen – also kulinarisch verwöhnen im Sinne von Lokal aussuchen – und nimmt abends wieder den Nachtzug gen Wien zurück.)

Dies alles erfolgreich hinter mich gebracht habend stehe ich heute, Faschingsdienstag, auf der Waage und stelle fest: „Ach zum Glück nur 83 kg!" Verstehen Sie, was ich meine?

Ich hatte keine Zeit mehr, mich um meine Seele zu kümmern. Es war mir alles zu viel geworden. Endfazit, nur damit Sie sich auskennen: Frank-Eric bleibt mit seiner Frau glücklich, das Essen mit Fabrice wird storniert, der Kunde von Wien ist wieder in Wien. Und ich wieder klar im Kopf bei mir selber. Und auch Zeit und Aufmerksamkeit in Aussicht für mich und meine Seele!

 „MORGENS-VOR-DEM–AUFSTEHEN"-Übung:
Sie können schon morgens mit positiven Gedanken in den Tag starten, indem Sie vor dem Aufstehen, noch im Bett liegend, folgende „Worte" in Gedanken zu sich sagen: **„Ich spüre, wie eine Kraft voller Energie, eine Kraft voller Weisheit, eine Kraft voller Liebe und eine Kraft voller Glückseligkeit durch mich hindurch**

fließt …" Damit verscheuchen Sie Gedanken wie: „Oh nein! Schon wieder so früh aufstehen! Was für ein schrecklicher Tag!" Und sagen Sie diese Worte so lange, bis Sie alle diese Kräfte durch Ihren Körper fließen spüren. Viel Spaß für den neuen Tag!

Mehr dazu auf Seite 208 ❤

Und so ergibt es sich am Faschingsdienstagabend, dass ich mit einer ganz lieben Freundin, ebenfalls Single, ausgehe. (Sie hat gerade zwei Verehrer an der Hand, der eine ist Arzt, der sich ein Jahr lang für sie geschämt hat, jetzt wo sie gehen will, macht er ihr auf einmal einen Heiratsantrag; der zweite, ein Salzburgischer Krankenpfleger, der will, dass sie ihn beim Sex bepinkelt, bitte da soll noch einmal jemand sagen, Single sein sei einfach …) Nun gut, ich verbringe einen wirklich lustigen Abend mit ihr, bis zu dem Zeitpunkt, wo Norbert das Lokal betritt.

Norbert kenne ich aus Abiturtagen. Also ewig. Er ist nur zwei kleine, kurze Jahre jünger und war damals total unglücklich verliebt in mich. Doch wen interessierte schon ein um zwei Jahre jüngerer Typ? Mit 18! Da sind doch Lichtjahre dazwischen! „Oh mein Gott, wie waren wir nur gemein damals!" Der arme Norbert. Auf alle Fälle traf ich ihn Jahre später wieder in Wien, weil er dort bei mir ums Eck wohnte. Tja, um genau zu sein, dort wohnte, wenn er nicht gerade unterwegs war. Aber nicht etwa beruflich unterwegs oder so. Nein, wenn er nicht gerade ein paar Monate auf Entzug war: Heroin. Oder wenn er nicht gerade auf Tour war auf der Straße und nächtelang nicht nach Hause kam. Seine Frau und sein Kind können ein Lied davon singen. Eine echte Tragödie! Und diesen selbigen Norbert treffe ich vor einem Jahr, als ich nach Vorarlberg zurückkomme, und er erzählt mir, er sei seit ein paar Jahren clean. Und nicht etwa auf dem Ersatzprogramm Methadon oder wie auch immer diese Produkte heißen mögen. Nein, er hatte den totalen Entzug von Heroin geschafft und war seit Jahren clean. Einzig, er rauche noch, und das nerve ihn. Zigaretten.

Und mit Norbert fange ich an zu tanzen. Und Norbert blödelt mit mir herum und wir quatschen über Gott und die Welt, bis ich irgendwann von meinem heutigen Abwiegeergebnis und all dem langweiligen Zeug davon erzähle. Packt er mich an beiden Armen, schüttelt mich und lacht mich an:

„Mensch, Hilde, wieso isst du denn so viel? Das gibt's doch nicht! Dann iss einfach weniger!" Ich schaue ihn offensichtlich entgeistert an. „Ja, Hilde, mir ist das doch egal! Aber dir nicht! Also aus, dann iss halt nicht so viel!"

Und wissen Sie was? Das war ein Erlebnis der besonders besonderen Art! Ich komme danach nämlich nach Hause und fühle mich nur noch voller Scham. Ich schäme mich, würde man es in Kilometern ausdrücken, mindestens von Bregenz bis Neapel hinunter. Da ist ein Mann, der seine Heroinsucht bewältigt hat. Der hat tatsächlich sein Leben selbst gerettet. Mit einer Konsequenz, die wir gesunde Menschen uns wahrscheinlich gar nie vorstellen können; wir wissen nicht, was das wirklich, wirklich heißt. Und ich jammere jeden Menschen dieser Welt voll, dass ich inzwischen 15 kg mehr habe, als ich will. Ich habe weder Diabetes noch irgendeine Krankheit, die mir sagt, Frau, du wirst sterben, wenn du nicht abnimmst. Bei mir geht es nicht um Leben und Tod. Ich habe ein wunderschönes, erfülltes Leben. Und dann muss ich mich von einem Menschen, der das Bewundernswerteste, was ein Mensch überhaupt schaffen kann, bewältigt hat, auf meine lapidare Situation hinweisen lassen. „Wenn du dünner sein willst, dann iss halt weniger!" Also ich muss zugeben, egal wer diesen Satz zu mir gesagt hätte, beim einen Ohr hinein, beim anderen wieder hinaus … aber diesen

Satz von Norbert gesagt, da kommt bei mir nur noch Scham auf. Ich schäme mich so sehr, dass ich am nächsten Tag folgendes beschließe:

Ich verzichte während der Fastenzeit auf Alkohol, auf jegliche süße Sachen, sprich auch auf alles, in dem Zucker enthalten ist, und auf Chips und Knabbereien. Und nicht in erster Linie zum Zwecke des Abnehmens, sondern um mir selber endlich!!! wieder einmal zu beweisen, dass auch ich etwas durchziehen kann. So wie Norbert. Der hat sein Leben gerettet. Und das will ich jetzt auch. Nicht dass ich mich jetzt anmaße zu sagen, ich stünde auch zwischen Leben und Tod. Höchstens „Tod" für todunglücklich aufgrund meines Gewichtes seit zwei Jahren. Vielleicht leide ich ja auch unter einer Sucht. Einer Sucht, die in der Fachwelt noch nicht erkannt und benannt wurde: unter der Jammersucht? Die Sucht, mich ständig über mein Gewicht und meine Figur zu beklagen? Oder die „Stopf-dir-etwas-in-den-Mund-hinein-egal-was-es-ist-Sucht"? Zum Glück habe ich Zeit, das alles zu hinterfragen, denn mein tatsächliches Leben ist nicht unmittelbar in Gefahr. An dieser Stelle noch einmal Hut ab vor Norbert und vor allen Norberts dieser Welt!

Woche 18, Sonntag

Sechs Wochen später: In der Früh, die Augen gehen auf, heute ist doch Palmsonntag? Mit einem Satz aus dem Bett gehüpft und rein ins Klo. Leider nur „klein". Dann sofort ausziehen, oder besser, die „Kleider" vom Leib reißen: rauf auf die Waage: Ich kriege vor Aufregung fast keine Luft mehr ...

77,40

Was? Stopp! Das gibt's doch nicht! Runter, noch mal rauf:

77,40

Der Schrei ist so laut, dass meine Kinder zu mir ins Bad gerannt kommen: „Mama, was ist passiert?" Ich fange an zu rechnen: Das sind ja 5,60 Kilos! Ich laufe vor Freude schreiend, kreischend, singend durch die ganze Wohnung. Zwischendurch ein paar Luftsprünge und Vor-Freude-mich-um-mich-selber-Drehungen. Ich bin so glücklich! Unendlich glücklich!

Ich habe 5,60 Kilos abgenommen. Und ich habe mir bewiesen, ich schaffe es. Ich habe Konsequenz! Ich kann etwas mir Vorgenommenes durchziehen. Denn ich habe wirklich nichts Süßes gegessen, mich an keinen Knabbereien vergriffen und nicht ein einziges Mal Alkohol getrunken. Wie bin ich stolz auf mich! Das können Sie mir glauben! Nur, so leichtfüßig, wie ich das jetzt hinschreibe, war diese Zeit mitnichten. Wollen Sie wissen, wie es mir die letzten sechs Wochen in Wirklichkeit ergangen ist?

Beginnen wir bei Tag 1 und 2 und 3, also ganz am Anfang. Diese Tage sind nicht nur schrecklich, diese fühlen sich an, als stünde ich in einem Keller unter Folter: Denn erstens einmal weiß ich rein praktisch gesehen nicht, wie ich die Regel „kein Zucker" umsetzen soll. Was bleibt auf meinem Speiseplan, und was nicht? Und ich kann Ihnen versichern, es gibt so viel wie nichts, das keinen Zucker enthält: Sogar Senf und Ketchup sind gestrichen. Irgendwann beschließe ich, es wird das Einfachste sein, überhaupt alles frisch auf dem Markt zu besorgen und jegliche Soße und Zutat selbst zuzubereiten, denn was aus der Dose kommt, was im Glas schon vorgekocht ist, was Pizza im Tiefkühlfach heißt, beherbergt Zucker. Das Technische bezüglich „Wie setze ich das rein praktisch um?" geklärt, beginnt der psychische Teil des Ganzen. Denn ich habe natürlich immense Gelüste nach süß. Nun steht die nächste Herausforderung an: Wie komme ich trotz alledem zu einer kulinarischen Süßbefriedigung? Also erlaube ich mir ab Tag 1 Obst in jeder Variante, Hauptsache frisch.

Und am dritten Tag setze ich auch Honig mit auf die Liste der erlaubten „Zuckerlieferanten". Alles andere scheint mich tatsächlich umzubringen. Dazu kein Alkohol und keine Knabbereien. Diese beiden Sachen sind ja von der prinzipiellen Durchführung her einfach.

Doch nun folgt der zweite und eigentliche Punkt: die Umsetzung. Wie fühle ich mich im Alltag ohne alle diese Nahrungsmittel?

– frühmorgens Kaffee ohne Zucker (schmeckt mit Honig entsetzlich, ich hab sogar das probiert), mittags nie Schokolade zum Nachtisch, zur Abrundung des Essens, abends kein Gläschen Rotwein, Sekt, Baileys –

Und ich stelle ziemlich schnell fest: Ich bin süchtig. Nicht dass Sie sich jetzt vorstellen, ich bin Alkoholikerin, die jeden Tag mindestens eine Flasche Wodka hinunterkippt, nein, ich brauche auch nicht täglich Alkohol. Und doch spüre ich, ich bin süchtig. Vom Denken her, vom Verhalten her bin ich eine Süchtige. Ich bin es gewohnt, mir im Laufe jeden Tages irgendwann einmal eine Schokolade, oder ein Eis, oder ein Glas Prosecco, oder eine Packung Chips zu „gönnen". Mich damit zu belohnen für irgendetwas, das mir gelungen ist, mich zu belohnen für irgendetwas, das ich nicht machen wollte, es aber trotzdem zur Zufriedenheit der anderen erledigt habe. Und ich „belohne" mich sogar dafür, dass ich es aushalte, dass es mir mal nicht so gut geht. Ich belohne mich dafür, „noch" zu leben. „Trotzdem" zu leben, obwohl es immer wieder so viele mich überfordernde Momente gibt. Faktum ist, ich finde und erfinde während des ganzen Tages immer wieder Anlässe, die es mir „erlauben", Süßigkeiten, Knabbereien oder Alkohol in mich hineinzuschütten. Und ab dem Moment, in dem ich beschlossen habe, ohne genau diese drei Sachen auszukommen, spüre ich so etwas wie Sucht aufsteigen. Ich habe in diesen Wochen wieder und wieder das Gefühl, als befände ich mich auf einem kalten Entzug:

„Aber ohne das alles kann ich doch nicht existieren! Ohne das bin ich nur noch unglücklich! Alles nur Verzicht und Mangel! Keinerlei Genuss mehr!" höre ich mein Hirn ständig denken.

Und so kämpfe ich in den ersten zwei Wochen spätestens jeden Abend gegen mich selber:

„Ich kann nicht mehr! Nur ein Gläschen Prosecco! Bitte, Hilde!"
„Nein, du ziehst das jetzt durch!"
„Aber was macht dann mein Leben lebenswert?"
„Keine Ahnung! Auf alle Fälle ziehst du das jetzt durch!"
„Nur eine Reihe Schokolade? Das macht doch nichts! Nur eine Reihe?"

So geht das ständig hin und her. Und letztendlich gewinnt zum Glück immer wieder die Seite der „neuen Regeln". Ich muss bloß an Norbert denken: Ich habe sechs Wochen vor mir. Er sein ganzes Leben! Also würde ich das wohl für läppische sechs Wochen auch schaffen!

Und während dieser Zeit sehe ich irgendeines Abends auf MTV die „Promi-Rehab". Eine Dokusoap, wo Menschen bei ihrem Alkohol-, Drogen-, Spiel- oder was auch immer -entzug mit der Kamera begleitet werden. Eine der besten Sendungen, die ich je gesehen habe. Und während einer dieser Sendungen fällt ein Satz von einem Therapeuten, der mich nachhaltig bewegt:

„Das Gehirn denkt falsch. Das Gehirn denkt bei Sucht falsch! Es denkt in einer schwierigen Situation sofort: ‚Wenn ich jetzt keine Schokolade, keinen Alkohol, keine … bekomme, dann schaffe ich es nicht!' Und solange das Hirn falsch denkt, bist du süchtig! Du bist erst dann von deiner Sucht geheilt, wenn das Hirn anders denkt."

Diese Aussage trage ich von nun an immer mit mir herum. Immer wieder denke ich an diesen Satz. Denn der bedeutet für mich: Solange mein Hirn denkt, dass ich für mein Wohlbefinden sowohl Süßes, Alkohol als auch Knabbereien brauche, bin ich nach all diesen Sachen süchtig. Es geht also genau um den Moment, in dem mein Hirn „das" denkt. Wenn ich mein Hirn dahin kriege, dass es etwas anderes denkt, dann bin ich nicht mehr süchtig. Und so sehe ich meine Aufgabe darin, meinem Hirn zu zeigen, welche Alternativen es gibt, um mich gut, um mich wohl zu fühlen, um das Gefühl zu bekommen, egal wie schlimm sich jetzt eine Situation anfühlen mag, ich schaffe das Leben trotzdem!

Nun, was gibt es für Dinge, die mich genauso glücklich machen wie Schokolade, Alkohol und Chips? Und gar nicht mal genauso, denn wenn ich mich tags darauf auf die Waage stelle, macht mich der Konsum von diesen drei Dingen nicht nachhaltig glücklich. Immer nur in den Sekunden des Verzehrs. Aber nie nachhaltig!

Und so lerne ich in den nächsten sechs Wochen zum Beispiel, dass mir eine Kanne Tee unheimlich gut tut. So mache ich mir abends immer eine Kanne Tee. Erstens um mich von innen heraus zu wärmen und zweitens gebe ich mir dadurch liebevolle Zuwendung, indem ich mir untertags in irgendeinem Geschäft guten Tee besorge. Und abends bereite ich mir diesen leckeren Tee zu. Nur für mich! Und das tut gut! Ich gehe auch viel weniger aus. Ich spüre in dieser Zeit, dass mich manche Gespräche ermüden. Es sind oft keine bereichernden Dialoge, die da stattfinden, und wahrscheinlich nur mit zunehmendem Alkoholkonsum zu „ertragen". So bin ich diese sechs Wochen sehr viel allein. Doch das Schönste daran ist, ich fühle mich mitnichten einsam. Ich genieße die Zeit mit mir selber. Mit einem guten Film, im Bett sitzend und die Wand anschauend, schaukelnd in der Hängematte, Musik hörend, in der Badewanne liegend oder einfach mit einem guten Buch

vor Augen. Bei diesen Tätigkeiten entsteht ein Gefühl von andauern-
dem Genuss. Wohlgefallen. Mich gut fühlen. Es erfüllt mich von innen
heraus. Und nicht von außen nach innen und ist am nächsten Tag auf
der Waage sichtbar.

Stopp! Ist das etwa der Schlüssel? Die Richtung des Denkens umzu-
kehren: „Von innen nach außen!" Nicht immer dieses: „Ich will mir
Gutes tun. Also schnell im Außen was finden, und rein nach innen damit:
Süßes, Alkohol, Knabbereien, Sex, Spiele, Internet, Fernsehen … Ding
holen und ab in den Körper hineinschütten." Soll es heißen: „Ich will
mir Gutes tun, also zuerst nach innen gehen und dort nachfragen …"?

Und in diesem Moment weiß ich: Mein Hirn muss die Richtung seines
Denkens umdrehen! Es muss das von „außen nach innen schütten"
auflösen, umdrehen, und von „innen nach außen" denken lernen.

 „MEINE-LEBENSSÄULEN"-Übung:
Wenn eine „Säule" in Ihrem Leben wegbricht, welche andere
haben Sie dann noch auf Lager? Unter Lebenssäulen verstehe ich
Dinge und Menschen, die Ihnen Kraft geben, wie z.B. Beruf, Partner,
Kinder, Hobbys, Freunde, Coachs, Therapeuten, Sport, Urlaube,
Bücher, etc. Das heißt im Klartext, wann immer Sie Unterstützung
brauchen, holen Sie sich Hilfe bei einer anderen Lebenssäule, die
Ihnen wieder Kraft gibt.
                    Siehe Näheres dazu auf Seite 210 ❤

Und genau in dieser Zeit fällt mir das Buch von Julia Onken in die
Hände. (Was für ein Zufall! Ich liebe dieses Wort, weil es nie „nur
Zufall" gewesen sein kann! Denn jeder, dem etwas „zu-fällt", der muss
bereit sein, das „Ihm-zu-Fallende" auch aufzufangen …):

„Zurück ins Gleichgewicht: Vom Abnehmen und über das Glück, das eigene Maß zu finden": Onken springt sogleich ins Wasser:

„Darf ich mich vorstellen? Ich heiße Julia Onken und ich war esssüchtig. Jedenfalls würde ich mich, ginge es um Alkoholabhängigkeit, mit solchen Worten vorstellen. Ich habe keine Lust, irgendetwas vorzutäuschen oder etwas vertuschen zu wollen, ich will niemandem etwas vormachen oder mich besser darstellen, als ich bin. Ich spiele mit offenen Karten. Im Moment unterliege ich zwar dieser Sucht nicht, bin aber ständig achtsam."

Und dann beschreibt sie ihren Gewichtswerdegang, der mehr als 40 Jahre lang von unterschiedlichsten Diäten bestimmt ist. Doch kaum ist eine erfolgreiche Diät bis zum Ziel durchgezogen, heften sich „in der freien Phase" noch mehr Kilos an ihre Hüften als je zuvor. So ist der jahrzehntelange Kampf gegen das Übergewicht vorprogrammiert. Und dann eines Tages, dieses Themas überdrüssig geworden, gründet Onken drei Gruppen, nur für Frauen, die sich über genau dieses Thema, „mein Gewicht, meine Figur", über ein Jahr lang regelmäßig austauschen. Und das Ergebnis, zu dem die bekannte Psychotherapeutin und diplomierte Psychologin kommt (Seite 16), ist unter anderem Folgendes:

- ❤ Wer Diät hält, hat den Kontakt zu sich bereits verloren.
- ❤ Wer Diät hält, hat das Vertrauen in seine eigene Körperintelligenz verloren.
- ❤ Wer Diät hält, ist bereit, sich an Diktate zu halten, die fremde Menschen zusammengestellt haben.
- ❤ Wer Diät hält, verliert seine Selbstachtung.
- ❤ Wer Diät hält, ist bereit, einen Krieg gegen sich selbst zu führen, und begibt sich in Gefahr, diesen Krieg zu verlieren.

❤ Wer Diät hält, liebt sich nicht – und wer sich nicht liebt, kann auch andere nicht lieben.

Und am Ende dieses Buches angelangt, bin ich um mindestens sieben Erkenntnisse reicher, davon die mir zwei wichtigsten:

Erstens einmal kann ich endlich das überall auf der Welt grassierende Vorurteil über festere oder übergewichtige Menschen für mich selber erfolgreich ad acta legen. Denn die Annahme, dass „gut genährte" Menschen völlig willenlos alles, was ihnen in die Hände kommt, in sich hineinfuttern und daher über null Disziplin verfügen, ist objektiv betrachtet völliger Blödsinn. Denn genau das Gegenteil ist der Fall: Wie viele Diäten hat jede(r) von uns schon mit eisernem Willen, Disziplin und Konsequenz durchgezogen?

Und die zweite wichtige Erkenntnis ist, dass ich mich mir selbst total entfremdet habe und dass mein Körper zu einem Kriegsschauplatz geworden ist. Und in diesem Moment der Erkenntnis beschließe ich, dass ich mit mir selbst einen Vertrag abschließe: einen Vertrag, in dem steht, dass ich mich selbst nicht mehr misshandeln darf! Nie wieder. Und um es positiv auszudrücken, ich beschließe, mich und meinen Körper in Gedanken, in gesprochenen Worten und in Handlungen nur noch wertzuschätzen. Meinen wunderschönen Körper, der immer genau entsprechend so dick oder so dünn oder so rund oder so mager ist, wie viel ICH oben in den Mund hineinstecke. Sprich, mein Körper kann nie etwas dafür, wie er aussieht. Er ist immer nur das Ergebnis meines Denkens und meines Handelns. Das heißt, der Weg irgendwo anders hin kann nur über das Freundschaft Schließen mit mir selbst – mit meinem Denken, mit meinem Handeln und mit meinem Körper – sein!

Und genau in dieser Zeit habe ich wieder einen Kunden aus Wien: den Autor des Buches „Die Kraft des Scheiterns – Eine Anleitung ohne Anspruch auf Erfolg", Gerhard Scheucher, der damit die Bestsellerlisten stürmte. Und aus diesem Grund zuhauf für Vorträge gebucht wird. Also kommt er, um mit mir an seiner Präsentation zu arbeiten. Und es wiederholt sich, was sich immer zeigt: Wenn jemand schon länger über dasselbe Thema referiert, geht irgendwann die Leidenschaft dafür verloren. Und dann ist es mein Job, genau diese Leidenschaft neu zu entfachen oder sie ganz neu aufzuspüren. Genauso in diesem Fall. Also frage ich meinen Kunden, welches Thema ihn momentan am meisten bewegt? Und siehe da, wo landet er? Beim (welch ein „Zufall"!) Abnehm- und Schönheitswahn der heutigen Zeit …

Herr Scheucher, selbst ein äußerst attraktiver, schlanker, sportlicher Mann um die 40, steht nun in meinem Coaching-Raum und lässt sich ohne Punkt und Komma mindestens eine Viertelstunde lang mit leidenschaftlichster Leidenschaft darüber aus, wie sich die heutige Gesellschaft, vorzüglich Frauen, ihm völlig unverständlicherweise nur noch Gedanken um ihre Figur, ihre Schönheit und ihr Aussehen machen, und beendet seinen exorbitanten Exkurs mit den Worten: „Was sind wir nur für eine Gesellschaft, die sich den ganzen Tag nur noch damit beschäftigt, was sie essen darf und was nicht? Wie man sich der zu vielen Kilos wieder entledigt? Und welche Schönheitsoperation unumgänglich ist? Sind wir wirklich alle so dumm, dass uns den ganzen lieben langen Tag nichts anderes mehr zu beschäftigen scheint?"

Und was passiert währenddessen mit mir? Rein beruflich gesehen, schreit der Teil des Coachs in mir: „Juhu!!!, er brennt wieder! Genau das müssen wir nun für seine Kraft des Scheiterns anwenden!" Doch die Privatperson Hilde versinkt für ein paar, für meinen Kunden hoffentlich unbemerkbare Momente, in einem Fass von unfassbarer Scham! Denn von wem spricht Herr Scheucher gerade? Von mir, und von mir und noch mal von mir! In meinem Kopf hallt es nur noch: „Sind wir wirklich alle so dumm, dass uns den ganzen lieben langen Tag nichts anderes mehr zu beschäftigen scheint?" – Ja, genau so dumm bin auch ich! Genau so!

Auch ich bin eine, die wirklich den ganzen Tag nichts Wichtigeres zu tun hat, als ununterbrochen an mein „Zu-dick-Sein", daran, was ich alles nicht essen sollte, mit welchen Kleidungsstücken ich meinen Bauch besser kaschieren könnte, ob ich mich wirklich auf einen Mann einlassen sollte, denn wenn er meine 15 kg mehr sehen würde, würde er sowieso gleich wieder davonlaufen, zu denken. Mir wird mit einem Schlag bewusst, wie sehr ich mich selbst verlassen habe. In all den Jahren. Ich reduziere mich selber einzig und allein nur noch auf meine Figur. Denn dass dieser neue Mann auch an meinem Witz und Humor, an meinem Geist, an meinem Wesen Gefallen finden könnte, ist als Möglichkeit gar nicht mehr in meinen Gedanken vorhanden. Apropos, an dieser Stelle noch mal liebe Grüße an Frank-Eric: „Hilde, hast du nicht selber gesagt: Kein Waschbrettbauch dieser Welt kann fehlenden Witz aufwiegen?"

Und in der Summe aus all diesen Inputs passierte dann etwas, das mich, mein Denken und meine Sichtweise für ein Leben lang ins Positive verändern sollte …

Nähern wir uns jetzt der Selbstliebe?

Ich bin „clean"!
Oder „Wie ich den Ausstieg geschafft habe"!

„Ich bin clean!" Große Worte, aber was bedeuten sie? Wovon „clean"? Ich war ja weder akohol- noch süßigkeitenabhängig, wie man es im klassisch-medizinischen Sinne diagnostizieren würde. Was ich aber inzwischen behaupte, ist, ich war vom Erfüllen der Schönheitsdogmen unserer Zeit: „Jung und schlank um jeden Preis!" abhängig. Und es galt für mich, wie für so viele andere Menschen auch (ich glaube, fast die halbe Menschheit hungert freiwillig!!), in jeder Hinsicht diesen gesellschaftlichen Dogmen zu entsprechen. Egal um welchen Preis und egal welche Selbsterniedrigung dafür notwendig war. Hauptsache, ich glaubte daran, „schlank sein zu müssen!" Und mit großem Bedauern für mich selber musste ich mir eingestehen, dass ich genau das, was ich an meiner Mutter so kritisierte, selber genau gleich handhabe! Und jetzt behaupte ich, ich bin „clean", ich muss diesen Dogmen nicht mehr entsprechen, ich soll ihnen nicht mehr entsprechen und ich WILL ihnen nicht mehr entsprechen! Ich bin frei, das „schön" zu finden, was ICH schön finde!

Nun, was ist passiert? Wie bin ich dort hingekommen? Es waren dafür, würde ich jetzt mal sagen, mindestens zwei Hauptphasen nötig: Die erste Phase wurde eher vom Kopf und vom Verstand bestimmt, war aber als Vorbereitung für die zweite Phase im Entwicklungsprozess total wichtig und eine Bereicherung. Und die zweite Phase brachte dann die Erlösung sowohl auf der Verstandesebene wie auch auf emotionaler Ebene ganz von selbst mit sich:

Phase 1:

Nun, Phase 1 beginnt, am Anfang dieser sechs „Fastenwochen", wo ich alle mir selber auferlegten Regeln befolge und gleichzeitig die vorhin schon erwähnten Schlüsselerlebnisse durchlebe:

1. Mein Coaching mit Herrn Scheucher
2. Meine eigene Idee von der Richtungsänderung:

    Nicht mehr „von außen nach innen" (sprich, alles in sich hineinschütten und -stopfen), dafür aber „von innen nach außen" (nachspüren, was genau brauche ich eigentlich?) zu denken.

    Dazu konkret im jeweiligen Moment hilfreich sind folgende Übungen: Zuerst STOPP und dann nachfragen:

„Zwei-Sekunden-STOPP"-Übung (siehe Seite 62)
„Wie-kann-ich-mir-jetzt-etwas-Gutes-tun?"-Übung (Seite 75)

3. Und das Buch von Julia Onken

Was zur Folge hat, dass ich beschließe, aus diesem „Mich-selber-verlassen-Haben" wieder auszusteigen und ZU MIR ZURÜCKZUKEHREN:

1. ICH DENKE UND REDE NUR NOCH WERTSCHÄTZEND ÜBER MICH UND MEIN AUSSEHEN!

Kennen Sie diese Momente frühmorgens beim ersten Blick in den Spiegel? „Oh mein Gott, schaue ich fertig aus!", „Diese Augenringe, Hilde, höchste Zeit, wieder früher ins Bett zu gehen!", „Oh liebes bisschen, schau mal diesen Bauch an! Das kommt davon, wenn man so viel frisst!" Haben Sie auch noch ein paar Ideen? Nur zu! Und das ALLES streiche ich ab nun aus meinem Denken wie auch aus meinem Reden heraus. Ich bin ja perfekt gewesen (ich verwende mal an dieser

Stelle die Vergangenheit, heißt es doch: „Sprache schafft Realität"), wenn es darum ging, selber ein Witzchen über meine Figur oder mein Älterwerden zu machen. Lieber selbst als Schutz schnell ein geistreiches Wortspiel in den Raum gestellt, als die Angst davor aushalten, dass mein Gegenüber etwas Verletzendes anbringt. Aber, und das habe ich nie bedacht, in jedem Moment eines Witzchens werte ich mich hochkant selber ab und verletze mich somit selber! Also keine Witze mehr über mich und mein Aussehen!

Sprich, ich will meine Gedanken neu disziplinieren. Denn ich weiß inzwischen, man kann „sich in Gedanken fürs Schöne und Positive disziplinieren". Genauso wie man immer nur jammern kann. Menschen, die immer nur das Negative des Lebens wahrnehmen und erwähnen, haben „sich für alles Negative diszipliniert". Dieses Gedankendisziplinieren bedarf „nur" eines bewussten Aktes, seinen Schalter auf „Fülle" anstatt auf „Mangel" zu stellen. (Sie erinnern sich ?)

Und genauso ist es möglich, bei sich selber den Schalter von „hässlich" auf „schön" umzulegen. Denn es ist ganz allein meine Entscheidung, ob ich mich aufs „Dicke", aufs „Angeschwollene", aufs „Alte", aufs „Dellige", aufs „Faltige" konzentriere, wenn ich mich anschaue, oder ob ich mein Augenmerk aufs „Charmante", „Gewinnende", „Sexy", auf die „Lachgrübchen" in den Wangen, auf die „vollen Wimpern", auf die „schön geformte Taille", auf die „eleganten Fußknochen beim Knöchel", auf was auch immer lege. (Apropos, mein Busen ist so groß, ich schaue einfach immer auf meinen Ausschnitt, und ich schwöre, nicht nur ich ...)

 „ICH-BIN-ES-WERT"-Übung:
Denken UND sprechen Sie nur noch positiv über Ihre Figur und Ihr Aussehen!
Siehe dazu Übung Seite 216 ❤

2. ICH HÖRE WIEDER AUF MEINE KÖRPERINTELLIGENZ!

Das leuchtet mir völlig ein, dass wir mit einer Grundausstattung von Körpergefühl und körpereigener Intelligenz auf die Welt kommen. Einem Körpergefühl, das sehr genau weiß, was uns gut tut und was nicht. Nun bleibt die Frage: Wie stelle ich wieder Kontakt her zu meiner mir eigenen Körperintelligenz? Gedacht, getan:

 „So-finde-ich-meine-Körperintelligenz-wieder"-Meditation: Setzen Sie sich an einen Platz, wo Sie die nächsten 20 Minuten ganz ungestört sind. An Ihren Lieblingsplatz in der Wohnung, irgendwo in der Natur, an einen Kraftplatz, und lassen Sie Ihre Augen zugehen. Spüren Sie dann einfach, wie Ihr Atem ganz von selbst in Sie hinein fließt und dann ganz von selbst auch wieder aus Ihnen heraus fließt, bis Sie das Gefühl haben, „es" atmet Sie … und wenn Sie soweit sind, können Sie in Ihren Körper hinein fragen: „Gibt es hier irgendwo eine Stelle, wo meine Körperintelligenz sitzt?" Und dann warten Sie einfach und spüren nach, ob sich irgendetwas in Ihrem Körper zeigt. Es kann sein, dass es irgendwo zu kribbeln anfängt, es kann sein, dass irgendwo eine Farbe auftaucht, es kann sein, dass Sie eine Stimme hören. Falls Sie Worte hören, die zu Ihnen sprechen, lauschen Sie einfach der Botschaft, die sich Ihnen mitteilen möchte. Und ganz egal, ob Sie etwas hören, ob Sie eine Farbe wahrnehmen, ob sie ein Kribbeln oder Wärme spüren, bleiben Sie einfach für ein paar Minuten in Kontakt mit dieser Stelle … Und wenn es für Sie passt, können Sie dann irgendwann auch selber zu sprechen beginnen: „Hallo ich bin die/der XXX. Ich würde gerne mit dir in Kontakt treten, liebe Körperintelligenz! Ich weiß, dass du da bist. Und es tut mir wirklich sehr leid, dass ich den Kontakt mit dir abgebrochen habe. Ich weiß, dass du meinen Körper am besten kennst! Und ich weiß, dass du genau weißt, was für mich gut ist und

was nicht! Magst du mir bitte helfen, dass ich dich wieder höre?"
Und dann schauen Sie, ob Sie eine Antwort bekommen. Falls es
beim ersten Mal Kontaktaufnehmen nicht klappt, bleiben Sie einfach
mit Ihrem Gefühl bei der Stelle. Beim nächsten Mal klappt es vielleicht auch schon mit einer Antwort. Und wenn sich die Körperintelligenz meldet, hören Sie sehr genau zu, was Sie Ihnen zu sagen hat.
Und wenn Sie alles gehört haben, spüren Sie noch einmal ganz
bewusst zu ihr hin und bedanken sich bei ihr und sagen Sie ihr, dass
Sie ab nun wieder gemeinsam mit ihr als Team durchs Leben schreiten wollen! Dann wenden Sie sich wieder Ihrem Atem zu und spüren
wieder, wie er ganz von selbst in Sie hineinströmt und auch ganz von
selbst wieder aus Ihnen herausströmt … bis Sie mit Ihrer Aufmerksamkeit wieder hierher zurück kommen, wo Sie sind, an Ihren Platz,
den Sie sich ausgesucht haben, und dann lassen Sie langsam die
Augen aufgehen … ❤

Nun, was bringt das, wenn man mit der Körperintelligenz in Kontakt
ist? Ich kann Ihnen nur sagen, was es mir bringt: Ich spüre, wenn ich
zum Beispiel einkaufen gehe, immer wieder zu meiner Körperintelligenz hin und frage nach, wenn ich ein Produkt in die Hand nehme, ob
mir das gut tut. Oder ich halte beim Essen kurz inne, nehme in Sekun-
denschnelle Kontakt auf und spüre, wie viel des Essens mir gut tut.
Wenn ich im Restaurant bin, spüre ich nach, welche Speise mein Körper gerade braucht.

**Der Sinn des Ganzen ist, dass ich im Kontakt mit meiner Körper-
intelligenz immer in Kontakt mit mir selber bin. Und mir kein
Guru, kein Diätspezialist und kein Mitglied der Schönheitsindustrie mehr sagen kann, was für meinen Körper gut ist. Niemand
weiß das so gut wie meine eigene innere Instanz!**

Und was bedeutet das jetzt ganz genau in der Praxis? Ich esse inzwischen, was ich will. Ich esse Sahne, Butter, Schlagobers, ich esse nur das Beste vom Besten UND ich frage immer meine Körperintelligenz. Ich bleibe im steten Kontakt mit mir selber. Bevor ich eine Speise noch mal nachschöpfe, bevor ich irgendwie essenstechnisch handle, halte ich für einen Moment inne, spüre in meinen Bauchraum hinunter zu meiner Körperintelligenz und achte darauf, was sie sagt. Und wenn sie im Besitze eines klaren Auftrages ist: zum Beispiel „Abnehmen!", dann gibt sie ganz genaue Angaben, wie viel Essen und Trinken sich ausgehen, wenn ich abnehmen will. Oder wenn man in Auftrag gibt: „Ich will so bleiben, wie ich bin!", dann spürt die Körperintelligenz ganz genau dahin, wie viel an Essen und Trinken ein Gewichtbeibehalten bewirkt.

Und genau so, mit Hilfe meiner wieder gefundenen Körperintelligenz, habe ich in den letzten sechs Wochen 5,60 Kilos abgenommen. Ich sage Ihnen, oft hat mein Hirn gedacht, nein, das darfst du sicher nicht essen, dann nimmst du nichts ab! Und meine Körperintelligenz hat entgegnet: „Vertrau mir! Ich kenne deinen Auftrag und ich habe den Überblick." Und manchmal hieß es: „Nein, jetzt keinen Bissen mehr!", obwohl ich unbedingt noch weiter essen wollte. Und manchmal hat sie gesagt: „Jetzt musst du noch etwas essen, sonst hältst du das nicht sechs Wochen durch!" Und IMMER, wenn ich auf meine Körperintelligenz gehört habe, habe ich abgenommen. An dieser Stelle 1000-millionenfachen Dank an meine Körperintelligenz!!!

Phase 2:

Woche 40, Montag, Mitte September

Fünf Monate, acht Tage und sieben Stunden später:

116

Die gute Nachricht: Mein Krieg ist endgültig zu Ende! Die noch bessere Nachricht: Sämtliche Diäten, und sei es nur die „Ich-nehme-an-Seelengewicht-zu-und-damit-automatisch-an-Körpergewicht-ab!"- Diät, sind überflüssig geworden. Alle Schlankheitsgurus, Diätlebensmittel und Cellulite-Cremes verrotten von mir ungekauft in ihren Regalen vor sich hin.

Die beste Nachricht: Ich habe DIE LÖSUNG gefunden: Ich bin „clean"! Und wissen Sie, wovon „clean"? „Clean" von meinem unbewussten Drang, ständig mit meiner Figur, mit mir selber, mit meiner Schönheit, mit meinen Gedanken, mit meinem Handeln und Tun im Krieg zu sein. Ich bin „clean" davon, mich ständig und stetig hinterfragen, kritisieren und bekämpfen zu müssen! Ich bin „clean" davon, den heutigen Dogmen unserer Gesellschaft, die da heißen: „Jung und schlank!" um jeden Preis entsprechen zu wollen!

DENN, und jetzt kommt die beste aller besten Nachrichten: „ICH FINDE MICH SCHÖN, ICH FINDE MICH SEXY UND ICH FINDE MICH LIEBENSWERT!" BEI GLEICHER ANZEIGE AUF DER WAAGE: 80 KG, PLUS MINUS!

Und wissen Sie, wie ich dahin gekommen bin?

Nicht von einem Tag auf den anderen, aber irgendwann hat sich in diesem Prozess sogar auch noch ein Wunder aufgetan:

In den ersten Wochen habe ich mich, wie vorhin beschrieben, ganz konsequent in Phase 1 geübt: „nur noch positiv über meinen Körper zu denken.". Denn positiv über ihn zu sprechen war einfacher, weil ich meine Worte gehört habe und sie dann sofort verbessern konnte. Nur noch positiv über mein Aussehen und meinen Körper zu denken, das war dann schon etwas schwieriger. Da musste ich schon ganz besonders aufpassen, denn meine Ohren hörten ja nichts. Ich musste auf der Hut sein, innerlich, was ich da so vor mich hin denke.

Aber ich sage Ihnen, summa summarum ist es ein Leben wie im Paradies, wenn irgendwann einmal das Vertrauen zu sich selbst auf einmal da ist. Das Vertrauen zu mir selber, dass ich mir sicher sein kann, dass aus den eigenen Reihen, sprich von mir selbst, kein einziger Angriff mehr kommt, dass von mir selbst keine einzige abwertende Bemerkung mehr zu befürchten ist. Das heißt, ich bette mich selber in ein Himmelbett von positiven und wertschätzenden Gedanken sowie Äußerungen über mich, mein Aussehen und meinen Körper. Das ist die Sicherheit, die ich meine. Und das tut so gut! Das fühlt sich an, als hätte man gerade das Paradies betreten, in dem es keine Abwertung, keine Bissigkeiten mehr gibt. Und das macht diese Welt lebens- und liebenswert.

Man ist ja im Normalfall gewappnet dafür, was ein Vater oder ein Bruder oder eine Freundin oder ... sagen könnte. Von: „Olala, haben wir da mal wieder ein bisschen zugelegt?" zu „Seit wann trauen sich denn Dromedare auf Stöckelschuhe?" bis zu „Nimmst du wieder die Pille?!" Hat man doch sicher alles schon gehört, irgendwann in seinem Leben. Und mit der Zeit und mit dem Alter gewöhnt man sich daran und entwickelt Gegenstrategien. Nur wen bedenkt man dabei nicht? „Den Feind im eigenen Bett": sich selbst. Denn die Abwertungen aus den eigenen Reihen sind oft die ärgsten! Und wenn man es geschafft hat, die eigenen Reihen in liebevolle, wertschätzende und positive FreundInnen zu verwandeln, lebt es sich wie im Paradies auf Erden. (Das kann ich beschwören!!! Probieren Sie es aus!)

Das war das eine, was mir mit der Zeit richtig gelang und was heute mit zu meinem normalen Alltag gehört. Und was weiters inzwischen Teil meines Alltags geworden ist, ist die Sache mit der Körperintelligenz.

Ich bin mithilfe meiner Körperintelligenz wieder selbst Chefin meiner Ernährung. Ich bin wieder selbst kompetent! Kein Diätpapst weiß besser, was mir gut tut und was nicht. Niemand! Einzig und allein meine mir innewohnende Körperintelligenz weiß das. Ich bin wieder eine mündige Person in Bezug auf meine Ernährung geworden. Das heißt, wenn ich heute einkaufen gehe, nehme ich sofort Kontakt zu meiner Körperintelligenz auf und spüre bei jedem Lebensmittel, das ich angreife oder ansehe, ob es mir und meinem Körper gut tut. Und dann kann ich selber entscheiden, höre ich in diesem Fall auf meine Körperintelligenz oder höre ich auf meine Gelüste nach was auch immer. Aber, und das ist der gravierende Unterschied, ich habe weder die Glyx-Diät-Päpste noch die Metabolic-Liste in der Hand, wenn ich einkaufe. Ich habe auch keinen Trennkost-Guru mit seinen Weisheiten im Kopf, noch versuche ich den „Wahrheiten" eines David Kirsch gerecht zu werden. Nein, ich weiß inzwischen wieder selber, oder besser ich SPÜRE wieder selber, was meinem Körper gut tut und was nicht.

Bei mir hat es sich inzwischen aus-ge-gurut! Ich bin nach vielen, vielen Jahren wieder Frau meiner Ernährung und Herrin meiner vorzüglich funktionierenden Körperintelligenz geworden! Ich höre zwar nicht immer auf sie, aber meistens. Und ich weiß, sie knöpft mir kein hinterlistig erworbenes Geld ab, sie manipuliert mich nirgendwo hin, sie will mir nur das Beste, weil sie die Einzige ist, die wirklich weiß, was mir und meinem Körper gut tut! Wenn ich mal nicht auf sie höre, lege ich etwas zu. Höre ich wieder in mich hinein, gehen die Kilos wieder weg. Die Angst, ins Unendliche zuzulegen, ist somit weg, denn die Körperintelligenz braucht keinen Unendlichkeitskörper. Sie schaut darauf, dass ich mich wohl fühle, dass es mir und meinem Körper gut, ja vorzüglich geht.

Tja, da war dann also eine Zeit, in der ich sowohl in Gedanken als auch in Worten lernte, mich selber wertzuschätzen. Und dann kam da die Zeit mit meiner Körperintelligenz. Eigentlich alles perfekt bis auf eines: Ich wollte immer noch diese inzwischen nur noch zehn Kilos abnehmen! Denn egal wie wertschätzend ich über mich selbst redete, im Grunde meines Herzens fand ich mich einfach noch dick! Ich formulierte es zwar nicht mehr, ich dachte es sogar nicht einmal mehr, denn ich dachte nur noch die positiven Umwege, die Dinge, die halt im Positiven auch noch da waren.

Und dann hatte ich eines Tages „die Idee": ich würde dazu einfach „Erfolgreich wünschen" einsetzen! Diese Methode beruht auf der Tatsache, dass wir im Hirn im Laufe unseres Lebens bestimmte Synapsen bilden. Das kann man sich wie auf einer Wiese vorstellen, wo das Gras sehr hoch ist. Und jeder Weg, wo das Gras zwischen Punkt X und Punkt Y niedergetreten worden ist, steht für eine Synapse, die gebildet worden ist. Und jede dieser Synapsen steht für eine ganz bestimmte Überzeugung und für einen ganz bestimmten Glaubenssatz. So nehme ich an, dass der Weg meiner Synapse: „Ich bin dick!" schon fast durchgetreten war, das Gras … Nun habe ich in der Ausbildung gelernt, dass man aber jederzeit neue Synapsen im Hirn bilden kann. Das heißt auf die Wiese übertragen, man muss einfach einen neuen Weg im Gras niedertreten, nämlich zum Beispiel den von X nach U. 21 Tage lang muss man diesen neuen Weg abgehen, täglich und jeden Tag so oft wie möglich, bis das Gras nach 21 Tagen platt getreten ist. Und dann ist man imstande, einen neuen Glaubenssatz, eine neue Überzeugung sein eigen zu nennen. Und die neue Überzeugung, an der ich täglich arbeiten wollte, sollte werden: „Ich habe jetzt meinen Traumkörper!"

So hing ab Tag A genau dieser Glaubenssatz auf dem Kühlschrank, auf meinem Ganzkörperspiegel, im Gang, im Badezimmer, über meinem Bett, auf dem Klo, und ich durfte ihn mindestens 50-mal täglich laut lesen, ob ich wollte oder auch nicht:

„Ich habe JETZT MEINEN TRAUMKÖRPER!"

„21 Tage sind vergangen. Na ja, vielleicht gab es eben Überzeugungen, die hartnäckiger waren als andere, … 42 Tage sind vergangen …" Und als dann 50 Tage um waren und meine inneren Stimmen, wenn ich diesen Satz las, immer noch höhnisch lachend dazu meinten: „Ja genau, Traumkörper! Also das ist dann doch zu hoch gegriffen! Vielleicht: ‚Du bist schön!', aber Traumkörper?!!! Nein, dazu quellen die Würste vorne, unten, rechts und links zu sehr heraus, die Beine sind zu dicken Stampfern geworden, sogar die Knie sind nicht mehr richtig zu unterscheiden, der Busen hängt hinunter, nein, wenn du tatsächlich glaubst, du hast JETZT deinen Traumkörper? – Dann hahahahahahahahaha …"

Bis ich alle Zettel von der Wand riss. Das war dann von der Illusion wohl doch zu viel verlangt gewesen. Offensichtlich war nicht jede neue Überzeugung auch mit Glauben des inneren Systems gekrönt. Irgendwie mussten die neuen Überzeugungen dann wohl doch einen Hauch von Realität in sich bergen. Mit dieser Einsicht wieder in meine alten Schranken zurückverwiesen, genoss ich halt weiterhin sowohl meine wertschätzenden Gedanken und Aussagen mir selbst gegenüber als auch das neuerdings errungene Leben mit meiner Körperintelligenz, hakte aber den Gedanken: „Ich, Traumkörper und jetzt" als Illusion ab.

Und dann passierte es, Anfang Juli. „Die Erleuchtung!"

– Sie glauben es nicht, ich auch nicht, aber ich schwöre Ihnen, jetzt, Monate später, sie hält an … –

♦ Kurzer Einwurf an dieser Stelle: Ich habe mich gerade gestern mit meiner lieben Freundin Martina über das Buch: „Liebe dich selbst und es ist egal, wen du heiratest …" von Eva-Maria Zurhorst unterhalten, und wir sind beide zum Schluss gekommen, dass wir bei der derselben Stelle empört zurückschreckten, als es in einem Kapitel darum ging, man „müsse" an „etwas" oder „jemanden" glauben, sonst sei man nicht „ganz" (Sie erlauben, eine freie Interpretation des Inhalts nach Hilde und Martina …). Und dann kam mir der Gedanke, dass „meine Erleuchtung" genau so interpretiert werden könnte … Also, liebe/r LeserIn, meine folgenden Zeilen erzählen „NUR" meinen letztendlichen Wendepunkt! Wenn Sie an keinen Gott, kein Universum, keinen Allah glauben, bitte finden Sie eine Simultanübersetzung für Ihren genauso wundervollen Atheismus, wenn Sie einen ähnlichen Weg gehen wollen. Denn das Letzte, was ich Ihnen mitgeben möchte, ist: Und jetzt bitte konvertiert alle zum Buddhismus, Islam oder zur katholischen Kirche …!!! Bitte jedem sei sein Glauben oder Nicht-Glauben mit großem Respekt …♦

Ich war zu jenem Zeitpunkt in Trets in Südfrankreich auf einem buddhistischen Kurs. Und in meiner buddhistischen Glaubensgemeinschaft, der ich angehöre, SGI, geht man davon aus, dass jeder Mensch die Buddhanatur in sich trägt. Sprich, dass jeder Mensch ein Teil Gottes, Buddhas, Allahs, wie auch immer man die „Gottheit" nennt, ist. Sogar ein Mörder trägt diesen Teil Gottes, diese Buddhanatur in sich, hat sie aber im Moment leider noch nicht zum Leuchten gebracht. Das bedeutet: Jeder Mensch ist perfekt, so wie er ist! Jetzt! Und unsere Aufgabe als Mensch besteht „nur" darin, diese unsere Buddha-Natur zum Leuchten zu bringen, sprich glücklich zu sein und damit andere Menschen glücklich zu machen. Und eine der Möglichkeiten, die uns innewohnende Buddha-Natur oder diesen Teil Gottes zum Leuchten zu bringen, besteht bei der SGI im Chanten (vom Englischen: „to sing"). Und beim Chanten rezitiert man ein einziges Mantra: „Nam-myoho-renge-kyo" im Kreis. Man wiederholt es und wiederholt es, minutenlang, stundenlang, wie man will.

– Der Sinn des Ganzen besteht darin, wie im katholischen Glauben beim Rosenkranzbeten, dass durch das stete monotone Wiederholen

der Geist, das Hirn irgendwann abschaltet und man sein Herz zu spüren und fühlen beginnt. Und so wird es einem möglich, problematische
Situationen nicht mehr mit dem Verstand – der grundsätzlich immer
Recht haben will – zu betrachten, sondern all diese Situationen mit
dem Herzen zu sehen. (Eine unglaublich tolle Sache! Ich bin erst seit
sechs Jahren bei diesem „Verein", aber so langsam fange ich an zu
begreifen, was mit Herzensbildung wirklich gemeint ist.) –

Und während einer dieser Sessions passierte „es": Ich dachte nicht
mehr selbst, sondern „es" dachte mich:

Wenn ich „die Buddha-Natur" in mir habe, dann BIN ICH Buddha.
Und Buddha ist PERFEKT. Das heißt wiederum, ICH BIN perfekt,
jetzt, in diesem Moment! Und natürlich ist jeder Mensch auf dieser
Welt Buddha. Dann ist also jeder Mensch auf dieser Welt perfekt,
genauso wie er ist, jetzt in diesem Moment! Und wenn ich das glaube,
dann ist doch die logische Konsequenz daraus, dass ich auch den Körper eines Buddha habe. Und der Körper des Buddha kann auch nur
PERFEKT sein, jetzt, in diesem Moment! Und das heißt weiter, dass
jeder Mensch einen Buddhakörper und eine Buddhafigur hat. Und
wenn jeder einen Buddhakörper hat, dann hat auch JEDER MENSCH
DEN PERFEKTEN KÖRPER, UND ZWAR JETZT, IN DIESEM
MOMENT!!! Und das heißt wiederum:

ICH HABE IMMER DEN PERFEKTEN KÖRPER!

Und ich versichere Ihnen, in jenem Moment, nach 48 Jahren meines
kostbaren Lebens, ist jeglicher Krieg in meinem Kopf und Körper zu
Ende gegangen. Ich spüre nur noch unendlichen Frieden in mir. Glück
mit mir selber. Und es gibt für meinen Kopf kein einziges Gegen-
argument mehr, dass mein Körper nicht perfekt ist.

– Sogar diese mich vor meinem Spiegel immer verhöhnenden Stimmen sind weg! Sie sind verschwunden!!! Stille, ich habe nur noch ruhige, angenehme, liebenswerte Stille in mir … –

Denn ich weiß inzwischen bis in jede meiner Zellen hinein, Buddha ist perfekt, somit bin ich perfekt, und somit sind mein Körper und meine Figur perfekt! Und jetzt weiß ich, und ich spüre es bis tief in mein Herz und meine Seele hinein, egal wie mein Körper ausschaut, egal wie viele Kilos ich gerade habe, er ist in jedem Moment meines Seins perfekt. Immer genau jetzt, immer genau so, wie er gerade ist, JETZT IN DIESEM MOMENT!

Wenn Sie ChristIn, Moslem, Hindu, Jude/Jüdin oder was auch immer sind: Hat nicht Gott oder Allah oder Buddha oder … die Menschen erschaffen? Und sind Sie als Gottes, Allahs, Buddhas oder … Mensch nicht genauso perfekt? Genauso wie Sie sind, sind Sie perfekt! Also kann Gott, Allah, Buddha oder … auch mit Ihrem Körper keinen Fehler gemacht haben. Denn er hat Ihren Körper genauso geschaffen, genauso wie er ist! Und darum ist auch Ihr Körper, Ihre Figur, egal wie viele Kilos Sie haben, PERFEKT, und zwar JETZT IN DIESEM MOMENT! Und wenn Sie AtheistIn sind, dann ist sowieso alles an Ihnen perfekt, weil Sie von niemandem für nichts eine Legitimation suchen und brauchen … Dann entscheiden sowieso nur Sie selber!

ICH BIN. ALSO BIN ICH SCHÖN!

Wozu sollen wir ein Leben lang unser Zuhause, in dem wir wohnen, sprich unseren Körper heruntermachen? Als hässlich, dick, gerunzelt und was weiß ich was alles beschimpfen? Wozu? Hat er sich dadurch verändert? Geht es Ihnen mit diesen Gedanken besser?

Darum mein Vorschlag: Nehmen wir doch das, was ist, an! Ohne Umwege: Ich bin. Also bin ich schön! So wie ich jetzt bin. Und so wie ich in sieben Jahren sein werde. Und so wie ich vor neun Jahren war. Getreu dem Motto:

ICH BIN: ALSO BIN ICH SCHÖN!

PS 1:

Was ist mein Resümee ein Jahr nach meinem schlussendlich doch gelungenen Selbstversuch? Hat sich mein Leben sichtbar verändert?

Ja! Erstens einmal: Ich bin sexy! Wenn ich das sage, habe ich kein unsicheres Lächeln und Herumzicken mehr nötig. Ich finde mich wirklich sexy.

Und dadurch, dass ich „sexy bin", habe ich mich neu eingekleidet. Zuvor war ich der Meinung gewesen, meine Figur könne man nur noch unter wallenden großen Stofffetzen verstecken. Und mit Hilfe einer wunderbaren Verkäuferin habe ich gemerkt, ich muss zwar anders denken jetzt beim Kleiderkauf, aber nichtsdestotrotz ist auch aus meiner Figur viel zu machen. Man muss sich nur der neuen Hauptattraktionen des eigenen Körpers bewusst werden und sie dann gezielt in Szene setzen (ich hatte noch nie ein so beeindruckendes Dekolleté). Ich trage sogar wieder Stöckelschuhe, und sie machen mich, Originalzitat: sexy, … und zur Krönung bin ich in Nizza (und bitte das heißt wirklich was, denn die Französinnen sind erstens in der Regel viel kleiner und zweitens sehr schlank, nämlich so schlank, dass man immer bemüht ist, sie beim versehentlichen Fall ins nächste Kanalgitter aus demselben wieder zu retten) ins nächste Bademodengeschäft gegangen. Stelle ich mich mit meiner Größe von 1,75 Metern und mit meiner Fülle von 80 kg hin und sage bestimmt: „Ich suche einen sexy Bikini für mich!" Und Sie glauben es nicht, die Dame wird weder rot, noch beginnt sie schallend zu lachen, nein, sie karrt mir Bikinis in verschiedensten Variationen an. Und ich muss zwar länger suchen, bis ich etwas Passendes finde in den Geschäften, aber die Suche lohnt sich immer: Denn ich bin nun im Besitze eines sexy Bikinis aus Nizza!

Die Anzahl meiner Verehrer hat sich vervielfacht! Fragen Sie mich nicht, warum, wenn Sie mich sehen, ich bin höchstens ein bisschen hübsch. Ich bin recht rund und ich würde sagen, ich schaue relativ passabel aus. Nicht mehr und nicht weniger. Aber was sich sicher verändert hat, ist mein Im-Leben-Stehen: Ich finde mich selber schön. Und dadurch bin ich frei. Ich bin frei im Kopf, Witze zu reißen, ich bin frei, mich mit meinem Körper wie auch immer zu bewegen, ich bin frei, das Leben zu lieben und aus voller Kehle zu lachen. Und ich habe Zeit, im Gespräch den anderen wahrzunehmen! Ich bin nicht mehr mit Zweifelgedanken, was mein Aussehen betrifft, beschäftigt, ich werde nicht mehr mit Gedanken, was ich jetzt essen soll oder nicht, abgelenkt, ich bin viel mehr im Moment und in der Situation, in der ich tatsächlich bin. Und ich glaube, diese ungeteilte Aufmerksamkeit, diese Lebensfreude und Lebenslust stecken an und machen für das andere Geschlecht attraktiv und verleihen eine erotische Ausstrahlung. (Es sind definitiv nicht die Kilos oder die Nicht-Falten, die zu einer erotischen Ausstrahlung führen! Es ist das „Im-Moment-Sein" und das Leben-genießen-Können, was Männer, oder umgekehrt Frauen, anzieht wie Motten.)

Ich weiß nicht, wie das in fünf Jahren sein wird, aber es läuft um vieles besser als damals, als ich 68 Kilos hatte. Nicht dass ich vorher ein Leben als Mauerblümchen geführt hätte, aber offensichtlich hat die ganze Männergeschichte nur mit der eigenen inneren Einstellung und mit dem dazupassenden Geschmacksfaktor zu tun. Denn ich will nicht behaupten wollen, dass jeder frühere Partner von mir mit meinen 10 bis 15 Kilos plus noch genauso auf mich stehen würde wie damals, aber was ich doch feststelle, es gibt Männer, die mich jetzt genau so, wie ich jetzt bin, sehr attraktiv finden – vielleicht auch vor allem, seit ich das auch selber tue.

Ja und was das Essen anlangt, ich habe keine Fressanfälle mehr, diese Suchtmomente, von denen ich immer und immer wieder berichtet habe, sind gänzlich weg. Vielleicht sind sie aufgrund der Tatsache, dass ich nun alles „darf", entschärft und darum nicht mehr nötig. Ist es, weil ich ein Leben zusammen mit meiner Körperintelligenz führe? Auf alle Fälle ist mein Leben herrlich geworden! So entspannt, so ruhig in meinem Kopf und so friedvoll. Wie unendlich erleichternd ist es, nichts mehr zu müssen, nichts mehr nicht zu dürfen und einfach im „Sein zu genügen"! Ein Traum!

PS 2:
Und meine wunderbare, liebe, süße Tochter, 15-jährig, sie ist schon 1 Meter 80 groß, hat auch endlich Ruhe vor mir. Denn was habe ich all die Jahre bis zu meiner „Erleuchtung" getan? Meine Panik vor dem „Dick-Werden" und dann „Dick-Sein" unbewusst auf sie übertragen. Dabei wollte ich doch alles besser machen als meine Mutter damals …

Wir schreiben das Neue Jahr:
Allgemeine Sachlage

"Jung und schlank um jeden Preis"!
Unsere neue Volkskrankheit?

Nun, behaupte ich das einfach nur stur und fest, ohne dies auch beweisen zu können? Leider nein! Denn ich erlaubte mir ein kleines Experiment. Ich ging zu Silvester in ein Zeitschriftenfachgeschäft und kaufte mir dort wahllos 15 Illustrierte. Und die Schlagzeilen auf den Titelblättern lachten uns mit folgenden Botschaften ins Neue Jahr:

Instyle:
„Plätzchen? Ja! Zunehmen? Nein!
So überstehen Stars den Kalorienmarathon"

Bild der Frau:
„Die 5 besten 1-Tages-Diäten
Sofort zwei Pfund weg"

freundin:
„Das große Detox-Programm
Entschlacken, entgiften, abnehmen: 14 Tage, die Ihr Leben verändern!"

miss:
„Fitness für Faule
Work-out für Couch-potatos"

tina:
„3 Pfund weg in 3 Tagen
Leckere Rezepte, die entschlacken und die Haut strahlen lassen"

BRAVO:
„Psst! Busenvergrößerung!
Eine macht's: Queensberry"

Lea:
„Die beste Problemzonendiät
Bauch weg, Einfach & schnell"

Irgendwie sind das alles Schlagzeilen, wo mein Verstand schon mit: „Ja und? Steht doch eh in allen Zeitschriften!" reagiert. Nur, frage ich mich gerade, was heißt das, dass mein Verstand schon gar nicht mehr mit Entsetzen oder anderen möglichen Gefühlsausbrüchen reagiert? Heißt das, dass er eh schon alles blöd findet? Heißt das, dass er sich schützt, indem er einfach sagt: „Kenn ich schon?" Oder heißt das vielleicht: „Ja ich weiß, ich sollte abnehmen, aber momentan schaffe ich das halt nicht!"?

Nur, und das ist mein Hauptgedanke, stellen wir überhaupt noch in Frage, was uns da ständig und stetig ohne Unterbrechung suggeriert wird: nämlich: „Du bist zu dick!" und „Du bist zu alt! Tu was!!!" Darum jetzt die Frage an Sie, liebe/r LeserIn: Stellen Sie diese Botschaften überhaupt noch in Frage? Oder „wissen" Sie es sowieso schon: „Ja ich bin zu dick!", „Ja ich bin zu alt !"

Wenn nicht, ist dann vielleicht ein noch heftigeres Beispiel für Totalmanipulation gefällig?

Brigitte:
Hat eine Schleife um das ganze Heft geklammert mit:

„BRIGITTE OHNE MODELS
Freuen Sie sich auf über 60 Seiten neue Mode – und neue Gesichter"

… und **direkt unter der Schleife**, die man wegreißen muss, um die „Brigitte" überhaupt lesen zu können, prangt auf dem Cover mit Riesenlettern:

„DIE NEUE DIÄT
So passt sie in Ihr Leben!
BRIGITTE DIÄT EXTRA
Die große Kalorien-, Fett- und Energiedichte-Tabelle
für die Handtasche"

Hat man da noch Worte? Teilt man uns in der ersten Botschaft mit: „Du bist okay, so wie du bist, denn wir verwenden keine Models mehr, um Fotos zu machen! Wir nehmen dazu Frauen und Männer wie du und ich …", wähnt man sich also zum ersten Mal in Gesellschaft einer Frauenzeitschrift in Sicherheit, kommt es dann erst recht daher! Denn nach diesem Moment des Glücks heißt es alsgleich: „Aber SIE, JA SIE! Sie sollten schon noch einiges abnehmen!" Das ist ja noch viel hinterlistiger als alles zuvor Dagewesene! Und wenn man eine Nacht darüber schläft, hat man eine weitere Botschaft dahinter entdeckt: „Schauen Sie, die Modelmaße haben Sie nie geschafft! Aber diese Nicht-Model-Maße werden Sie jetzt doch wohl erreichen können!!! Also los, abnehmen!"

Erlauben Sie mir eine Bemerkung am Rande: Ich wusste bis dato gar nicht, wie viele „normal schlanke" Damen es gibt, diejenigen, die genauso schlank sind wie Models selbst (von wegen *OHNE MODELS,* ich frage mich nur, wo sie die vielen „normal" Dünnen denn alle herhaben?). (Ganz böse Zungen, sprich ich, könnten meinen, das war ein genialer Schachzug, denn alle Nicht-Models sind so glücklich, endlich einmal eine Frauenillustrierte zieren zu dürfen, dass es ihnen auch nichts ausmacht, wenn sie keine üblichen Modelgagen dafür kassieren. Bravo, Brigitte, nicht nur klug, sondern auch noch billig!)

130

Weiter geht's mit der

WIENERIN:
„STRAFFEN SIE IHR GESICHT WIE EIN PROFI!
Kontur-Verfeinerer System Pro
Gesicht, Konturen und Hals"

Nächste Suggestion: 1. Ihr Gesicht muss gestrafft werden! 2. Wenn Sie schon zu keinem Profi gehen, dann machen Sie es wenigstens selbst! 3. Und nicht nur Gesicht, wo denken Sie hin? Nein, auch die Konturen und der Hals gehören dazu! (Konturen, was heißt das eigentlich?)

Dann die üblichen Turbo-Schlankmacher nach den Weihnachtsschlemmertagen in „bella", apropos Schlemmertage, in der „Lisa" gibt's dann sogar Schlemmerrezepte, halt leider jedes nur unter 420 kcal, und dann zum krönenden Abschluss das neue „Seitenblicke"-Heft, das gar keine großen Schlagzeilen braucht, um Inhalte zu transportieren. Dort sprechen die Fotos für sich selbst:

Dita von Teese, selbsternannte Sex- und Frauenikone, sehr, sehr dünn;
Victoria Beckham, die offiziell nichts isst (nicht mal in Orangensaft getauchte Wattebäusche);
Christine Reiler, Model, Exfreundin von Markus Rogan (Schwimm-As);
Heidi Klum, die Grande Dame des Superrapid-Abspeckens nach inzwischen schon vier Schwangerschaften;
Lady Gaga, mit Photo, das die Diskussion auslöste:
„Ist die Lady ein Sir", auch sie superschlank;
Miley Cyrus alias Hanna Montana, das Gesangs-Marketing-Wunder des letzten Jahres, sehr junge Dame, superschlank;

Summa summarum, willst du auf ein Titelblatt, sei schlanker als schlank!

Nun die Frage, wird es im Blattinneren besser?

Instyle:
Weihnachtsgenuss: Diese Stars schlemmen sich ohne Reue durch die Festtage. Warum sie trotzdem schlank bleiben:

Darunter zwei Ganzkörperfotos der jeweiligen Damen:
Links:
Jenny Elvers-Elbertzhagen: 37, 178 cm, 57 kg; ihr Diättipp:
„Ich gönne mir, worauf ich Lust habe, aber ich esse nie alles auf …"
Rechts:
Anna Julia Kapfelsberger: 24, 160 cm, 46 kg:
„Mich verführen auf dem Weihnachtsmarkt gebrannte Mandeln und Glühwein, am Weihnachtsabend gibt's eine Gans, Knödel, Rotkohl, Salat und eine Mousse au Chocolat. Und zu Silvester gibt's Raclette oder Pizza. Und ich trinke viel Wasser zum Wein …"

Ja, das muss dann wirklich viel Wasser sein.

Bild der Frau:
Männer im Schönheits-Wahn?!

Immer öfter gehen Männer zum Schönheitschirurgen. Wie Drehbuchautor Oliver Spiecker (58) aus Köln. Im Januar 2008 lässt er ein unteres Gesichts-, Hals- und Schläfenlifting machen und schreibt darüber sogar ein Buch. **Warum eine öffentliche Beichte?**
„Es wird nirgendwo so viel gelogen und versteckt wie beim Thema Schönheits-OP. Man muss doch zu seinen Entscheidungen stehen können."
Warum Ihr Lifting?
„Vor einem Jahr sah ein Freund von mir auf einmal so frisch und erholt aus. Unter vier Augen gestand er mir, dass ein Chirurg nachgeholfen hatte. Da stand für mich fest: Diesen ‚Visagisten' möchte ich kennen lernen. Denn beim Blick in den Spiegel hatte ich immer das

Gefühl: Das bin nicht mehr ich. Mein Äußeres passt nicht mehr zu meinem Inneren."

Hatten Sie keine Angst?

„Doch, zwei Fragen habe ich mir gestellt: Was, wenn bei der OP was passiert, etwa ein Nerv durchgetrennt wird? Und auch wenn alles gut geht: Wie sehe ich dann aus? Mir wurde klar: Das ist mehr als eine OP, das ist auch ein Einschnitt in mein Leben."

Und wie fühlte sich das neue Gesicht dann an?

„Nach der OP war es geschwollen, unter den Augen hatte ich blaue Flecke. Trotzdem sah ich, dass alles gut geworden war."

Gefallen Sie sich heute?

„Wenn ich in den Spiegel blicke, denke ich: Ja, das ist der Kerl, den ich okay finde. Ich habe noch graue Haare und schiefe Zähne. Ich wollte nicht schöner werden, aber mich wieder wohlfühlen."

Wie bitte? Er hat sich „schönheitsoperieren" lassen, aber nicht um schöner zu werden? Ja, da frage ich mich, wie es denn um seine Ehrlichkeit sich SELBER gegenüber bestellt ist?

miss:
Hi Heels!

Frauen lieben High Heels. Nur das Gehen darin kann zur Qual werden. Miss-Modechefin Tanja Hainzl holte sich Tipps vom Profi und stöckelt seitdem grazil durchs Leben.

1. *Nehmen Sie sich Zeit für Ihre Füße, bevor Sie in High Heels schlüpfen. Massieren Sie sich von den Knöcheln bis zu den Zehenspitzen, als würden Sie ein dickes Tuch auswringen. Dadurch werden die Füße warm und wach.*

2. *Denken Sie an eine Uhr, genauer gesagt an die Uhrzeit fünf vor eins. Das ist die perfekte Beinstellung. Sobald man sich mit leicht nach außen gerichteten Füßen bewegt, fühlt man sich automatisch stärker.*

3. Blicken Sie beim Gehen nicht auf den Boden, fixieren Sie stattdessen einen weit entfernten Punkt.

Da frage ich mich, was müssen wir denn noch alles für's Schönsein an Zeit und Muße investieren? Ein ganzes Wochenende lang wieder gehen lernen? Für einige hundert Euro?

FÜR SIE:
GROSSE KLASSE:
Stylingtipps VON Frauen mit Format FÜR Frauen mit Format:
Looks fürs Büro bis Größe 60 auf sieben Seiten verteilt

Ich, total erfreut, dass es endlich mal auch solche Seiten gibt, schlage Seite 22 auf und: Was sehe ich? Sieben Seiten mit Röcken, Hosen, Pullovern, Mänteln und Schuhen jeweils an eine Schneiderbüste gehängt. Und dem nicht genug, die jeweilige Büste nur halb von links oder halb von rechts im Foto stehend. Sprich: Wir haben zwar Frauen mit Format, aber wir zeigen sie nicht! Nicht mal deren Schneiderbüste! Sogar davon nur die Hälfte!

Der einzige Lichtblick, den ich in all den Illustrierten gefunden habe:

BRAVO:
Kein Bock auf Diät:
Beth Ditto, das 110-Kilo-Girl von der Band „Gossip", verrät,
warum es so cool ist, ein Freak zu sein:

Es gibt Gerüchte, dass du jetzt auf Diät bist
„Das ist völliger Schwachsinn. Ich könnte doch niemals aufs Essen verzichten! Ich versuche zwar im Moment auf Zucker zu verzichten, weil der total ungesund ist. Aber ich will auf gar keinen Fall abnehmen. Wozu auch? Ich finde mich einfach schön, so wie ich bin. Und es würde mich sehr freuen, wenn die Leute da draußen durch Freaks wie mich

endlich erkennen, dass wahre Schönheit wirklich von innen kommt."
Woher nimmst du dein Selbstbewusstsein?
„Ich war schon an meiner Schule nicht ‚normal'. Und mit der Zeit habe ich gelernt, stolz darauf zu sein. Meine Freunde waren auch alle Freaks. Die fand ich immer schon viel spannender als die Normalos. Denn normal sein kann doch jeder, das ist stinklangweilig. Die Außenseiter werden am Ende immer die Gewinner sein – weil sie viel härter für ihre Träume kämpfen müssen. Deshalb glaube ich ganz ehrlich: Die Außenseiter sind die wahren Superstars auf der Welt!"

Wie wohltuend ist das, wenn eine Zeitschrift, die von vielen Jugendlichen gelesen wird, auch solche Vorbilder schafft. Einzig schade finde ich, das Beth Ditto wieder in die Schublade: „die verrückten Künstler" gestellt wird. Inzwischen hat sogar Lagerfeld sie für seine Kollektion als Model auf seinem Laufsteg laufen lassen. Ich fürchte nur, die Lösung unseres Schönheitswahns wird nicht sein, dass nur die Extreme interessant und akzeptiert sind: entweder ganz dünn oder sehr rund. Wo bleiben dann alle anderen? Wir alle?

Jetzt könnte man natürlich sagen, ja nu, wer nicht will, muss sich diese Hefte ja nicht anschauen! Wer nicht will, kann die Werbungen, die im Fernsehen über einen hereinbrechen, genauso durch Kanalwechsel übergehen. Und man kann natürlich zudem raten, schau einfach überhaupt nicht mehr fern, denn da werden in fast jedem Film diese Klischees von „jung und schlank" zu Tode gewalzt.

Ja, diejenigen, die das sagen, haben sicher Recht. Irgendwie. Wir KonsumentInnen könnten uns dieser Medienmanipulation leicht entziehen. Es bedarf nur unserer eigenen Entscheidung! ODER? – Ja das habe ich auch immer geglaubt, bis …

… ich das Buch von Naomi Wolf gelesen habe.

Wie wir alle Opfer einer riesengroßen Gehirnwäsche wurden!

Nun, gleich vorweg, meine Freundin Monika schreit Mordio, wenn ich mit diesem Buch ankomme: „Das ist doch nur so eine verbiesterte Kampfemanze, die heute noch die Männer dafür anklagt, dass wir Frauen so viel leiden müssen. Sei mir nicht böse, aber die ist mir wirklich zu selbstmitleidig und zu einfach gestrickt! Das kann doch nicht mehr wahr sein, dass einzig und allein immer nur die Männer für jedes Dilemma in unseren Leben verantwortlich zeichnen müssen!"

„Ja, liebe Monika, du bist eine hochintelligente Frau, hast ein Theaterwissenschafts- plus Germanistikstudium vollendet! Und trotzdem glaubst du in der Beurteilung deines Körpers immer noch, dass du hässliche Cellulite besitzt und dass dein Partner über deinen Popo sagen darf, dass er unschön dellig ist, und dass er dich aber ‚trotzdem' lieb hat!" Der ging in seiner „grenzenlosen" Liebe gar so weit, dass er Cellulite-Massagetermine mit Monika ausgemacht hat, bei denen er sich spielerisch an ihre Cellulite gewöhnen wollte … Die er aber nach der zweiten Massage mit den Worten: „Es tut mir leid, aber ich finde das einfach abstoßend. Dann will ich irgendwann gar keinen Sex mehr mit dir …" beendete. Bitte, liebe Damen, wer ist da der Depp? Etwa er? Wenn sie mich fragen, sie, weil sie so einen Idioten überhaupt zulässt … Sie hat ihm inzwischen den Laufpass gegeben, aber es hat noch etwas gedauert … Wir sind inzwischen im Jahre 2012 angelangt, und meiner Meinung nach ist das einfach nur noch ein ‚No go!'"

Ich möchte an dieser Stelle endlich mal die Cellulite-Lanze brechen! Welcher hinterhältige, bösartige und gemeine Mensch kam auf die

Idee, aus dem Nichts heraus zu behaupten, Cellulite sei hässlich? Und wir Frauen, und – siehe Monika – auch schon die Männer haben das einfach ungefragt einverleibt: „Ja, stimmt! Es hat sie zwar jede Frau, aber das ist nicht gut! Das ist hässlich!" Erlauben Sie mir, meine persönliche Gegenlanze zu werfen: „Es ist total hässlich, wenn Männer zwei Hoden in ihrem Sack herumbaumeln haben!" Und jetzt stellen Sie sich vor, nicht nur ich sage das, nein, 19 Männerzeitschriften propagieren es auf der Titelseite: „Zwei Hoden im Hodensack sind hässlich!!!" Glauben Sie, dass das jetzt ein einziger Mann ernst nehmen würde? Nur weil es in einer oder 19 Zeitschriften steht? Sehen Sie auch das Bild, das sich in meiner Fantasie vor meinen Augen auftut: Laut lachende Männer, die mit Sicherheit schreien: „Ein paar verrückt gewordene Emanzen!" Die würden nicht mal rufen: „Die sollen sich doch selber eine ihrer Brüste wegmachen lassen!", denn dann wäre ihr eigenes Vergnügen eingeschränkt. ABER, und jetzt frage ich SIE total provokant: WARUM LASSEN SIE SICH DAS EINREDEN, DASS CELLULITE HÄSSLICH IST? Sie ist genauso natürlich, wie der Mann zwei Hoden in seinem Hodensack beherbergt! Die Haut von Frauen ist anders gebaut, weil sie für Zeiten der Schwangerschaften dehnbar sein muss. Sie muss weit werden können, und sie muss dann nach der Schwangerschaft auch wieder schrumpfen und sich zusammenziehen können. Und genau aus diesem Grund ist die Haut von Frauen „dellig" und hat Cellulite, weil nur eine solche Hautkonsistenz diese Herausforderungen bewältigen kann. Wenn jetzt manche Frauen keine Cellulite haben, hat das weder mit der Ernährung noch mit Sport und anderen 1000 von der Schönheitsindustrie sich zunutze gemachten Argumenten zu tun, es liegt einzig und allein an der Vielfalt der Menschen und der Haut an sich. Denn können wir irgendetwas dafür oder dagegen tun, dass unsere Haut schneller braun oder überhaupt braun wird? Nein, das ist angeboren. Mein Sohn ist so weiß, dass er blendet, trotz Urlaub am Meer. Ich werde schon im Schatten braun. Was macht mein Sohn nun falsch? Nichts. Er hat nur das „Pech", gerade dem gängigen Schönheitsideal nicht zu entsprechen. Genauso schaut es mit uns Frauen aus, die wir Cellulite haben: Momentan haben wir einfach Pech, weil Cellulite nicht „in" ist. Da bleibt nur eine Frage offen: Wollen Sie und will ich bei einer so dummen Thematik „in" sein?

Und genau dazu erlauben Sie mir jetzt, aus dem Buch von Naomi Wolf „Der Mythos Schönheit", das sie im Jahre 1990 herausgebracht hat, zu erzählen. Es ist alles etwas trocken und verwissenschaftlicht ausgedrückt, aber ich bin trotz alledem der Meinung, dass Frau Wolf schon vor 20 Jahren einige Ursachen der heute immer irrsinniger werdenden „Schönheitsdogmen" durchschaut hat.

Falls Sie sich danach der Meinung meiner Freundin anschließen, bitte gerne. Nur bitte ich Sie jetzt von ganzem Herzen, der Welt und Sichtweise von Frau Wolf eine Chance zu geben. Betrachten Sie das Lesen der nun folgenden paar Seiten einfach als Gedankenexperiment, indem Sie den vorgestellten Gedankengängen folgen und dabei bleiben, ohne gleich zu schreien: „Nie! Niemals kann das so gewesen sein!" Meine Bitte, lesen Sie bis zum Ende dieses Kapitels weiter. Vielleicht hat Frau Wolf ja doch einen wahren Kern entdeckt.

„DER MYTHOS SCHÖNHEIT" VON NAOMI WOLF:
(Ich habe mir erlaubt, die Inhalte manchmal in einer etwas freieren Interpretation meinerseits darzustellen …)

Naomi Wolf behauptete vor 20 Jahren, dass es zu der Zeit so etwas wie einen „Schönheitsmythos" gab. Und dieser Schönheitsmythos besagt: „… dass es etwas gibt, das objektiv entscheidet: ‚Das ist schön!' Und er besagt, dass die Aufgabe der Frauen darin besteht, ‚schön' zu sein. Und die Aufgabe der Männer ist es, eine ‚schöne' Frau zu angeln. Warum eine ‚schöne' Frau? Weil nur diese die Fortpflanzung der Menschheit sichern, weil ‚schöne' Frauen in der Fortpflanzung erfolgreicher sind."

Und genau gegen diese These schreit Wolf vehement an: „An diesem Mythos ist nichts wahr!" ruft sie, „‚Schönheit' ist ein Währungssystem wie die Goldwährung. Und da jedes wirtschaftliche System und die Politik von Männern bestimmt werden, haben auch die Männer die Normen für ‚Schönheit' bezüglich Frauen aufgestellt!"

Wie wurde nun bestimmt, was „schön" bzw. weiblich ist? Wolf behauptet, in Wahrheit schreibt der Schönheitsmythos gar nicht äußerliche „Schönheitsmerkmale" vor, sondern er diktiert den Frauen ein gewisses Verhaltensmuster. Dabei das wichtigste Prinzip: Frauen müssen miteinander konkurrieren! Warum? Solange Frauen untereinander konkurrieren, schwächen sie sich selbst. Sie spalten sich gegenseitig in Jugend und ältere Frauen. Die Jugend ist sexuell unerfahren, dafür aber schön. Die älteren Frauen sind sexuell erfahren, dadurch viel stärker in ihrer Energie und Weiblichkeit, aber durch ihre Stärke wieder eine Gefahr für die Männer. Damit diese Gefahr nun nicht zu groß wurde, entstand das neue Schönheitsideal: alt = unschön. Das führt dazu, dass sich die älteren Frauen vor der Schönheit der jüngeren Frauen fürchten und die jüngeren Frauen sich vor der Erfahrung der Älteren in Gefahr fühlen. Und genau so wird jeder Frau der Genuss für ihre jeweilige Lebensspanne verkürzt. Und das zweite Prinzip der geltenden „Schönheits"-Verhaltensmuster ist, dass Frauen ihre Identität auf „Schönheit" aufbauen und sich dadurch von äußerer Anerkennung abhängig machen und nicht mehr selbst über ihren Selbstwert bestimmen: Das heißt, ihre „Schönheit" (und damit ihr Wert) steht und fällt mit dem, was im Außen gesagt und bestimmt wird.

Nun, wie ist dieser ganze „Schönheitsmythos" überhaupt entstanden? Vor der Industriellen Revolution konnten die Frauen gar nicht in der gleichen Weise „schönheitsorientiert" denken und fühlen wie heute. Der einzige Bewegungsspielraum, den die Frauen kannten, war der Weg zur und von der Kirche, die Besorgungen für den Haushalt erledigen und das Zuhause-Arbeiten. Das heißt, damals war eine Frau viel wert, wenn sie eine gute Arbeitskraft und fruchtbar fürs Kinderkriegen war (außer sie war Prostituierte oder Aristokratin). Schönheit war kein ernsthaftes Kriterium auf dem Heiratsmarkt. Das heißt wiederum, die Gedanken und Gefühle im Hinblick auf „Schönheit", wie wir sie kennen, gibt es erst seit den Dreißiger Jahren des 19. Jahrhunderts.

Erst in den Vierziger Jahren entstanden die ersten Aktfotografien von Prostituierten und um die Jahrhundertmitte erschienen die ersten Werbeanzeigen unter Verwendung von Bildern „schöner" Frauen. Zur gleichen Zeit fingen Frauen an zu hinterfragen, ob ihre ganze Daseinsberechtigung wirklich nur in der Erziehung ihrer Kinder bestehen sollte, und begannen sich vermehrt zu bilden und entzogen sich massenhaft dem erdrückenden „trauten Heim". Als die Männer dann begannen, um ihre früher unumstrittene Macht zu fürchten, wandelten sich die Ziele erneut. Das hieß, da sich die Frauen nicht mehr mit Einschränkungen, Tabus und Sanktionen kleinhalten ließen, wurde dieses Prinzip „Die Frauen kleinzuhalten!" auf ihre Gesichter und Körper verlagert. Und das war dann die emanzipierte Frau. Die endlose Sisyphusarbeit an der eigenen Schönheit ersetzte die endlose Sisyphusarbeit im Haushalt. Und in dem Maß, wie Frauen sich im öffentlichen Bereich – Arbeitsleben, Recht, Religion, Sexualmoral, Bildung und Kultur – einen gleichberechtigten Platz erzwangen, in dem Maß wurde der Schönheitsmythos als neues Dogma eingesetzt. Da die westliche Mittelschichtfrau inzwischen materiell so weit selber für sich sorgen konnte, konnte sie nur noch psychologisch geschwächt werden.

Nun, wie funktionierte das? Indem man begann, das jeweils aktuelle Idealbild millionenfach zu verbreiten, die massenhafte Beschwörung der „schönen" modernen Frau. Nur durchschaute niemand, dass das ein riesiger Widerspruch in sich selbst ist: Einerseits entfalten und entwickeln sich die Frauen, versuchen sich individuell auszuleben und selbst zu verwirklichen und gleichzeitig sollen sie einem einzigen statischen, zeitlosen Bild von „Schönheit" entsprechen. Jetzt könnten sich die Frauen natürlich weigern, diesen Ansprüchen gerecht zu werden. Nur leider schlummern in den Frauen zu dieser Zeit ganz tief in ihrem Unterbewusstsein große Schuldgefühle, die besagen, dass sie jetzt mit ihrer Emanzipation zu weit gegangen sind.

Und wer ist der schlussendliche Gewinner? Die Industrie benützt diese Tatsache, um weiter zu manipulieren: die Diätmittelindustrie, die Kosmetikindustrie, die Schönheitschirurgie und die Pornoindustrie nähren sich mittlerweile von diesen unbewussten Ängsten und sind daher daran interessiert, sie weiter und weiter zu schüren. Das Ergebnis ist eine gewaltige Wachstumsspirale.

Und heute? Was bleibt heute übrig? Das Kernstück des „Schönheitsmythos" ist die Wer-will-der-kann-Ideologie der Frauenzeitschriften. Sie suggerieren durch ihre Sprache einen Planeten der „Schönheit": „Erschaffen Sie sich den Körper, den Sie verdient haben"; „Eine Superfigur fällt einem nicht in den Schoß". Sie suggerieren, umgekehrt, eine persönliche Haftung für eine unvollkommene Figur oder Alterserscheinungen: „Sie können Ihren Körper von Grund auf umformen"; „Es liegt bei Ihnen, ob Sie Falten haben". Und sie präsentieren intime Geständnisse: „Endlich für Sie enthüllt: die Geheimnisse erfolgreicher Frauen". Damit halten sie die Frauen an, die Produkte ihrer Anzeigenkunden zu konsumieren, weil jede sich davon die Anhebung des eigenen Status erhofft, die Männern in unserer Gesellschaft rein über Geld möglich ist.

Und dann erklärt Naomi Wolf, warum sie glaubt, dass wir alle Opfer einer riesengroßen Gehirnwäsche wurden:

(ab Seite 167, Originalzitat:)

„Die Schlankheitsmanie wäre dann harmlos, wenn sich die Frauen dem Kult freiwillig anschlössen und sich jederzeit wieder von ihm abwenden könnten. Aber der Schlankheitskult ist deshalb so erschreckend, weil er mit Techniken operiert, die die Gläubige hörig machen und ihre Realitätswahrnehmung verzerren. Frauen, die sich anfänglich freiwillig in die Kultlehre initiieren lassen, können aus physiologischen und psychologischen Gründen bald nicht mehr zurück.

Der ‚Schönheitskult‘ bedient sich im Bereich der ‚Schönheitserziehung‘ in ganz augenfälliger Weise genau der gleichen Techniken, mit deren Hilfe auch Sekten das Bewusstsein ihrer Mitglieder zu verändern suchen: Gebet, Meditation, rituelle Formeln, Beichte und Psychodrama.

Bezüglich des Essens wird das Bewusstsein der Frauen regelrecht verändert, indem sie durch eine Kombination all dieser Techniken zu einer permanenten inneren Beschäftigung mit den Kultinhalten gezwungen werden. Es ist bekannt, dass die Betroffenen sich oft selbst leicht verrückt vorkommen. Nicht erkannt ist dagegen, dass diese ständige Bearbeitung mit der Zeit tatsächlich mehr und minder verrückt macht. Wenn Frauen merken, dass sie nicht mehr aufhören können, ans Essen zu denken, sind sie nicht neurotisch – sie reagieren ganz normal: Eine solche ständige Bearbeitung wirkt sich bei einem Menschen, der ohnehin schon unter Druck steht, zwangsläufig verändernd auf das Funktionieren des Gehirns aus. Kultmitglieder, die über längere Zeit religiöse Formeln und Gesänge wiederholen, fallen in einen ‚hypnagogischen‘ Zustand, in dem sie leicht von aggressiven und selbstzerstörerischen Impulsen übermannt werden. Die gleiche Trance wird bei Frauen durch die Art und Weise induziert, wie sie darauf gedrillt werden, ständig an Essen und Zunehmen zu denken. In diesem

Zustand setzen ihnen die gleichen irrationalen Gefühle zu. Sie werden dazu gebracht, zu glauben, dass diese Aggression und diese Selbstzerstörungsimpulse aus ihrem eigenen Inneren kommen und keine reale Grundlage haben. In Wahrheit handelt es sich dagegen um eine natürliche von außen induzierte Form von Wahnsinn:

1. Sekten sind autoritär strukturiert:
   Frauen, die Schlankheitskuren machen, halten sich an ‚Diätpläne‘, von denen sie nicht abweichen dürfen. Der Ton der Diätbücher und -artikel ist dogmatisch und Ausdruck eines Ungleichheitsverhältnisses. ‚Experten‘ leiten das Unternehmen und wissen alles besser.

2. Sekten predigen den Verzicht auf weltliche Freuden:
   Frauen, die Diät halten, verzichten auf die Freude am Essen. Sie vermeiden es, essen zu gehen, schränken ihr Sozialleben ein und ziehen sich aus Situationen zurück, in denen Versuchungen auf sie lauern könnten. AnorektikerInnen geben in Erweiterung des Verzichts auf Nahrung auch fast alle anderen weltlichen Vergnügungen auf. Sie gehen nicht ins Kino, versagen sich kleine Verwöhnungen durch hübsche Dinge, sind nicht dabei, wenn andere „Spaß‘ haben“.

3. Sektenmitglieder glauben, dass sie allein ‚der Wahrheit teilhaftig sind‘:
   Frauen, die von dem Gedanken besessen sind, zu dick zu sein, ignorieren Komplimente, weil sie meinen, dass nur sie allein wissen, wie abstoßend der Körper ist, den sie zu verbergen suchen. AnorektikerInnen sind fest davon überzeugt, ein höheres Streben zu verfolgen, das kein anderer versteht. Die Selbstverleugnung treibt Frauen in eine selbstgefällige und kritisch-herablassende Haltung gegenüber anderen, weniger frommen Frauen.

Bei Sektenmitgliedern führen diese drei Grundüberzeugungen zu einer ‚Attitüde moralischer Überlegenheit, Verachtung gegenüber weltlichen Gesetzen, Rigidität des Denkens und verminderter Achtung vor dem Individuum‘. Konformität gegenüber der Kultgemeinschaft wird belohnt, Abweichung bestraft. Die Kultmitglieder werden angehalten, alle Brücken zur Vergangenheit abzubrechen: ‚Ich habe alle meine dicken Fotos zerrissen.‘ – ‚Ich bin jetzt ein neuer Mensch.‘   (Ende des Zitats)

Ich habe dieses Buch zwar erst nach meiner „Erleuchtung" im Sommer gelesen, aber ich muss gestehen, das Lesen all dieser Zeilen hat mich unglaublich berührt, bewegt und vor allem mein ganzes Verhalten, das ich Jahre meines Lebens an den Tag gelegt habe, für mich selber verständlich gemacht:

Wie oft dachte ich in den Jahren zuvor, ich hätte nicht mehr alle Tassen im Schrank! Wieso denke ich so, wie ich denke? Wieso verhalte ich mich so, wie ich mich verhalte? Glaube ich doch, eine relativ intelligente Frau zu sein, die auch alle Dinge kritisch hinterfragt. Und dennoch hatte ich frühmorgens jeden Tag Angst vor dem Moment auf der Waage, und dennoch wog ich mich trotz dieser Angst täglich wieder von neuem ab, vorzüglich nach einer vorhergehenden Abendeinladung, um mir wieder beweisen zu können, was für ein unartiges, böses Mädchen ich schon wieder gewesen war. Und trotz meines kritischen Verstandes fühlte ich mich immer viel zu dick und geißelte mich den ganzen Tag lang, erneut sicher wieder viel zu viel gegessen zu haben.

Ich wusste also auf einer Ebene meines „Seins", dass mein Verhalten verrückt war. Und dennoch, auf einer anderen Ebene meines „Seins" konnte ich nicht anders, denn so war doch die reale „Realität". Oder? Ich konnte mir doch nicht selber vormachen, ich sei nicht dick!

144

Und was mich dann am meisten bewegte, war die Erinnerung an diese sechs Wochen, in denen ich keinen Alkohol, keine Knabbereien und nichts Süßes zu mir genommen hatte. Erinnern Sie sich, während meines Selbstversuches? Und dass ich damals das Gefühl hatte: „Ich bin süchtig!" Und das hatte mich ja damals zutiefst erschüttert – diese meine Erkenntnis darüber, dass ich süchtig war. Und als ich bei Naomi Wolf alles über diese Techniken und Methoden der Gehirnwäsche las, über unser aller Sektendasein, löste das in dem Moment ein tiefes Gefühl in mir aus von: „Endlich weiß ich, was mit mir los war! Endlich weiß ich, warum ich mich zwar intelligent wähnte und dennoch nicht aus diesem Wahnsinn herauskam!"

Jetzt habe ich auf einmal so viel Verständnis für mich selber. Für mein Verhalten, für meine Gedanken, mit denen ich mich jahrelang selber quälte. So viel Verständnis für jede andere Frau, die, ob sie will oder nicht, auch Mitglied dieses Kultes ist. So viel Verständnis für jeden Mann, den „es" auch schon erwischt hat.

Und was mich in der Konsequenz darüber hinaus am meisten bewegt, ist das Faktum, dass jede Frau – und jeder Mann, der weiß, dass er gehirngewaschen wurde – jetzt mit diesem Wissen fähig ist zur freien Entscheidung: Bleibe ich drin im Kult, oder steige ich aus? Denn wie Naomi Wolf schreibt: „Bevor ich nicht weiß, dass ich Mitglied einer Sekte bin, die mit bewussten Techniken der Manipulation mein Denken und mein Hirn bearbeitet hat, habe ich NICHT DIE WAHL DER FREIEN ENTSCHEIDUNG!!!!"

Aber jetzt, da ich nun Besitzerin dieses so wichtigen Wissens bin, HABE ICH DIE FREIE WAHL! Und ich kann Ihnen zu meiner ganz persönlichen Freude mitteilen, wie meine Wahl ausgefallen ist: Ich trete jetzt in dieser Sekunde aus. Für immer! Denn mein Körper gehört mir. Auch mein Leben. Und auch mein Spaß und Genuss und meine Lebensfreude, während ich dieses Leben lebe!

Das heißt wieder: **ICH BIN. ALSO BIN ICH SCHÖN!**

Schönheitsoperationen?
Der Körper als manuell manipuliertes Kunstwerk?

An dieser Stelle möchte ich einen Aspekt ansprechen, der meines Erachtens inzwischen völlig außer Acht gelassen wird: den Schmerz einer Operation. Wie weh tut es, wenn einem Menschen die Nase gebrochen wird? Wie sehr blutet die ganze Chose? Wie schwach ist der Mensch nach so einem Vorfall? Wie sehr verletzt ist die Seele, wenn ihr so Gewalt angetan wurde? Glauben wir wirklich, dass unser Körper in seinem Empfinden und in seiner Wahrnehmung Unterschiede macht, ob ein Gangster mitten in der Nacht über einen herfällt und einem dabei die Nase bricht, oder ob man sich in einer hellen, wundervollen Schönheitsklinik befindet und dort dem Arzt viel Geld dafür bezahlt, damit er genau das gleiche tut? Glauben wir wirklich, dass das für unseren Körper einen Unterschied macht?

Ich sage, mit Sicherheit: nein! Denn unsere Gesundheit wird dadurch genauso erschüttert. Die Nerven und Zellbahnen werden unterbrochen und müssen neu zusammenwachsen und heilen. Der Körper spürt nur die Verletzung, die ihm angetan wurde. Egal von wem, und egal in welchem Umfeld.

Denn gebrochene Nase ist gebrochene Nase. Da gibt es keinen Unterschied zwischen dem Schmerz einer schönheitsgebrochenen Nase und einer Amnesty-International-gebrochenen Nase. Was tun wir uns da an?, frage ich Sie. Was tun wir hier alle?

Wir sind moderne Frauen und Männer, die mit einem gesunden Körper gesegnet sind, der sich bewegen kann, der laufen, tanzen, spielen und

Orgasmen empfinden kann. Ein Körper, der einen gesunden Stoffwechsel sein eigen nennen darf, einen Stoffwechsel, der auf natürliche Art und Weise Fettdepots und Fettpölsterchen anlegt, damit er in Zeiten von seelischer oder körperlicher Not auf Reserven zurückgreifen kann. Wir sind inzwischen in der glücklichen Lage, Kinder zu gebären, ohne dass unser eigenes Leben dabei in Gefahr kommt, wir haben das Glück, dass bei Eierstockproblemen, Menstruationsbeschwerden, oft auch bei früh erkanntem Brustkrebs unser Leben nicht mehr in Gefahr gerät. Wir sind gesund und haben eine Lebenserwartung von vielen Jahrzehnten. Wir besitzen ein Maß an Gesundheit und Wohlergehen, wie es sich viele Frauengenerationen vor uns nicht einmal zu erträumen gewagt hätten.

Und was passiert jetzt? Jetzt meldet sich das Zeitalter der Chirurgie zu Wort: Es zerlegt unseren lebendigen, empfindungsfähigen, orgasmusliebenden, einzigartigen Körper in Einzelteile. In makelbehaftete Einzelteile: in „altersfleckige" Hände, in einen runzligen Hals, in Stirn- und Augenfalten, in einen zu kleinen oder zu großen Busen, in Cellulite-Gliedmaßen, in zu große oder zu kleine Schamlippen. Die heutige Schönheitschirurgie macht uns weis, dass alles, was eine Frau zur Frau macht, hässlich ist und korrigiert werden soll: Die Brüste sind entweder zu groß und hängen, oder sie sind zu klein und bedürfen einer Vergrößerung. Die Schenkel sind grundsätzlich zu dick und müssen abgesaugt werden. (Komisch: Die Schenkel eines Mannes sind nur zum Gehen da. Unsere Schenkel müssen gehen UND schön sein.) Das Gesicht muss glatt und ohne Alterszeichnung bleiben. (Wäre es nicht einmal interessant, wenn man diesen Gedanken umdreht? Nämlich zu sagen: Ein von Furchen, Falten und Flecken geschmücktes Gesicht ist der lebendige Beweis eines wirklich interessant gelebten Lebens, einer interessanten Persönlichkeit …) Die Lippen müssen voll und rund sein, egal ob man dazu viel zu schmale Lippen aufspritzt, so dass alles unmotiviert am Mund herumhängt. An Händen und Hälsen darf man kein Alter mehr ablesen können. (Warum ist es keine erstrebenswerte Sache mehr, älter, weiser und gelassener zu werden?) Schöne runde, einladende Becken mit ihren von igitt! Schwangerschaften gezeichneten Bäuchen, beides gilt für sich schon als Auszeichnung zur Hässlichkeit und muss sofort mithilfe einer Operation wieder schön gezogen, abgesaugt, gelasert oder gebotoxt werden. Obwohl, von gebotoxten Becken und Bäuchen habe ich bis dato noch nichts gelesen, aber sollten die Frauen vielleicht einmal sexmüde werden, vielleicht wird dann eine Zeit kommen, wo Chirurgen empfehlen, eben dort alles zu botoxen. Denn dann könnte „er" drüber und sie würde eh nichts mehr spüren … So ähnlich wie bei den schon seit Jahrzehnten verschriebenen Antidepressiva bei Frauen, die eigentlich ihr Leben mit dem Mann an ihrer Seite satt haben. Und anstatt dass sie sich trennen, wird ihnen vom Arzt ein „Aufhellerchen" für den Tag verschrieben, damit sie das Leben weiter so aushalten, wie es gerade ist! Ja alles, was unsere Weiblichkeit ursprünglich ausmachte, wird kritisiert, wird inzwischen negativ besetzt. Und anstatt dass wir endlich einmal unseren gesundheitlichen Wohlstand genießen dürften, wird uns eine neue Wahrheit eingetrichtert: Jetzt sind wir Frauen zwar gesund, aber dafür sind wir „hässlich". Und zwar „so sehr hässlich", dass man diesen „hässlichen Zustand" niemals so belassen darf. Nein, er muss sofort repariert, beseitigt, operiert werden. Als hätten wir eine schlimme Krankheit!

Unsere neue Krankheit = unsere „Hässlichkeit"!

Und ob „hässlich oder nicht", bestimmt einzig ein Fantasiebild, das für JEDE von uns Frauen gilt: ein Fantasie-Körper, ein Körper, den es auf natürliche Art und Weise gar nicht gibt. Und an diesem einen, einzigen „Fantasiekörper" haben sich jetzt alle Frauen zu orientieren. Sprich, die Frau als Klon. Als Fantasieklon. Und wer diesem einen und einzigen Fantasieklon nicht entspricht, ist demzufolge „hässlich". Ist krank. Und muss unbedingt operativ wieder geheilt werden!

Wollen wir da wirklich mitmachen? Reicht nicht schon die Gehirnwäsche bezüglich unseres Gewichtes und unserer Figur? Wollen wir uns wirklich einreden lassen, wir wären zu alt, sprich zu „hässlich“, um uns als weibliche, attraktive Frau fühlen zu dürfen? Wollen wir uns erneut gehirnwaschen lassen?

Wahrscheinlich sagt jetzt jeder Verstand spontan nein! Doch wo ist der reale Ausstieg? Ich behaupte, unser Ausstieg liegt darin, dass wir Frauen selber aufhören, uns hässlich zu finden! Wenn wir Frauen uns selber schön finden, würde die Schönheitschirurgie anstatt weiter zu expandieren, einfach sang- und klanglos in sich zusammenschrumpfen und die Schönheitsmediziner würden sich wieder um Masern, Mumps und Reizdurchfall kümmern müssen. Nämlich um Krankheitsbilder, die man nicht mit Hilfe von Reklameschaltungen in Frauenzeitschriften verschlimmern kann.

Dazu ein Ausschnitt aus der „Stuttgarter Zeitung online“:
„Hier wird viel Geld verdient – der Patient ist das Opfer“
Das Geschäft mit Schönheit und Jugend lohnt sich – für die Ärzte und für die Pharmafirmen. Je mehr Praxen und Kliniken eröffnen, desto gründlicher sollten sich die potenziellen Patienten informieren. Denn Schönheitschirurg darf sich jeder Arzt nennen.

Von Daniela Eberhardt:
– Etwa 800.000 bis zu einer Million Schönheitsoperationen werden pro Jahr in Deutschland durchgeführt, Tendenz steigend. Knapp die Hälfte davon sind Faltenbehandlungen. Bei den Frauen steht die Brustvergrößerung an erster Stelle, gefolgt von der Fettabsaugung. Männer – ihr Anteil liegt insgesamt bei rund 20 Prozent – lassen sich vor allem die Nase operieren. Eine Brustoperation kostet 5000 bis 6000 Euro, davon schlagen die Implantate mit etwa 1500 Euro zu Buche.

Der Markt ist lukrativ: In Stuttgart freuen sich die Privatkliniken über eine stetig steigende Nachfrage. Allerdings unterstellt Peter Hollos, Leiter der Klinik für plastische Chirurgie Degerloch, seinen Kollegen, dass auch sie dieses Jahr die allgemein schlechte Wirtschaftslage zu spüren bekommen. Er habe seit Anfang 2004 erstmals einen Einbruch von rund zehn Prozent zu verzeichnen. Das absolute Spitzenjahr für die Branche sei 2002 gewesen, bis Ende 2003 habe man Zuwachsraten von bis zu 15 Prozent gehabt. „Das ist einmalig im Gesundheitswesen."

Das hat längst auch die Pharmafirmen auf den Plan gerufen. „Die Industrie macht knallhart Werbung", sagt Ramin Khorram von der Apollo-Klinik nahe der Karlshöhe. In Anzeigen im Ärzteblatt werden Wochenendseminare fürs Faltenunterspritzen angeboten. Ein Werbeblatt preist Injektionen mit Hyaluronsäure als „leicht erlernbare Therapie". Die Rückgänge seit Einführung der Praxisgebühr, heißt es weiter, seien für jeden Arzt eine Chance: „Endlich steht mehr Zeit zur Verfügung, das Leistungsangebot der Praxis zu erweitern und so auch in schwierigen Zeiten wettbewerbsfähig zu sein." Sprich: mit gut zahlenden Privatpatienten Kasse zu machen. –

Ich frage Sie jetzt ganz provokativ: Wie lange und wie weit wollen wir uns noch instrumentalisieren lassen? Uns verarschen lassen? Wollen wir nicht endlich zum „einfachsten" Mittel aller Möglichkeiten greifen und uns selber endlich als „schön" sehen, als „schön" begreifen, als „schön" empfinden, „schön" bewegen und uns „schön" in Szene setzen?

„Bildbearbeitung"? Macht doch nichts. Oder kann man Sehgewohnheiten beeinflussen?

Bildbearbeitung? Fotomanipulation, was ist das?
Laut Wikipedia Januar 2010!
(Ein sehr interessantes Detail dazu: 2012 steht zu diesem Thema nur noch drin, dass man die Bildbearbeitung nur dann anwendet, wenn die Fotos nicht so gelungen sind, und dazu die Anleitung, welche Techniken es zur Fotoverbesserung gibt. NICHTS Kritisches mehr, nichts mehr In-Frage-Stellendes ... Die Bildbearbeitung ist inzwischen erschreckend!!! normal geworden.)

*„Unter einer Fotomanipulation versteht man die Veränderung bzw. Manipulation einer Fotografie unter Zuhilfenahme technischer Mittel, um **einen fremden Sachverhalt vorzutäuschen**. Die Geschichte der Fotomanipulation ist schon seit je eng mit der der Fotografie selbst verbunden. Bereits **im 19. Jahrhundert**, als es technisch möglich wurde, Bilder chemisch zu fixieren, versuchten Fotografen, Fotos durch technische oder kompositorische Tricks zu verändern. **Ihr Ziel war es, ein Bild einer Wirklichkeit zu erzeugen, die es nie gegeben hat.***

Bildmanipulation in der Politik:
Machthaber nutzen gerne die Tatsache, dass der durchschnittliche Betrachter dazu neigt, die Glaubwürdigkeit von Fotos zu überschätzen.

• Maos Ehefrau wurde nach dessen Tod von diversen Fotos entfernt. Das folgende Regime wollte verhindern, dass der Kult um Mao mit der politischen Vereinigung seiner Frau in Verbindung gebracht wurde.

• Hitler ließ Goebbels aus einigen Bildern retuschieren, in denen beide mit Leni Riefenstahl zu sehen waren.

• *Die politische Retusche spielte in der Tschechoslowakei eine Rolle, wo oft ästhetische Mängel der Grund für Veränderungen waren. So wurden Personen oder Gebäude entfernt, neu platziert oder kleine Schönheitsfehler ausgebessert. Fälschungen wurden von eigens engagierten Spezialisten, oft inhaftierten Banknotenfälschern, angefertigt.*

• *Propaganda war ein weiterer Grund, warum Fotos manipuliert wurden. Im Ersten Weltkrieg sollten veränderte Bilder die Situation dramatisieren und die Bevölkerung in Kriegsstimmung versetzen.*

*Heutzutage ist die Fotomanipulation ein dominierender Bestandteil der Massenmedien. Neben politischen Gründen ist die Beautyretusche allgegenwärtig. Es gibt (**fast**) **kein veröffentlichtes Porträt ohne die Manipulation** der gewünschten Schlüsselreize.* (Ende Zitat)

Wenn man nun bedenkt, dass diese Manipulationstechniken schon deutlich älter als hundert Jahre alt sind, heißt das, dass wir Menschen, die wir heute leben, schon seit unserer Geburt gewohnt sind, Fotos und Bilder zu sehen, die nicht der Realität entsprachen. Und da frage ich mich natürlich, welche Auswirkungen dieses Faktum auf unser „allgemeines Sehen" und unsere „Sehgewohnheiten" hat. Denn was heißt das, dass Sie und ich in einer Fotografie NIE einen Ausschnitt irgendeiner „Realität" gesehen haben, sondern immer ein Abbild dessen, wie sich der jeweilige Fotograf die Realität gewünscht hätte? Das heißt, wir sind zeitlebens von Wunschbildern und Wunschvorstellungen diverser Fotografen umgeben.

Was hat nun dieses Faktum möglicherweise für Auswirkungen auf unser allgemeines Empfinden von dem, was für uns „schön" ist und was nicht?

Wir glaubten doch von Kindesbeinen an, auf einem Foto ein Abbild „der Realität" zu sehen. Nicht wissend, dass es nie die Realität war, nicht wissend, dass es ein bearbeitetes Foto war, nicht wissend, dass es sich nur um Bilder der „Wunschrealität" des Herausgebers handelte.

Das bedeutet für uns KonsumentInnen, dass wir immer irgendetwas als real angenommen haben, was real aber nicht existiert. Und dieses Unreale haben wir immer – und tun das fatalerweise heute noch immer – als Maßstab für „Schönheit" angenommen. „Schön" war das, was es im Fernsehen und in den Zeitungen zu sehen gab. Und immer glaubten wir, solch „schöne" Frauen und solch „schöne" Männer gibt es tatsächlich. Und immer wieder tappten wir als Kinder und Jugendliche in die Falle, dass wir selber genauso „schön", genauso dünn, glatt, waschbrettbäuchig, volllippig, für immer jung etc. sein wollten, wie alle diese Menschen auf diesen wunderbaren Fotografien es waren und sind.

Nun, dass es diese „Bilder-Wunsch-Realität" nicht wirklich gibt, ich glaube, das wissen wir inzwischen heute alle. Wir alle wissen, dass sämtlichen Models die „passende Menge" an Busen dazu- oder wegretuschiert wird, dass Waden weggenommen oder aufgefüllt werden und dass sämtliche Falten ganz gelöscht werden. Wir wissen das! Und dennoch, meine ich, sind wir von Kind an in unseren Sehgewohnheiten so geprägt worden, dass wir innendrin irgendwo immer noch glauben, dass diese Bilder doch der Realität entsprechen. Wir sind dahingehend gehirngewaschen, dass wir zwar intellektuell wissen, diese Menschen gibt es nicht wirklich, aber emotional wurden wir von diesen Bildern eine Kindheit und eine Jugend und ein Erwachsenenleben lang geprägt.

Und möglicherweise ist genau auch dieses Faktum mit ein Grund, warum „die Schönheit" via Schönheitsoperation heute einen so außergewöhnlichen Boom feiert: Denn mit ihrer Hilfe können wir endlich, endlich aussehensmäßig unserem Idol der Kindheit und Jugend näher kommen oder ihm sogar entsprechen. Wir kehren optisch endlich in den Hafen unserer „Sehgewohnheitskindheit" zurück. Endlich so ausschauen, wie man es sich schon eine Kindheit lang sehnlichst erträumt hat.

Die perversesten Auswuchse
unseres Selbsthasses

Gehört:

Dolores Schmidinger, die Grande Dame des Kabaretts in Österreich, ist bekannt dafür, dass sie sich schon seit Jahren alle paar Monate unters Messer legt (ich war eine Zeit lang in derselben Agentur wie sie und treffe sie dort eines Tages zufällig, als sie mit verbundenen Ohren antrabt. Stille im Raum, nur Augenpaare, die sie mit fragenden Blicken fixieren. Antwortet sie „etwas" verärgert: „Ja und? Ich habe mir meine Ohrläppchen kürzen lassen!"), bestreitet aber öffentlich jede Frage in diese Richtung mit: „Nein, alles echt!"

Und dann die Krönung: Sagt sie doch in einem Interview mit Dominic Heinzl im Jahre 2003 zum Thema „Sie und schönheitsoperiert?":

„Ach wissen Sie, mir tut ja nur die arme Frau vom ‚Schöpfwerk' (ein als ‚Arbeiterbezirk' geltender Bereich Wiens) leid! Die sitzt tagtäglich mit ihrem Mann vor dem Fernseher. Und da drin, im Fernseher, sehen dann beide, Abend für Abend, eine schöne Frau nach der anderen, stundenlang! Und wenn er dann den Fernseher ausschaltet, zum ins Bett gehen, wem muss er dann ins Gesicht schauen? Seiner Frau! Und da tut mir dann diese Frau leid! Weil bitte, die hat kein Geld, sich ihr Gesicht gescheit machen zu lassen! Also da ist die Welt schon ungerecht!"

Liebe Frau Schmidinger, ich hatte gedacht, dass es mit zu den Aufgaben von KabarettistInnen gehört, allgemein gültige Normen und Klischees einer Gesellschaft aufzudecken, sie zu hinterfragen und im Bestfall als meinungsbildendes Vorbild für neues Denken an der Front zu stehen. In Ihrem Falle leider weit gefehlt. Schade!

Gelesen:

In der Frauenzeitschrift „woman" im Herbst 2009:

„WA(H)RE SCHÖNHEIT" Nur wer jung ist, ist erfolgreich. Das meint eine Schönheitsklinik in Washington – und spendet Arbeitslosen zwecks besserer Jobchancen Verjüngungs-OPs! In Prag hingegen will man mit Beauty-Treatments dem Personalmangel entgegenwirken: Wer dort als Arzt oder Sekretärin im Krankenhaus anheuert, darf zwischen Fettabsaugung, Bauchstraffung & Brustvergrößerung wählen."

Gesehen:

Im Kino: Demi Moore: Diese ließ sich im Jahre 1996 für den Film „Striptease" zwei Rippen operativ entfernen, damit ihre Taille noch schmaler wirkte, als sie es sowieso schon war. Wenn man sich dann vorstellt, dass sie zeit ihres Lebens nun mit zwei Rippen weniger Schutz, zwei Rippen weniger Sicherheit für ihren gesamten Bewegungsapparat verbringen wird müssen – und nur dafür, dass sie für diesen Film die fragwürdigsten Auszeichnungen, die man als Schauspielerin je bekommen kann, erhalten hat:

Der Film „Striptease" wurde im Jahr 1997 für insgesamt sieben „Goldene Himbeeren" vorgeschlagen. Von diesen sieben Nominierungen errang der Film sechs. Unter den Preisträgern war auch Demi Moore, die sich in der Kategorie „Schlechteste Schauspielerin" durchsetzte. Die anderen Kategorien, in denen der Film „gewann", waren: „Schlechtester Film", „Schlechtester Regisseur", „Schlechtester Original-Song", „Schlechtestes Drehbuch" und „Schlechtestes Filmduo" (Demi Moore und Burt Reynolds). Bei der im Jahr 2000 veranstalteten Wahl des „Schlechtester Film des Jahrzehnts" gehörte „Striptease" zu den fünf nominierten Filmen.

Apropos: Ich habe mir gerade das Video davon auf YouTube angeschaut. Es tut mir so leid, ich habe da nur eine verzweifelte Frau gesehen, die zwar super wunderbare Turnübungen vollbringt, eine schein-

156

bar Wahnsinnsfigur ins Rennen wirft, die aber eine so unerotische Ausstrahlung hat und sich so unglaublich unsexy bewegt, dass sich einem der Vergleich, sie bewege sich wie ein Sack ungekochter Kartoffeln, aufdrängt. Wieder ein Beweis dafür, dass schlank nicht gleich sexy heißt! Und ein weiterer Beweis dahingehend, dass man mit seinem Äußeren keine einzige innere Einstellung verstecken kann. Denn diese arme Demi Moore strahlt nur Unsicherheit, Unerotik und „Ich würde so gerne super sein, bin aber so unendlich unsicher, dass ich mich wie ein Brett an der Stange bewege. Hilfe!-Hilf-mir-doch-jemand!" aus. Vielleicht würde sie es jetzt besser machen. Vielleicht ist ihre Einstellung zu sich selber und ihrem Körper durch Ashton Kutcher weiblicher und sexyer geworden. Ich wünsche es ihr von Herzen!

Laufsteg:
Donatella Versace, die Schwester des berühmten Modeschöpfers Gianni Versace, unser Vorbild für Körperkultur?

„Das geht ja schnell. So schlimm altert Donatella Versace (zuletzt aktualisiert: 24.03.2008 – 10:22 RPO Online Düsseldorf RPO). Ein eingefallenes Gesicht, aus dem nur noch die Lippen hervorquollen. So präsentierte sich Donatella Versace in der vergangenen Woche in New York. Der Glanz der einstigen Schönheit ist verblasst, die Versace nur noch ein Schatten ihrer selbst. Als sich die 52 Jahre alte Designerin bei einer Modenschau präsentierte, zogen böse Zungen sogar einen Vergleich zum Gesicht von Mick Jagger. Doch was genau ist passiert? Versace, die vor weniger als fünf Jahren noch Schönheitsideale verkörperte, sah aus, als sei sie in dieser Zeit gleich um 15 Jahre gealtert. Ihr Kleid saß unvorteilhaft, die Schuhe schnürten den Füßen beinahe das Blut ab und auch der Versuch, mit einem Lächeln zu glänzen, schlug gnadenlos fehl."

Kennen Sie Donatella Versace von neueren Fotos? Es ist fast nicht zu glauben, dass ein Promi wie sie bei einem Schönheitschirurgen landet, der sie tatsächlich so entstellt hat. Möglicherweise ist dieses Gesicht irreparabel. Eigentlich ein Dilemma, wenn einem so etwas passiert! Vor allem noch dazu, wenn man bedenkt, dass sie eine Repräsentantin von Geschmack sein sollte. Ja, Mode kann man wechseln, ein verpfuschtes Gesicht leider nie mehr.

Tatsachen:

Die meisten „unserer" Schauspielikonen in Hollywood arbeiten mit Doubles. Mit Doubles für die Hände (Sparte: ganz harmlos), mit Doubles für die Beine (Brad Pitt hat z.B. „zu dünne" Waden), mit Oberkörperdoubles für Busen- bzw. bei Männern Marke: „breiter Brustkorb"-Einstellungen (ohlala, und wir glauben das alles eins zu eins?), oder Ganzkörperdoubles. (Julia Roberts' Cellulite „verlangt" anscheinend nach diesen welchen, sobald Liebesszenen anstehen …) Nun, diese Liste, wer sich wo aufgrund „körperlicher Mäkel" doubeln lässt, würde wahrscheinlich ein ganzes Buch füllen. Nur sollten Mann und Frau sich vielleicht genau das ganz genau im Verstand speichern: DAS IST ALLES NICHT ECHT! NUR EINE KÖRPER-ILLUSION!!!

Dokumentation:

Ein Bericht über die Stuttgarter Sofien-Klinik auf „arte" am 22.12.09
Eine der medizinischen Leiterinnen, Frau Dr. Anette Kotzur, im Interview:

„Die Leute fühlen sich jünger, als sie sind, heutzutage, durch die gesunde Ernährung, durch das Viel-Wasser-Trinken, durch Sport, und so können sie mit chirurgischer Hilfe so aussehen, wie sie sich fühlen. Wir bieten ein faltenfreies Leben. Wir haben viele KundInnen, die das Angebot bei uns, ‚Faltenfrei über Mittag' nützen und nach der Mittagspause frisch gebotoxt wieder zur Arbeit kommen. Ob wir etwas von einer Krise spüren? Nein, tatsächlich nicht! Wir machen pro Woche an die 50 Botoxbehandlungen, 5-6 Schamlippenvergrößerungen oder -verkleinerungen, Fettabsaugungen, an die 20 Brustoperationen, Vaginalstylings, ja ja, es gibt sogar eine G-Punktunterspritzung, die ist aber wegen der danebenliegenden Harnröhre etwas gefährlich, ja, Penisverlängerungen, 20% der Kunden sind Männer, mit Fettabsaugungen, Nasenoperationen, Botox, ja und wenn es bei uns eine interne Weiterbildung gibt, DÜRFEN alle MitarbeiterInnen alles Neue gratis ausprobieren …"

Das wirklich Erschreckende für mich ist die Tatsache, dass inzwischen nicht mehr vorzüglich SchauspielerInnen und Fernsehstars (Menschen, die ihr Geld mit Hilfe ihrer Schönheit verdienen) in Schönheitskliniken ein und aus gehen, sondern dass die Verkäuferin von nebenan auf eine Brustoperation spart, anstatt in Urlaub zu fahren, dass eine Vierergruppe von Hausfrauen im Alter zwischen 55-65! nach Stuttgart shoppen fährt und dann nebenbei in dieser Klinik ein Schnell-Lifting dazwischenschiebt, und dass ein junger superfescher Waschbrettbauchmann, Bankangestellter, glaubt, an den Hüften zu viel Fett zu besitzen, das er sich absaugen lässt (um es sich nachher im Gesicht wieder in die Wangen hineinzuspritzen zu lassen; er hatte ein paar Kilos abgenommen, „und dadurch war sein Gesicht etwas fahl und lasch geworden …").

Oder dass sich laut einem Fernsehbericht auf ATV am 6.1.2010 eine Wienerin ihr ganzes Gesicht mit 100 Grad Celsius ablasern hat lassen, auch auf die Gefahr hin, dass ihr ganzes Gesicht nachher mit Brandwunden übersät hätte sein können. Dies würde sie erst nach vier Monaten der Heilung endgültig wissen. Denn so lange brauchte die Haut im Gesicht, um sich wieder zu bilden, zu erholen und zu erneuern. 4000-5000 Euros gingen aus der gemeinsamen Haushaltskassa dafür drauf: „Ich habe damals schon die schönste Frau geheiratet, also warum soll sie nicht die Schönste bleiben?", meinte ihr Mann mit stolzgeschwellter Brust nach erfolgter Operation, als er sie, bewaffnet mit einem Blumenstrauß, ihr ganzes Gesicht eingepackt in Plastikfolie, am Krankenbett überraschte.

Philosophie:

Es gibt neuerdings auch Modeikonen, die sich mit lebensphilosophischen Aussagen unvergesslich machen: So getan Kate Moss: „Nichts kann so gut schmecken, wie sich schlank sein anfühlt!" Wenn man sich vor Augen führt, dass diese Frau, die seit Jahren kokst, einen solchen Sager zum Besten gegeben hat und immer noch das Aushängeschild verschiedener Produktlinien ist, dann frage ich mich wirklich, haben die Produzenten überhaupt kein Verantwortungsgefühl mehr, was sie unseren Jugendlichen als Vorbild auf den Weg in ihr Leben mitgeben? „Erstens iss nichts! Und zweitens, wenn du kokst, brauchst du eh nichts mehr zum Essen!" Ja, sehr witzig! Ich denke, es ist dringend an der Zeit, endlich eine neue Kampagne ins Leben zu rufen, damit die Jugend wenigstens eine Alternative der Wahl hat!

Kunst:

„Ich habe meinen Körper der Kunst geschenkt." 1993 hat die französische Künstlerin Orlan mit einer live übertragenen Schönheitsoperation an ihrem Gesicht weltweit für Aufsehen gesorgt. Mit den üblichen Interessen der Schönheitschirurgen identifiziert sich Orlan nicht, mit den radikalen am eigenen Körper vollzogenen Schnitten wehrt sie sich vielmehr gegen gesellschaftliche Zwänge und verwirklicht ihre Schönheitsideale am eigenen Körper. So ließ sich die Künstlerin bei der Performance-Operation vor sieben Jahren links und rechts an der Stirn zwei Höcker implantieren.

Dazu meint sie im September 2009 in einem Interview, sie habe inzwischen zehn Operationen machen lassen, aber nicht zum Zweck, jünger und faltenfrei zu sein. Sie wollte sich selbst neu erfinden. Und auf Vorwürfe, dass sie verrückt sei, kontert sie, sie habe nur den „Unterschied", „die Abweichung", „das Unübliche" im Sinn. Sie will Menschen dazu animieren, anders zu sehen und anders zu betrachten.

160

Ist Selbstliebe „nur" im Bereich Aussehen wichtig?

Was fordert die Leistungsgesellschaft außer „jung und schlank" noch alles von uns?

„Die Leistungsgesellschaft" ist, sage ich jetzt hoffentlich mit Ihrer Zustimmung, inzwischen zu einem gängigen Begriff geworden. Wir bringen Leistung von morgens bis abends: Arbeit, Kinder, Haushalt, Sport, Privateinladungen, Haustiere, Schule, Garten, Auto, „jung und schlank" sein, werden oder bleiben, und in der Nacht muss es als beste Liebhaberin und als potentester Ehemann so weitergehen. Sollten Ihre Körper nächtens doch einmal schlapp machen wollen, kann die Frau ja trotzdem und für den Mann gibt es Viagra.

Sie wissen es, ich weiß es, meine Freundinnen wissen es, Ihre Freunde wissen es auch, die NachbarInnen wissen es und eigentlich weiß es die ganze westliche Welt: So kann es nicht ewig weitergehen, denn so landen wir alle mit Herzinfarkt und Darmverschluss entweder im warmen Krankenhausbett oder im etwas kühleren Grab. Und dennoch machen wir alle so weiter.

Noch schneller! Noch schlanker! Noch faltenfreier! Noch mehr Geld! Noch ein größeres Auto! Das Haus noch sauberer! Die Autos noch größer! Der Urlaubsort noch weiter weg! Sport noch viel öfter und länger! Das Geburtstagsfest mit noch viel mehr „Freunden"! Der Sex auf dem Tiefkühler und der Waschmaschine gleichzeitig!

Und zu all unserem Unglück machen wir all das nicht mehr unter uns Erwachsenen aus, nein, wir sind inzwischen so verrückt, dass wir auch schon unsere Kinder da mit hineinziehen. Wer hat die besseren Noten? Wer lernt mehr Musikinstrumente gleichzeitig? Wie vielen Sportvereinen gehören die Kinder an? Wurden sie von Hinz und Kunz schon ab dem 1. Lebensjahr in Kochen, Braten (zurzeit hat man fernsehtechnisch das Gefühl, unsere Gesellschaft verbringt ihre Zeit nur noch mit Kochen – oder zumindest in Gesellschaft von berühmten oder bald berühmten Fernsehköchen an ihren Bildschirmen), Lesen, Schreiben und in „Aktienkurse Verfolgen" geschult? Gut, haben wir alles erledigt! Und wie schauen die realen Zukunftsaussichten jetzt aus? Schlecht, schlecht, und noch mal grau, denn die Konkurrenz schläft nicht! Also weiter, Kind … auf, auf!

Ich möchte Sie zum Thema „Leistungsgesellschaft und was fordert sie außer ‚jung und schlank' noch alles von uns?" an einer Erfahrung teilhaben lassen, die mir vor drei Jahren widerfuhr und die mich tief geschockt, bewegt und nachhaltig geprägt hat:

Wir schreiben das Jahr 2008/2009. Warum Jahr Schrägstrich Jahr? Es ging um ein Schuljahr. Und in genau diesem Jahr wollte ich nach 20 Jahren der selbstständigen Erwerbstätigkeit wieder einmal in meinen Uraltberuf zurückschnuppern, in den Beruf einer Schullehrerin. (Ich habe davon schon in Kapitel 3, „Mein geschei(ter)ter Selbstversuch", gesprochen.) Warum wollte ich dahin zurück? Ich hatte von meiner Uraltfreundin, die in einem Sonderpädagogischen Zentrum unterrichtete, schon so viele tolle Geschichten gehört, dass ich mich kurzerhand entschloss, mich auch dort zu bewerben. Ich wollte in eine Förderklasse gehen, wo ich es mit Kindern mit erhöhtem Förderbedarf zu tun haben würde. Und ich wollte genau dorthin aus einem einzigen Grund: Ich dachte mir, diese SchülerInnen sind Profis im „Sein": im „Sie-selber-Sein". Denn wie schon vorhin erwähnt, zwingt uns unsere Leistungsgesellschaft immer wieder in ein so straffes Korsett des Entsprechen-Müssens, dass wir als Menschen nur noch am „Tun und Handeln" sind und völlig auf unser Herz und unser „Sein" vergessen. Und da diese Kinder nicht über eine so große Intelligenz und einen so zentrierten Verstand verfügen, wie wir „normalen" Menschen es tun, dachte ich mir, haben sie den direkten Zugang zu ihren Herzen frei. Sie überlegen kein Für und Wider, sie sind mit ihrem Herzen direkt verbunden. Und genau das erhoffte ich mir von diesen besonderen Menschen und Kindern wieder lernen zu dürfen. Denn auch ich war im Lauf der Jahre zu einer perfekten „Leistungsgesellschafts-Entsprecherin" mutiert.

Was ich in meiner Vorfreude leider völlig außer Acht ließ, waren zwei Aspekte: meine Hauptlehrerin, mit der ich alle meine Unterrichtsstunden gemeinsam verbringen würde müssen, und das allgemeine österreichische Schulsystem an sich. Ich war einfach davon ausgegangen, dass die Lehrer in einem Sonderpädagogischen Zentrum aufgeschlossener sind. Dass diese ihr Herz weiter offen haben als wir „normalen" Leister, und dass diese einfach schon jahrelang die Chance ergriffen haben, von ihren Vorbildern, sprich von ihren SchülernInnen, zu lernen.

– Weit gefehlt, ich wurde eines Besseren belehrt: nämlich, unsere Gesellschaft teilt die Menschen in „normal" und „förderbedarfswürdig" (früher behindert) ein. Ist klar, oder? Nun, diejenigen Menschen, die diese Einteilungen vornehmen, sind die „Normalen"! Also sind sie „normal" und somit den „Förderbedarfswürdigen" haushoch überlegen. Detto liegt kein einziger Grund vor, von „Förderbedarfswürdigen" etwas lernen zu können und wollen! Denn die „Normalen" sind ja schon perfekt und „wissen" alles. Und da sind wir schon wieder bei den allgemeingültigen Normen unserer Leistungsgesellschaft: „Wissen", messbare Fakten und Zahlen sind Errungenschaften. „Sein" ist nicht messbar und deshalb nicht erstrebenswert. Also gibt's auch von unseren „förderbedarfswürdigen" Kinderkollegen nichts zu lernen! –

Diese tatsächlich an jedem meiner LehrerkollegInnen (30 bis 40 an der Zahl) klebende arrogante Einstellung holte mich schon in der ersten Konferenz, die vor Schulbeginn stattfand, ein. Und genau diese Realität schlug dermaßen heftig auf mich ein, dass ich ein ganzes Schuljahr lang mindestens 50-mal ernsthaft darüber nachdachte, diesen Job wieder zu schmeißen, weil meine Seele, mein Herz im Kollegenkreis auf alleiniger Flur zu vertrocknen drohten. Und nur weil ich die Kinder so sehr in mein Herz geschlossen hatte, weil ich so unendlich viel von ihnen lernen durfte und konnte, harrte ich bis zum Schluss aus

Nun, wie nahm alles seinen Anfang? Es begann am ersten Schultag damit, dass sich die Hauptlehrerin, alle SchülerInnen und ich im Sitzkreis an den Händen hielten.

– Sechs SchülerInnen, stellen Sie sich mal dieses Schlaraffenland vor! Zwei Lehrer für nur sechs Schüler, na ja, schon bald begriff ich auch, warum. Ein Kind war dabei, das am Katzenschrei-Syndrom und Down-Syndrom gleichzeitig litt (dieses Mädchen, Laura, redete nicht in normaler Lautstärke, es schrie, und war geistig und körperlich beeinträchtigt); ein Junge, Julian, war im „Besitz" des Tourette-Syndroms, das ist eine Beeinträchtigung, wo man völlig unvermittelt Schimpfwörter durch die Gegend zu schreien beginnt und seinen Körper nicht unter Kontrolle hat, im Sinne von: der Körper bewegt sich von selbst, ohne dass man selber mitkriegt, dass er sich bewegt; ein Mädchen, Thelma, hatte sozial ein großes Problem, weil es ununterbrochen redete, egal ob jemand gerade etwas erzählte, erklärte oder was auch immer tat; ein Mädchen, Fatima, weinte ständig; ein anderes

Mädchen, Selma, war so schüchtern, dass es gar nie redete, sondern immer nur starr auf den Boden blickte und innerlich immer abwesend war; und dann gab es in dieser Runde noch einen Jungen, Oskar, der lustig und offen und ziemlich intelligent erschien, der aber mit der Konzentration solche Schwierigkeiten hatte, dass er nach zehn Minuten Arbeit völlig zusammenbrach. Das Alter der Kinder bewegte sich zwischen 10 und 15 Jahren und ihr schulisches Niveau war sehr unterschiedlich gestreut. Zwei Kinder konnten die Zahlen 1 und 2 nicht auseinanderhalten, geschweige denn mit diesen rechnen, andere rechneten schon mit Euros und konnten die Uhr lesen. –

Also wir alle saßen im Kreis, hielten uns an den Händen und die „Hauptlehrerin" (ich nenne sie hier mal liebevoll Karma, damit ich nicht allzu persönlich werde) bestimmte, was da nun folgen sollte.

– Kurz noch zur Erklärung des Begriffes Hauptlehrerin: Diese leitet diese Klasse schon seit 20 Jahren, ist die Ehefrau des Schuldirektors und war der unglaublichen Auffassung, dass ich eine Quereinsteigerin war, die keine Ahnung von irgendetwas hatte. Dazu möchte ich wirklich gleich klarstellen, ich hatte wirklich keine Ahnung im fachlichen Bereich. Da war Karma tatsächlich ein As und kannte sich bei jeder Problemstellung phantastisch aus, wie man welche Schwäche beheben oder zumindest sinnvoll angehen konnte. Sie wusste, welche Spiele, welche Arbeitsblätter und Unterrichtsmaterialien zum jeweiligen Lernschritt passten. Das wusste ich alles nicht, hatte aber riesigen Spaß daran, das alles zu lernen. Was ich mitbrachte, war ein großes Repertoire an Wissen und Erfahrung im Bereich Persönlichkeitsbildung und -förderung, Sozialkompetenz und alles aus meinem Fachbereich bezüglich Schauspiel, Rhetorik, Selbstbewusstsein, Teamarbeit und Kreativitätstraining. (Ich hatte dazu schon einige Seminare in der Wirtschaft im Oberen-Management-Leadership-Bereich geleitet.) –

Also Sitzkreis, wir hielten uns alle an den Händen. Und dann hieß es, wir müssten gemeinsam im Chor: „Guten Morgen" zehnmal ohne Unterbrechung hintereinander, während die Arme rauf und runter geschwungen werden, laut vor uns hin sagen: „Guten Morgen, guten Morgen, guten Morgen, guten Morgen, guten Morgen, guten Morgen …" Zehn Mal! (An dieser Stelle dachte ich mir nur, aha, so muss man also mit diesen Kindern umgehen? Man musste also „infantilen Menschen" mit infantilisierenden Maßnahmen begegnen? Na ja, also ganz überzeugt war ich nicht!) Als nächste Aufgabe stand an, man nehme den Kalender her und reiße die Kalenderblätter aller Tage, die in den großen Ferien in der Zwischenzeit vergangen waren, ab und lege sie der Reihe nach auf dem Boden auf. Und was dann kam, war der erste Moment, wo ich mich am liebsten vor lauter Scham durchsichtig werden hätte lassen wollen. Durchsichtig, weil es mir so peinlich war, dass ich folgendes Schauspiel, zwar „nur als Zweitlehrerin", aber eben doch, zuließ.

Die Kinder mussten der Reihe nach je ein Kalenderblatt in die Hand nehmen, das Datum entziffern und den Wochentag und das Jahr dazu vorlesen. Eine Superidee in einer Volksschulklasse, um ein Gefühl für Zeit zu bekommen. Eine Wahnsinnsidee, wenn man merkt, dass drei Kinder (also 50 Prozent aller!) keine Zahlen erkennen konnten und dass drei Kinder auch die Wochentage nicht lesen konnten. So mussten diese drei Kinder jedes Mal, wenn eines von ihnen dran war, das jeweilige Kalenderblatt aufnehmen, verzweifelt feststellen: Ich kann das schon wieder nicht lesen, und dann laut sagen: „Bitte kannst du mir helfen?"

Wenn man nun bedenkt, dass in Österreich im Sommer acht Wochen Ferien sind, können Sie sich ein Bild davon machen, wie oft jedes Kind drankam, und vor allem wie oft jedes dieser drei Kinder nicht nur bloßgestellt wurde, dass es weder lesen noch Zahlen erkennen konnte, nein, es musste sich auch noch jedes Mal coram publico selber erniedrigen, indem es fragen musste, ob ihm jemand hilft. Kennen Sie das, wenn man in einer Situation feststeckt, in der man sich für den anderen so sehr schämt, dass man sich am liebsten nur noch unsichtbar in Luft auflösen würde?

Auf alle Fälle, als dieses entsetzliche Demütigungsschaulaufen endlich beendet war (ich hatte dann den Trick angewandt, dass ich alles falsch vorlas, wenn ich dran war, um diese Peinlichkeit etwas zu entschärfen. Denn wenn auch ich das nicht konnte, dachte ich mir, machte ich diesen drei Schülern vielleicht wieder etwas Mut …), hieß es, wir zeichnen ein Selbstporträt.

Das fand ich super! Aufatmen war angesagt. Dass sich jedes Kind nun selber zeichnerisch so charakterisieren sollte, dass man es erkennt. Ich fand vor allem die Tatsache spannend, wie sich jedes Kind selber sah und selber wahrnahm. Und wie jedes Kind seine nur ihm eigenen Wesensmerkmale äußerlicher Natur auf dem Bild festhalten würde.

Nun, schon wieder weit gefehlt, die Kinder hatten ein Foto mitbringen müssen, das mithilfe des Kopierers vergrößert wurde und das sie dann auf eine Leinwand abpausen mussten. Und dann hieß es: „Aber nehmt bitte genau dieselben Farben, wie sie auf dem Foto oben sind!"

Das war ja entsetzlich! Ich starb! Meine Seele krümmte sich zusammen und wickelte sich dreimal um ihre eigene Achse. Kinder, die sich weder schriftlich noch zum Teil auch mündlich ausdrücken konnten, durften nicht einmal das Gebiet des Zeichnen und Malens als ihren persönlichen Ort des Sich-sichtbar-Machens verwenden. Nein, sogar dort wurden sie in ein Abpaus-Korsett gezwungen. Damit jedes Bild, sprich das Foto, für jeden Vollidioten-Lehrer, der von außen auf Besuch kam, auf den ersten Anhieb gleich zu erkennen sein würde. Ich sage Ihnen, ich starb in dem Moment schon meinen fünften Tod, und das an meinem ersten Schultag.

Und ich versichere Ihnen, es wurde nicht besser. Es begann mit Leistung, es ging um Leistung und es blieb bei der Leistung. Sogar im Sonderpädagogischen Zentrum in einer Förderklasse. Es war dort zwar im Stundenplan vorgesehen, dass die Kinder unter anderem sechs Stunden Werken pro Woche hatten. Eine Tatsache, die ich phantastisch finde. Nur wenn man bedenkt, wie diese Werkstunden abgehalten wurden, kriegt meinereiner nur noch eine depressive Mensch-Seins-Krise: In Werken ging es genauso wie in Zeichnen mit den Selbstporträts zu. Es gab keinen Raum für die Kinder, ihre Persönlichkeit in Form von Ton, Holz, Metall oder in Form von selbst gewählten Farben zum Ausdruck zu bringen. Es gab immer nur Werk- und Zeichenarbeiten, die „richtig" oder „falsch" waren.

– Bitte seit wann ist Kunst einzuteilen in richtig und falsch? Persönlichkeit ist immer persönlich und kann nie als richtig oder falsch kategorisiert werden! Wenn meine persönliche Gans rot ist, dann ist sie das! Und dann hat kein anderer Mensch das Recht zu schreien: „Du hast wieder nicht aufgepasst! Eine Gans ist doch weiß und nicht rot!" Ich sage Ihnen, für mich als Künstlerin, als jemand, der jahrelang sein Geld damit verdient hat zu beobachten, was in unserer Gesellschaft meiner Meinung nach schiefläuft, und als jemand, der das dann in Form von Kabarett mit möglichst viel Lachen und Selbstironie auf die Bühne gebracht hat, war diese menschlich-individuelle Kreativitätskastration, wie ich sie in jeder Zeichen- und Werkstunde miterleben musste, wie ein kleiner Tod meiner eigenen kreativen Seele. Ich hielt es kaum aus, in diesen Kreativitätsmord-Einheiten körperlich anwesend zu bleiben. Wenn Leistungsdenken dazu führt, dass es kein Individuum mehr gibt, wenn es dazu führt, dass es in Zeichnen und Werken ein „Richtig" und „Falsch" gibt, dann sind wir auf dem Weg, uns selber zu kastrieren, zu ermorden und abzutöten! Und wenn das unsere Schulen, voran die LehrerInnen, die nur in „Richtig-und-falsch"-Kategorien agieren, in unserem immer mehr ansteigenden Leistungsdenken so weiterpraktizieren, dann dürfen wir uns als Erwachsene nicht mehr darüber wundern, dass wir in kreativer Hinsicht und in der „Seins"-Hinsicht nichts mehr mit uns selber anzufangen wissen! –

– Da werde ich höchstemotional, Sie verzeihen, aber das ist Mord am Kind! Mord am Menschen! Mord an jeder Seele! –

Ich versuchte in vielen Gesprächen mit Karma meine Sicht der Dinge zu verdeutlichen. Ich versuchte oft und oft, meine Trainingsmodule für Kreativität – das ist doch verrückt! Wie viele solche Trainings habe ich schon durchgeführt? Warum brauchen wir Erwachsenen ein Kreativitätstraining? Genau aus dem vorher erwähnten Grund! Weil uns im Laufe unseres Lebens alles Kreative und jegliche Fantasie abtrainiert wurde! –, für Teambuilding, für Persönlichkeits-Entwicklung, für all meine Fachgebiete einzubringen. Aber alles, was sie sagte, war: „Du kannst machen, was du willst!" Dabei lächelte sie mich mit dem gewinnendsten Lächeln an, das sie hatte, und machte einfach ihr Ding weiter. Und wenn ich ihr dann entgegnete, dass ich keinen Platz bekam von ihr, dass sie mir nie den Raum gab, das zu machen, was ich wollte, meinte sie nur: „Na ja, ich muss ja zuerst einmal schauen, was du machst, ich weiß ja nicht, ob es gut ist!" Und wenn ich sie anflehte, dass sie mir Vorschussvertrauen entgegenbringen müsse, denn ansonsten könne ich gar nichts machen, wenn sie immer nur misstrauisch dabeisitze, meinte sie immer wieder süffisant: „Auf was hin soll ich dir denn vertrauen?"

Ich sage Ihnen, ich hatte mit der Zeit vor lauter Ohnmacht und Wut mehr und mehr das Gefühl, mir selber meine Zähne auszubeißen.

Und so konzentrierte ich mich auf die eine einzige Stunde pro Woche, die ich allein halten „durfte". In dieser Stunde wollte ich, dass jedes Kind bis zum Schulschluss sein eigenes Buch schrieb. Ja, Sie haben richtig gelesen. Das war von Anfang an mein Ziel gewesen, was Karma natürlich nur dahingehend kommentierte: „Das kannst du vergessen! Wie soll denn das gehen?!"

Ja, ich bewies es ihr, dass das ging. Ich machte in diesen Stunden viele Entspannungsübungen, bei denen die Kinder so ruhig wurden, wie sie es die ganze restliche Woche nicht waren. Sogar Julian mit seinem Tourette-Syndrom war während der ganzen Einheit ruhig. Sein Mund blieb zu, außer er meldete sich bewusst zu Wort, und auch sein Körper verselbstständigte sich nie. Julian fragte mich auch jeden Tag, wann denn endlich Donnerstag, diese eine Stunde mit mir, sei. (Um ehrlich zu sein, fragte nicht nur er …) Ich arbeitete zuerst mit Steinen, mit Engelkarten, mit Phantasiereisen, … und dann besprachen wir ganz unterschiedliche Themen: wie zum Beispiel, was ihr eigentlicher Berufswunsch war. (Kindern in der Förderklasse gibt man beruflich höchstens einen Job in einer karitativen Einrichtung als Zukunft mit auf den Weg …) Wie es ihnen zuhause mit den Eltern ging. Wie sie sich als AusländerInnen hier im „Grünen" Land fühlten (wir hatten derer drei). Wie es ihnen mit ihren Geschwistern ging. Was sie überhaupt bewegte. Wie es mit dem Verliebtsein in ihrem Fall war. Und so weiter. Es waren immer Stunden, die ich selber ungemein genoss, weil ich so viel von diesen jungen Persönlichkeiten erfuhr und dabei auch von ihnen lernte. Ich wusste mit der Zeit genau, was sie bewegte, worunter sie litten, was sie verändern wollten und wo sie glücklich waren. Und all diese Gefühle, diese Wünsche, diese Themen schrieben sie in Geschichten nieder, zeichneten dieselben oder schnitten Bilder aus Zeitungen dazu aus. Und das Wichtigste: Es gab kein „Richtig" oder „Falsch". Alles, was jemand ausdrücken wollte, war „richtig", war „schön" und war „passend". Denn es war ihr ganz individueller Ausdruck ihrer selbst. (Ich bekam einmal in einem High-Potential-Training mit Kunden aus aller Welt die Rückmeldung: „Thank you for showing us ourselves!") Und genau so gestalteten sich diese Stunden, jede einzelne. Jeder war er oder sie selbst und drückte sich vollkommen individuell aus. In den Werkstunden hatten wir das leere Buch gebastelt und in dieser einen, „meinen" Wochenstunde gestaltete jede/r SchülerIn das Innenleben ihres/seines Buches auf ihre/seine ganz eigene Art.

– Ich finde, in so einer Situation hat niemand das Recht, einen anderen zu „beurteilen" hinsichtlich „richtig", „falsch" oder „passend" und „unpassend"! Das ist das größte Verbrechen, das manche LehrerInnen in Schulen und auch viele Eltern zuhause an ihren Kindern begehen! Ich hoffe, ich habe mir jetzt nicht 100 Millionen Feinde geschaffen! Eine meiner besten Freundinnen erzieht ihre Kinder so. Ich kann es kaum mit ansehen. Egal was ihr Kind in die Hand nimmt: Sei es zum Beispiel ein Auto, und das Kind macht damit etwas „Artfremdes", wie fliegen mit einem Auto, korrigiert sie ihr Kind mit den Worten: „Ein Auto kann doch nicht fliegen!" Ja super. Wissen Sie, was das für eine Mitteilung fürs Kind ist? Mit dem Auto darf ich nur fahren, denn alles andere ist „falsch"! So tötet man jede Kreativität ab! Wenn ich meine Kinder spielen sehe oder höre, freue ich mich, in ihre Welt hineinschauen zu dürfen. Beobachten zu dürfen, was ihre Autos alles können. Vielleicht tanzen sie Ballett oder gründen eine Band. Was auch immer, das ist Individualität, das ist Kreativität und das fördert Selbstbewusstsein. Ich würde niemals einem meiner Kinder sagen: „Nein, aber das ist doch grün! Nein, mit einem Ball macht ‚man' nur dies und das! Oder beim Lego-Spielen: Das ist falsch zusammengesteckt!" Wissen Sie, was alles an Spannendem entsteht, wenn man die Welt und die Dinge unserer Welt einmal artfremd einsetzt? Da beginnt doch das Leben erst richtig! Wenn wir es neugierig entdecken, jeder auf seine eigene individuelle Art und Weise. Und nicht mit den Dogmen im Kopf: Das ist jetzt „richtig"!" und „Halt, das ist „falsch"! Wollen wir jeglichen Entdeckergeist schon im Kleinkindalter mit „richtig" und „falsch" beschneiden? Jegliche Kreativität abtöten und dann als Erwachsene wieder Kurse für Kreativität buchen, damit wir wieder dorthin kommen, wo wir wieder „wir selber" sind? Wie sinnvoll ist denn das, frage ich Sie? –

Glauben Sie mir, es war ein Fest, als diese Bücher alle fertig waren. Wenn ein Kind, das nicht schreiben konnte, etwas Schriftliches drin haben wollte, schrieb ich es, oder ein anderes Kind übernahm das. Dazu gingen wir auch öfter in den Computerraum, so dass jedes Kind zum Thema auch Filme oder Bilder googeln konnte. Und dass auch Kinder, die nicht schreiben konnten, den Umgang mit dem PC erlernten. Ich kann mich erinnern, wie Julian, der Junge, der 1 und 2 nicht unterscheiden konnte und auch weder das Lesen noch das Schreiben beherrschte, vor Freude kreischend vor diesem PC saß, als er selber Bilder und Filme fand, die ihn interessierten. Das war für ihn so ähnlich, wie wir damals als Kleinkinder das erste Mal in unserem Leben an einem Sandstrand waren und riefen: „So eine große Sandkiste? Gibt's die überhaupt?!"

Ja, und so hatte am Ende des Schuljahres jedes Kind ein Buch in Händen, das es von vorne bis hinten selbst gestaltet, erfunden und gemacht hatte. „Das bin ich!" war das Motto dieses Buches. Und dann gab es einen Abend, an dem alle Kinder ihr Buch ihren Eltern und Verwandten vorstellen durften: Sie lasen daraus vor (für manche las ich), zeigten Bilder oder erzählten spontan neue Geschichten dazu. Und die Eltern und Verwandten saßen da und hörten mit ihren Herzen zu. Es war mucksmäuschenstill, obwohl zwei ganz kleine Kinder unter den ZuschauerInnen weilten. Wahrscheinlich spürten auch sie die Besonderheit dieser Situation. Es stand etwas „Heiliges", etwas ungemein Außergewöhnliches im Raum, eine Stimmung, die alle bewegte und in ihren Herzen berührte. In diesen Büchern gab es weder „richtig" noch „falsch" noch Rechtschreibregeln. Es ging „nur" um jede einzelne SchülerIn und deren/dessen Persönlichkeit. In dieser berührenden Stimmung wurde auch bald klar, dass viele Eltern nichts von all diesen ihre eigenen Kinder bewegenden Themen gewusst hatten, weil sie dementsprechend bewegt und zum Teil mit Tränen in den Augen zuhörten. Es war großartig!

Abseits dieser wunderbaren Buchgeschichte erlebte ich die wahnsinnigsten Begebenheiten mit Karma, wo ich mir von Monat zu Monat nur immer öfter dachte: Und das ist unser Schulsystem? Das ist die Bildungseinrichtung, wo die Kinder, unser aller Kinder, geprägt, geformt und geschliffen werden? Ich musste zum Beispiel ein Jahr lang mit den beiden Kindern, die 1 und 2 nicht unterscheiden konnten, genau das in Mathe üben. Fünf Stunden pro Woche. Und ich kann Ihnen versichern, sie konnten es am Schulschluss immer noch nicht. Als ich Karma auf diese Problematik ansprach, ob ich nicht endlich etwas anderes mit ihnen machen könne, meinte sie nur: „Es gibt Kinder, denen ist der Knopf erst mit 18 aufgegangen!" Und damit war wiederum klargestellt, was ich zu tun hatte.

Einmal glaube ich, war sie haarscharf davor, mich anzubrüllen und aus dem Klassenzimmer zu jagen. Da hatte ich mich doch glatt erdreistet, eine Schülerin zu verarschen. (Dazu eine Hintergrundinformation: Karma klärte mich sofort zu Schulbeginn darüber auf, dass diese Kinder keinen Spaß verstehen würden. Die hätten keinen Sinn für Humor und Ironie! Nun gut, Sie können sich vielleicht vorstellen, ich und ein Leben ohne Witz und Ironie? Ein Vormittag ohne Lachen? Unvorstellbar! Also machte ich allen Regeln zum Trotz andauernd Späße, Blödsinn und was mir sonst noch einfiel. Und siehe da, die Kinder liebten mich dafür. Was wir lachten, vor allem, wenn wir allein waren! Wir lernten viel und wir lachten unendlich oft. Denn wie es so ist, in einem Klima der Freude, des Lachens ist alles offen und man lernt viel leichter. Mit Leichtigkeit!) Wir hatten eine Schülerin, Laura, die immer bei allem noch einmal nachfragte. Sagte ich zum Beispiel, so, jetzt gehen wir alle zum Tisch und dort darf sich jeder einen Kuchen nehmen. Dann fragte sie prinzipiell noch einmal nach: „Ich auch?!" Und ich hatte ihr sicher schon fünfzig Mal erklärt, wenn ich sage „alle", dann war sie natürlich auch mitgemeint. Nun, in diesem Moment saßen wir alle im Sitzkreis und es hieß: „Und jetzt stehen wir alle auf und dann bekommt jeder einen Orangensaft zu trinken." Und es kam, wie es kommen musste, Laura fragte wieder nach: „Ich auch?" Und ich schaute sie an und sagte mit ganz ernster Stimme: „Nein, Laura, leider, alle kriegen einen, aber du nicht!" So still war es noch nie gewesen wie in den nächsten Sekunden. Karma lief puterrot an im Gesicht und wollte sich gerade erheben, um mich, so wie ich sie zu dem Zeitpunkt schon kannte, vor allen SchülerInnen zu demütigen, als ihr Laura eine Sekunde zuvorkam. Diese erhob sich, wackelte zu mir herüber, strahlte mich aus vollem Herzen an, umarmte mich inniglichst und schrie mir ins Ohr: „Ich hab dich soooooooooo lieb!" Drei Mal.

Meiner Kollegin fiel nur noch das Kinn nach unten und sie verstand die Welt nicht mehr. Und ich sage Ihnen, ich verstand die Welt sehr gut! Denn ich hatte Laura ernst genommen. Ich hatte ihr vermittelt: „Ich glaube dran, dass du so klug bist, dass du einen Witz von mir durchschaust!" Und wie war es? Sie hatte ihn durchschaut und war mir offensichtlich unendlich dankbar dafür, dass ich ihr das zugetraut hatte. Und Karma, die selber zum Lachen in den Keller ging, konnte das nicht verstehen. Denn sie machte doch immer alles „richtig"! Und dann saß da eine Kollegin in „ihrer" Klasse, ich, die alles „falsch" machte, und alle Kinder begannen sie abgöttisch zu lieben! Wie war die Welt doch nur ungerecht!

Wie sehr sich der Widerstand von Karma mir gegenüber auch im Laufe der Monate verstärkte und vergrößerte, ich blieb bei meinem Kontra-Programm zur allgemeinen Infantilisierung, die sie betrieb, wie zum Beispiel ihr verblödendes „Guten Morgen" mit Armschwingen zehnmal in Wiederholung. (Das wurde übrigens bis zum Schulschluss beibehalten.) Ich zeigte meine Überzeugung und ich hielt trotz „Quereinstiegs" bis zum Schluss daran fest, dass „auch" Kinder mit erhöhtem Förderbedarf Menschen und Wesen sind, die ein Recht auf Respekt und Achtung vor ihrer vielleicht etwas geringeren, aber dennoch Intelligenz haben, und auch dass ihnen ein Recht auf Witz und Humor innewohnt. Ich gehe mal davon aus, dass Karma selber keinen Humor besitzt. Ich habe sie auf alle Fälle fast nie lachend erlebt, nur einmal, als sie versehentlich die Gitarre an den Kopf von Thelma geschlagen hatte. Und es nicht einmal für notwendig erachtete, sich bei ihr dafür zu entschuldigen. Nein, sie sagte nur mit einem lauten Lachen: „Ach, dein Kopf ist das eh schon gewöhnt!" Und mit einem gewinnenden Lächeln in meine Richtung fügte sie hinzu: „Das ist ja nicht das erste Mal ..." Ach wie witzig!

Ich sprach „sogar" öffentlich über meine Überzeugungen auf einer der alle drei oder vier Wochen stattfindenden Lehrerkonferenzen ...

– Apropos, lieber Herr Schuldirektor, ich habe zeitlebens noch NIE so viele unnütze und langweilige Stunden!!! – je vier Stunden – absitzen müssen. Sie denken jetzt sicher, ich habe mich verschrieben, nein, es waren jedes Mal vier Stunden! Und ich durfte mich nicht einmal darüber aufregen, weil meine Kollegin ja mit dem Direktor verheiratet war und sicher noch ist. Bei der ersten Konferenz musste ich meine Kinder anrufen, sie sollen Pizza bestellen, weil ich erst in frühestens zwei Stunden kommen würde … Karma hatte mich mit ernsthaftem Gesicht zuvor aufgeklärt: „Natürlich, das ist immer so!", jeden!!! Monat von neuem. Würden Lehrer so eine Ausgeburt an Langeweile all ihren SchülerInnen zumuten, würde sicher niemand mehr jemals freiwillig lernen! –

Von diesen meinen Überzeugungen sprach ich übrigens nur einmal. Denn schon am nächsten Tag wurde ich mit mich aufs wüsteste beschimpfenden Mails aus dem Lehrkörper bombardiert. (Details erspare ich Ihnen jetzt lieber …) Ich getraute mich nämlich öffentlich zu sagen, dass ich glaube, dass wir als sonderpädagogische Lehrer einen Fehler machten. Einen riesengroßen Denkfehler begingen: „Denn unsere SchülerInnen hier werden niemals der ‚normalen‘ Leistungsgesellschaft entsprechen können, weil sie es aufgrund ihrer intellektuellen Begebenheiten nicht ‚der-Norm-entsprechend‘ draufkriegen. Ein Schüler von uns, der in einem Text 15 Rechtschreibfehler zusammenbrachte, konnte ein Jahr lang üben und üben und üben und würde dennoch am Schulschluss immer noch fünf Fehler machen. Also finde ich es absurd, dass wir hier der allgemeinen Leistungsgesellschaft hinterher rennen wollen. Warum konzentrieren wir uns nicht darauf, was unsere SchülerInnen besonders gut können? Was andere SchülerInnen nicht können? Im Sinne von: Was sind ihre Stärken? Und wir Lehrer stärken sie in ihren Stärken! Ihr wisst doch, alle hier schämen sich, dass sie in ein Sonderpädagogisches Zentrum gehen müssen. Alle würden gerne in eine ‚normale‘ Schule gehen. Und ich finde, wir müssten herausfinden, was unsere Kinder besonders gut können. Und genau das fördern wir dann so sehr, dass die anderen Schüler neidisch sind, was man hier bei uns alles lernt. Ich finde, wir sollten die Schule so gestalten, dass unsere SchülerInnen stolz sind, dass sie hier in die Schule gehen dürfen. Anstatt dass wir immer versuchen, den anderen hinterherzulaufen auf Gebieten, in denen unsere immer hinterherhinken werden werden. Warum sind im Schulsystem immer nur Deutsch, Rechtschreibung und Mathematik wichtig? Warum wird nicht auch Persönlichkeitsbildung oder soziale Kompetenz als Schulnote genauso wichtig geführt wie Deutsch und Mathe? Warum ist es keine Leistung, wenn ich als SchülerIn ein Herz habe? Ein gebildetes Herz? Und ich finde, das sind die überragenden Stärken, die unsere SchülerInnen hier haben! Die meisten haben ihr Herz und ihre soziale Kompetenz dermaßen ausgebildet, dass wir Lehrer Tonnen von ihnen lernen können!"

Ja, mehr brauchte ich nicht zu sagen. Die meisten LehrerInnen fühlten sich in dem Moment selber angegriffen und kritisiert. „Die SchülerInnen schämen sich, dass sie in eine ‚Sonderschule' gehen!" Das sei eine gemeine Verleumdung! Haben die denn noch nie mit ihren SchülerInnen geredet? Jedenfalls versuchte ich das Ganze noch einmal im Einzelgespräch mit dem Herrn Direktor zu erörtern. Ich versuchte ihm klarzumachen, dass es in Deutschland, in Heidelberg, schon seit Längerem ein Gymnasium gibt, das inzwischen das Pflichtfach „Schulfach Glück" führt. Und dass ich finde, dass das genau der Weg ist, den unser Schulsystem, insbesondere eine Sonderpädagogischen Schule, gehen sollte. Und ich versichere Ihnen, ich schaute nur in hoffnungslos überforderte Augen und hörte einen Mann in Schnellstgeschwindigkeit erwidern: „Aber das machen wir doch schon alles! Wir schauen immer wieder auf die Sozialkompetenz …" Blitzschnell konterte er, unterbrach mich ständig und wollte mich nicht verstehen. Er ließ mich gar nicht richtig zu Wort kommen, so sehr war er mit Recht-Haben beschäftigt.

Dabei wollte ich ihm sagen, dass ich finde, dass man Persönlichkeits-entwicklung, Rhetorik, Auftreten und freies Reden, Sozialkompetenz und das „Schulfach Glück" unbedingt genauso ernst nehmen sollte in der Schule wie Mathe und Deutsch. Und dass ich finde, dass man in der Schule sitzenbleiben müsste, wenn man menschlich nicht gelernt hatte, wie man liebevoll, respektvoll und achtsam mit dem Gegenüber umgeht. Ja, meiner Meinung nach sollte man viel eher sitzenbleiben müssen, wenn man ein „menschliches Schwein" war! und nicht, weil man ein paar Rechtschreibfehler gemacht hatte.

Ich habe mich dazu sehr lange mit Herrn Professor Ernst Fritz-Schubert zu seinem „Schulfach Glück" (ein Buch, im Herder Verlag erschienen) unterhalten und auseinandergesetzt. Ich wollte genau das ins „Grüne Land" bringen, weil ich wie schon erwähnt finde, dass dort der Leistungswahnsinn alle Maßstäbe von Restösterreich übertrifft, aber dazu ist nach meiner Anfrage vom Landeschulrat kein Geld vor-gesehen. „Denn sie machen eh schon gesunde Jause in den Kindergär-ten …" Ob der irgendetwas nicht verstanden hat? Aber wie hätte es auch anders sein können? Im extremen Leistungsland, wo einzig und allein Zahlen, Fakten, „Dünnsein" und Geld als Leistung anerkannt werden. Nur schon den Begriff „Glück" als neues Leistungskriterium auszusprechen, galt sicher als Bruch der 11 Gebote.

– 11 Gebote? „Du sollst leisten Tag und Nacht, als Junge nicht weinen, als Mädchen kochen und schön ausschauen. Und sonntags brav die Messe in der Kirche besuchen!" Und damit die angehenden Erwachse-nen beim 11. Gebot später dann sicher alle mitmachen würden, wurden sie alle schon in der Schulzeit als Ministranten geködert. Wehe, wenn man im „Grünen Land" einer anderen Religion angehörte, da wurde Sozialisation zum Fremdwort, denn keine gemeinsame Erstkommuni-onsvorbereitung, keine gemeinsame Firmvorbereitung, kein gemeinsames Ministrieren, da wurde es licht mit den Möglichkeiten, ein Teil der Gesellschaft zu werden und „dazuzugehören". Da kann ich mit meinen Kindern ein Lied davon singen: Buddhisten (Dalai Lama: „Der Sinn unseres Lebens liegt in der Suche nach Glück"; „o weh, schon wieder dieses „sinnlose" Glück!"), und dem nicht genug, auch noch in Wien aufgewachsen, sprich „Hochdeutsch" sprechend. Das sind dann die „inländischen" Ausländer im „Grünen" Land: zum Gemobbt-Werden geradezu auserkoren ...) –

Leistungskriterien. Wo überall müssen wir entsprechen? – war doch die Frage. Was ist eine anerkannte Leistung und was nicht? Was ich in diesem Schuljahr als das Bedrückendste feststellen musste, war das Faktum, dass sich unser Schulsystem in den 20 Jahren kein bisschen verändert hat. Man darf zwar inzwischen, ohne mit Kündigungssanktionen rechnen zu müssen, über Entspannungsübungen reden, man darf auch Montessori-Prinzipien anwenden und man darf Theateraufführungen fördern. Aber nur, wenn für Mathe, Rechnen und Rechtschreiben keine Zeit „verloren" geht!

Wie lange braucht es noch, bis unser Schulsystem begriffen hat, dass im Zeitalter der Technik und der Computer jeder ein Rechtschreibprogramm zur Verfügung hat und ein Taschenrechner das Um und Auf jeder Privatperson ist? Mir ist klar, dass z.B. durch das Kopfrechnen etc. im Gehirn Synapsen gebildet werden, die auch für andere Denkvorgänge relevant sind; auch die Fähigkeit der Rechtschreibung halte ich für sehr wesentlich. Nur wenn diese Synapsen stehen, wäre doch so viel Zeit für eine neue Synapsenbildung frei. Sprich, Emotionale Intelligenz, Soft Skills und z.B. „Wie kann ich mein Leben gestalten, dass ich glücklich dabei bin?" könnten somit mit Leichtigkeit Einzug im Schulsystem finden. Denn dann wäre der Spruch: „Ihr lernt fürs Leben und nicht für die Schule!" auch von Schulseite her gerechtfertigt! Denn als Lehrer einfach fahrlässig zu behaupten: „Ihr lernt fürs Leben …" und dann dazu nichts anzubieten … Die Frage wäre doch vielmehr: Was brauche diese beiden Kinder im Leben wirklich? Was für eine sinnlose Zeitverschwendung ist es, Laura und Julian fünf Stunden in der Woche etwas beibringen zu wollen, was sie nicht lernen können! Nur um dem Lehrplan zu entsprechen und nur weil Karma meint, dass manchen Menschen der Knopf erst mit 18 aufgeht? Schön und gut, aber dann kann man, bis diese 18 sind, trotzdem in der Zwischenzeit etwas Sinnvolles tun! Etwas fördern, was die Kinder bereits können. Damit sie in ihren Stärken immer stärker werden, anstatt dass sie täglich nur vor Augen geführt bekommen, was alles sie nicht begreifen! Ich finde, das ist ein Wahnsinn an unseren Schulen und an der Einstellung vieler unserer LehrerInnen!

Nichtsdestotrotz, wie viel Handlungsbedarf es zum Thema „Leistungsgesellschaft" in österreichischen Schulen meiner Meinung nach auch gibt, ich möchte dieses Kapitel mit einer wundervollen Geschichte, die ich auch in diesem Schuljahr erlebt habe, beenden. Es war Elternsprechtag und die Mutter von Laura sagte, dass der größte Wunsch ihres Kindes sei, einmal in ihrem Leben einen Pokal zu gewinnen. Und darum müsse sie jetzt fast täglich mit ihr ins Schwimmbad fahren, damit sie irgendwann einmal einen Schwimmpokal erringen würde. Nun, ich wissend, diese Arme, Süße würde nie einen Schwimmpokal holen können, egal wie oft sie trainierte, hörte mich spontan sagen: „Gut, dann erfinden wir eine neue Kategorie: den Sozialpokal!"

Laura ist das Mädchen mit dem Down- sowie dem Katzenschrei-Syndrom. Und obwohl, oder vielleicht gerade darum, ist Laura einer der besondersten Menschen, der mir je in meinem Leben begegnet ist. Für mich war die tägliche Begegnung mit Laura das Geschenk des letzten Jahres. Dieses Mädchen ist für mich meine persönliche Ikone der „Herzmenschen" geworden.

Was ist ein „Herzmensch", fragen Sie sich? Nun, ich habe diesen Begriff im Zusammenhang mit Laura kreiert. Laura kann es passieren, dass sie von einem Mitschüler geschlagen, beschimpft oder gehänselt wird. Dann kommt sie zu uns Lehrern, erzählt das, worauf die Situation dann genauestens mit allen Beteiligten im Sitzkreis besprochen wird. Und in dem Moment, wo sie das Gefühl hat, der andere hat sein „Unvermögen" eingesehen, steht Laura auf, geht zum jeweiligen Kind und fragt es: „Sind wir wieder gut?" Reicht ihm die Hand und umarmt es.

Jetzt stellen Sie sich das einmal vor! Sie werden aufs Gröbste beleidigt. Dann wird das mit Ihrem Peiniger besprochen. Und was machen Sie dann? Was mache ich in so einer Situation? Ich warte, bis derjenige aufsteht, zu mir kommt, sich aus sich heraus entschuldigt, und dann überlege ich mir, ob ich die Entschuldigung annehme … Verstehen Sie, was ich meine? Mit Laura konnte ich ein ganzes Jahr lang mehrmals in der Woche immer genau diese Situation beobachten und miterleben. Und glauben Sie mir, das hat mir geholfen, meinen Stolz und meine vom Ego und vom Verstand geleitete Eitelkeit gründlich abzubauen und dabei mein Herz aufzumachen und zu weiten. Jedes Mal wenn Laura aufstand, den anderen fragte: „Sind wir wieder gut?" und von sich aus den anderen umarmte. Das ist für mich Mensch gewordenes „bedingungsloses Lieben".

Das zeugt für mich von einer so unendlichen Herzensgröße, dass ich daraufhin zu Laura innerlich nur noch „Herzmensch" gesagt habe. Diese Größe und dieses Verhalten haben mich jedes Mal so sehr beeindruckt, dass ich anfing, meinen Freundinnen von Laura zu erzählen. Dass Laura zwar in unserer Gesellschaft als „behindert" galt, dass aber sie die Einzige war, die wirkliche Herzensgröße besaß.

– Es gibt doch diese These, dass wir Menschen immer wieder auf diese Welt kommen. Dass der Körper zwar stirbt, die Seele aber weiterlebt. Und dass wir so oft auf die Welt kommen, bis wir gelernt haben, bedingungslos zu lieben. –

Und wenn diese These nur irgendwo stimmen sollte, wer war dann am nächsten beim Ziel? Laura! Und Laura galt aber laut unseren Leistungskriterien, die wir alle aufgestellt haben, als „Nichts"! Weil sie nicht rechnen und nicht schreiben kann. Ist das wirklich die Welt, in der wir leben wollen?

Nein und noch einmal: Nein!!! Ich will das nicht mehr! Ich habe von Laura so viel gelernt. Ich kann das gar nicht in Worte fassen. Ich habe nur durch Zuschauen immer wieder erlebt, wie sich mein eigenes Herz immer mehr geöffnet hat, weiter geworden ist, einfach „nur" weil ich immer wieder mit anschauen durfte, wie Laura den Menschen begegnet. Und mit ihr als Vorbild habe ich erfahren dürfen, was Churchill mit seinem Satz sagen wollte: „Du musst dich entscheiden: entweder du hast Recht, oder du bist glücklich!" Laura war glücklich, ein Sonnenschein, wie ich es nie zuvor erlebt hatte. Und dadurch hat sie mir durch ihr Vorbildsein auch ein Stück Glück mitgeschenkt. Und ein riesiges Stück Lebensweisheit zuteil werden lassen. Danke, Laura!

Ich habe sogar irgendwann mit einer Freundin einen neuen Code entwickelt: den „Lauraweg". Wir fragten uns dann immer wieder selber, private Lebenssituationen betreffend: „Wie würde Laura jetzt reagieren?" Und dann war alles leicht. Luftig und voller Liebe.

Und wie reagierte Karma auf meinen Vorschlag mit dem Sozialpokal? Erraten, natürlich konnte man das nicht machen, das war im Lehrplan nicht vorgesehen. Und so erfand ich daraufhin – denn diese Laura würde einen Pokal bekommen, dafür stand ich persönlich ein – einen „Sozialkompetenz-Pokal" für jedes Kind. So bekam jedes Kind eine Herausforderung zu bewältigen. Jedes musste sich in einem Punkt der Persönlichkeitsentwicklung bis zum Schulschluss verändern. Die eine hatte die Aufgabe, still zu sein, wenn andere redeten, der andere sollte nicht mehr schreien oder, sobald er es merkte, sofort damit aufhören, die andere sollte mehr teilen, die andere die MitschülerInnen loben (sie war von Neid den anderen gegenüber geradezu besessen gewesen), also alles Themengebiete, die den SchülerInnen schwer fielen. Das ging über fünf Monate und immer wieder wurde Zwischenbilanz gezogen. So mussten die SchülerInnen immer wieder selber reflektieren: „Habe ich mich verbessert?" Das mussten sie dann im Sitzkreis vor den anderen beantworten und anschließend gaben wiederum die MitschülerInnen ihr Feedback, wie sie den anderen erlebt hatten (Selbstbild, Fremdbild). Mit dem Endergebnis, dass am Schulschluss alle Kinder einen Pokal bekamen: Jeder hatte auf seinem Pokal eine eigene Gravur oben stehen: z.B. „Laura, 1. Rang im Trösten", oder „Julian, 1. Rang im Zuhören", oder „Fatima, 1. Rang im andere Loben" – jeder hatte einen 1. Rang, weil jeder in irgendeinem Gebiet der oder die Beste war.

Und dieser Moment der Pokalübergabe war das Erhebendste, was ich das ganze Schuljahr über erlebt hatte. Alle standen auf ihren Stühlen, schwangen ihren Pokal in der Luft und tranken Orangensaft aus demselben, „weil das die Rennfahrer ja auch immer so machen ...!"

In diesem Sinne plädiere ich dafür, wenn wir schon bei unserer Leistungsgesellschaftidee bleiben wollen, dass wir wenigstens die Inhalte, die als Leistung gelten, erweitern und sie nicht auf Mathe, Deutsch und Fremdsprachen beschränkt belassen! Fördern wir doch unsere Kinder in allen Belangen der Persönlichkeitsentwicklung, der Emotionalen und Sozialen Kompetenz und lehren wir sie, was es heißt, glücklich zu sein, und wie man selber für sein Glück sorgen kann. Denn Glück ist keine Glückssache! Man kann und muss dafür etwas tun! Und was will man im Leben mehr, als glücklich zu sein? Und wenn man das schon als Kind lernen kann, bitte wie viel Unglück bleibt uns dann im weiteren Verlauf des Lebens erspart?

Deswegen plädiere ich zum Abschluss des Kapitels „Was fordert unsere Leistungsgesellschaft noch alles von uns?" für mehr Herz im Leben von uns Menschen. Dafür, dass nicht nur Leistung, so wie wir sie bis dato definiert haben – Leistung in Form von wissenschaftlichem Können und Wissen und den Normen einer Gesellschaft zu entsprechen –, von Wert ist, sondern dass wir auch wieder die Werte „Soziale und Emotionale Kompetenz" und vor allem sein „Herz zu bilden" als anzustrebende Werte unserer Gesellschaft ansehen. Dass wir als Gesellschaft mal öfter unseren vergleichenden Verstand, unseren Verstand, der immer der beste sein will, hintanstellen zugunsten einer immer wichtiger werdenden Herzensbildung. Und damit ein „Herzmensch" wieder mehr an Wert und mehr an Ansehen in der Gesellschaft genießt, muss das als Schulnote ins Zeugnis aufgenommen werden. Denn nur so begreifen wir Leistungsgesellschaftler, dass Herzensbildung genau so wichtig ist wie Mathe und Deutsch!

„Man sieht nur mit dem Herzen gut. Das Wesentliche ist für die Augen unsichtbar."

Oder: Wie „schön" wären wir in Wirklichkeit, würden wir uns mehr mit dem Herzen betrachten?

Kennen Sie das Buch „Der kleine Prinz"
von Antoine de Saint-Exupéry?

Wir alle leben doch in einer Welt, in der wir sofort alles in „richtig" und „falsch" einteilen und bewerten. Sie erinnern sich? In der eine Lehrerin im Werkunterricht ein künstlerisches Werk eines Schülers in die Kategorie „falsch" einteilt, weil das Kind ihrer Meinung nach die „falsche Farbe" verwendet hat? Wenn diese Farbe Ausdruck der individuellen Persönlichkeit dieses Schülers ist, wer hat dann das Recht zu sagen, diese Farbe wäre „falsch"? Ihm zu vermitteln, er sei „falsch"? Oder entsinnen Sie sich vielleicht Ihrer eigenen Kindheit, wo es den ganzen Tag lang hieß: Nein, mit dem Telefon ruft „man" nur jemanden an! Damit anderweitig zu spielen ist „falsch"! (Stellen Sie sich vor, die Erfinder des iPhone hätten so gedacht! Dieses Gerät wäre niemals erfunden worden, wenn man mit einem Telefon „nur" telefoniert!); oder: Mit dem Basketball spielt man nur Basketball! Damit Volleyball zu spielen ist „falsch"! (Jede gute Volleyballmannschaft trainiert Volleyball auch mit Basketbällen, weil dann ein Volleyball wie eine Feder in der Hand liegt.) Oder: Du musst jede Klasse positiv abschließen! Das ist „richtig"! (Vielleicht findet ein Schüler gerade im Wiederholungsjahr die „Erleuchtung" seines Lebens …); oder, oder, oder …

Ich persönlich glaube nicht an ein allgemein gültiges „Richtig" und „Falsch". An allgemeine Dogmen, die für jeden Menschen auf dieser Welt in der gleichen Weise gelten. Jeder Mensch ist eine ganz spezielle, einzigartige Persönlichkeit. Ist eine Frau in Physik ein As, gibt es einen Mann daneben, der Physik hasst und dafür Kochen liebt, und wieder ein anderer reist für sein Leben gerne und macht sein Hobby zum Beruf, indem er einen Reiseführer schreibt. Es gibt nichts, was es an Können und Nicht-Können nicht gibt. Jeder Mensch unterscheidet sich in seinem Können und in seinen Interessen so sehr vom anderen, dass man wirklich sagen kann, kein Mensch ist gleich wie der andere! Jeder ist völlig einzigartig in seinem Sein, in seinem Wesen, in seinem Können und in seinen Interessen.

Und dann gehen wir aber her und zwingen uns selber in ein „einzig wahres" Körperkorsett, das für alle Individuen dieser Welt in gleichem Maße gelten soll! Wir dürfen uns im Wesen, in den Berufen, in den Geschmäckern und in den unterschiedlichen Interessen unterscheiden. Und wir fördern uns auch in unserer Individualität in all den erwähnten Bereichen. Und dann fordern wir aber gleichzeitig: „Es gibt nur einen einzig wahren Körper!" Für all unsere Unterschiedlichkeit darf es nur einen einzigen „wahren" Körper geben?

Den Körper, der „jung und schlank" ist!

Ich glaube, unser aller nächster Lernschritt könnte sein, dass wir anfangen, uns selber und jedem anderen gegenüber einzugestehen, dass jeder Mensch auch seinen ganz eigenen, individuellen Körper hat. Und dass sich dieser auch unentwegt verändert. Dicker wird, abnimmt, älter wird, an Falten zulegt. (Es nehmen ja auch die Charme- und Lachfalten für eine positive Ausstrahlung zu!) Und dass keiner dieser Körper „richtiger" oder „falscher" ist. Denn jeder hat seinen Körper,

186

den er gerade jetzt in seinem Leben braucht. Den Körper, der ihm sein Leben, sein Denken und seinen Lebensstil widerspiegelt. Ist jemand mal runder, braucht er vielleicht gerade besonders viel Schutz. Soll man diesem Menschen diesen für ihn notwendigen Schutz herunterreißen? Was soll das bringen? Wenn er den Schutz braucht! Oder ist jemand mal ganz dünn, vielleicht steht er oder sie gerade recht dünnhäutig im Leben und zeigt dies mit seinem Körper. Aber braucht es dazu Bewertungen? Verurteilungen? Helfen uns die Bewertungen und Verurteilungen unserer Körper im Leben weiter? Ich denke doch, das kann mit einem klaren Nein beantwortet werden.

Und darum plädiere ich dafür, dass es unser aller Ziel wird, dass wir lernen, aus dem „Richtig"-und-„Falsch"-Denken auszusteigen. „Richtig" im Jahre 2012 ist, wenn man „schlank und jung" ist. „Falsch" ist alles andere: Dick, mollig, nicht superschlank, etwas rund, sehr rund, ein bisschen mollig ... einfach alles außer superschlank, und dann natürlich: alt. Nun, alt ist „man" aber schon spätestens ab dem 40. Lebensjahr. Jetzt hat aber jeder von uns eine Lebenserwartung von bis zu 80 Jahren und darüber. (Mein Großvater wurde im Sommer 99.) Das heißt im Klartext, wir sind ab der Hälfte unseres Lebens alt und damit „falsch"! „Sollen unter diesen Umständen diese Dogmen weiterhin unser Leben bestimmen?", frage ich Sie jetzt!

– Ein guter Freund von mir, 46 Jahre alt, erzählt mir gestern, er habe letztes Wochenende mit einer 58-Jährigen herumgeknutscht. Entspringt mir ein „Wow!" aus meinem Mund und er entgegnet prompt: „Sie hatte aber eine gute Figur!" Sehen Sie, wie wir geprägt sind? Ich bin doch die Letzte, die so etwas verurteilen würde, im Gegenteil, ich war begeistert. Ein anderer Freund erzählt mir vor einem Monat: „Ich habe eine Frau kennen gelernt! Ein gutes Gestell hat sie!" Ja wenn das alles ist, was Mann braucht ... –

– Oder erinnern Sie sich, im Sommer 2008 tauchten auf einmal Bikinifotos von der Frau von Pierce Brosnan (007) auf, und überall titelten die Schlagzeilen mit: „Was für eine dicke Frau hat denn Pierce Brosnan an seiner Seite? Der soll sich schämen!" So im Sinne von, so eine dicke Frau kann man als berühmter Mann doch nicht lieben! Und was tat er? Er gab eine Pressekonferenz, in der er der ganzen Welt kundtat, dass er jedes Pfund an ihr liebe! Wo sind wir denn gelandet mit unserer Welt, wenn ein Star sich dafür rechtfertigen muss, wen er liebt? Nur weil sie den Dogmen nicht entspricht! Und weil er damit, dass er eine Frau liebt, die den Dogmen nicht entspricht, genauso den heutigen Schönheitsdogmen gegenüber Widerstand leistet? –

Wenn ich dafür plädiere, dass wir aus diesem „Richtig"-und-„Falsch"-Denken aussteigen, wie soll das dann in die Praxis umgesetzt werden? Nun, nach langem hin und her Sinnen habe ich dazu ein wunderschönes Bild gefunden:

Ich stelle mir vor, ich habe in meinem Inneren einen Lift. Und dieser Lift steht bei unserer vom Verstand geprägten Lebensweise meistens in der Kopf- bzw. Verstandes-Etage. Wenn ich mich nun vor einen Spiegel stelle, während mein Lift in der Verstandes-Etage weilt, fängt der Verstand alsgleich zu bewerten und zu urteilen an über das, was er im Spiegel sieht. Da der Verstand zeitlebens gelernt hat, dass „jung und schlank" „richtig" und alles andere „falsch" ist, bekam ich von meinem Verstand seit zwei Jahren ununterbrochen nur Abwertungen und Kritik zu hören. Und obwohl ich die Jahre zuvor 15 kg weniger hatte, gab es nichtsdestotrotz selten Tage, an denen mir mein Verstand einfach fröhlich entgegenstrahlte und meinte: „Hilde, du bist einfach nur schön!" Das bedeutet, unser Verstand will „gut" sein, er will alles Gelernte „richtig" machen. Und das heißt wiederum, dass wir vor dem Spiegel immer nur verlieren können, wenn wir dem Urteil unseres Ver-

standes folgen, denn der Verstand hat diese Dogmen gelernt, verinnerlicht und kann sie nackt und rückwärts gleichzeitig in Russisch, Spa-
nisch und Englisch herunterbeten: „Du bist dick!"

– Die Victoria Beckhams unserer Zeit, die Frauen, die überhaupt nichts
mehr essen, vermehren sich ja wie Motten im Speiseschrank. In Hollywood eine Jeans in Größe S zu wollen gilt inzwischen als peinlich, es
muss wenigstens die Null-Größe sein, diejenige, die eine Nummer
unter S liegt –

… und: „Da hast du Falten, Cellulite und Altersflecke!" Ab 40 haben
Sie keine Chance mehr!

– Letzten Sommer habe ich eine Woche mit einer Freundin B. im Nen-
zinger Himmel verbracht, einer Alm am schönsten Platz der Welt; sie, im
etwa gleichen Alter wie ich fängt eines Abends zu jammern an, sie habe
schon so viele Falten um die Augen und da am Kinn und überhaupt, ihre
Krähenfüße … Ich schwöre, ich wusste nicht einmal, was Krähenfüße
sind, ich hatte mir auch noch nie darüber Gedanken gemacht, ob ich Falten habe. Und was passierte? In der darauf folgenden Woche ertappte ich
mich zuhause vor dem Spiegel mich dahin gehend inspizierend, wie es
wohl mit meinen Falten aussehe. Und da habe ich gemerkt, wie leicht der
Verstand lernt. Der hat mit B. gelernt, es sei etwas Schlechtes, wenn man
Falten habe. Folglich hat er mich alsdann auch gleich darauf hingewie-
sen, doch hie und da etwas dagegen zu unternehmen! Zum Glück bin ich
wenigstens in diesem Thema sattelfest und ließ meinen Verstand alsdann
von neuem lernen, dass ich auf meine Falten stolz bin und dass es da niemals etwas zu kritisieren geben wird, da ich mit meinen Falten mein
Leben eingraviere und mir dieses Faktum gefällt! Und siehe da, diese
Botschaft ist gelandet. Aber sehen Sie, wie schnell man gehirngewaschen
ist, wenn man nicht absolut auf der Hut ist? –

Nun denn, wenn dem so ist, dass der Verstand erstens so schnell lernt und zweitens alles nur in „richtig" und „falsch" einteilt, wie können wir diesem ständig „Beurteilt-werden-Leben" trotz alledem entgehen? Dazu habe ich für mich eine wunderbare Methode entwickelt:

Ich stelle mir eben diesen meinen Lift vor, wie er im Verstandesgeschoß steht. Und dann stelle ich mir vor, wie ich den Liftknopf mit dem Ziel „Herzgeschoß" drücke. Alsbald, wenn ich diesen Knopf betätigt habe, schließen sich die Lifttüren und der Lift fährt vom Verstandesgeschoß einen Stock tiefer hinunter in das „Herzgeschoß". Und kaum gehen die Lifttüren im „Herzgeschoß" wieder auf, spüre ich, wie es warm wird. Ich spüre die ganze Wärme meines Herzens, die sich überall dort ausbreitet. Und ich sehe die warmen Farben, die überall im Herzbereich strahlen, und dann spüre ich, wie die Wärme immer größer und weiter wird. Und bald darauf spüre ich, wie sich all die Wärme in Liebe umwandelt: in Liebe für mich selber. Und genau dann, erst in diesem Moment, wenn ich die Liebe für mich selber spüre, gehe ich aus diesem Lift heraus und trete im realen Leben vor meinen Spiegel. Und in diesem Moment, wenn ich mich im Spiegel anschaue, betrachte ich mich nur noch mit meiner Wärme im Herzen, mit der Liebe für mich selber. Und wenn ich mich mit meinem Herzen anschaue, dann bin ich schön! Immer! So etwas von schön! Und dann bin ich sexy! Dann bin ich eine erotische Frau mit vielen individuellen Rundungen, dann bin ich eine sexy, wunderschöne, liebenswerte Frau von 49 Jahren mit der Ausstrahlung einer jungen, lebensfreudigen Frohnatur!

 **„Liftfahren-ins-Herzgeschoß"**-Übung:

Meditation auf Seite 200

Nun, wie bin ich darauf gekommen? Ich bin auf diese Herangehensweise gestoßen, als ich irgendwann an den letzten Sommer dachte, in dem ich mich Hals über Kopf in einen Mann verliebt hatte, der sicher an die 180 kg wog. Und ich muss gestehen, das war eine völlig neue Erfahrung für mich gewesen, denn ich hatte immer große, schlanke und junge Partner an meiner Seite gehabt. Also Männer, die allen Dogmen entsprachen. (Mein letzter Partner war gar elf Jahre jünger als ich!) Und dann stand ich letzten Sommer auf einmal da und liebte einen „dicken" Mann. Und wissen Sie, was das Beste war? Er gefiel mir. Ich liebte jedes Gramm und jedes Kilo an ihm. Es wäre mir nicht im Traum eingefallen, ihn nicht zu lieben, nur weil er nicht den Dogmen entsprach. Ich liebte ihn. Und somit auch seinen Körper. Und warum konnte ich das? Weil ich ihn mit meinem Herzen betrachtete. Bei einem Menschen, den man wirklich liebt, fragt man sich nicht, warum er seine Altersflecke an der Hand nicht wegätzen lässt, oder warum er nicht seine Schlupflider korrigieren lässt, und warum er nicht 20 kg abspeckt, dafür aber nie mehr mit dir gemütlich und romantisch essen geht. Man tut das nicht, weil man ihn liebt. Und wenn man jemanden liebt, dann betrachtet man ihn mit dem Herzen. Und da kam mir die Idee, wenn ich jemand anderen mit dem Herzen betrachte, warum kann ich das bei mir selber nicht auch so machen? –

Und sehen Sie, das funktioniert! Man kann sich selber genauso mit dem Herzen betrachten. Wenn man die Liebe für sich selber vorher spürt. Da wir das alle nicht unbedingt gelernt haben, uns selber zu lieben, gibt es diese einfache Übung mit dem Lift. Ich kann Ihnen versichern, mich selbst zu lieben ist eine der größten Herausforderungen in meinem ganzen Leben überhaupt! Ich kann meine Kinder lieben, von ganzem Herzen, meine Freunde und Freundinnen, meine KundInnen, alle – aber mich? Genau das ist das Schwierigste überhaupt! Und immer wieder, wenn ich merke, oh lala, mein Verstand lässt grüßen, halte ich inne und mache die Liftübung. Niemand merkt, wenn ich innerlich schnell Lift fahren gehe. Egal ob zuhause oder im Alltag oder schnell auf dem Klo während einer Sitzung, man ist so schnell unten im „Herzgeschoß". Probieren Sie es mal aus! Und ich versichere Ihnen, ich habe gar nicht gewusst, wie schön es sein kann, das Leben, wenn man sich selber einfach liebt. Denn dann liebt man die anderen automatisch mit und das Leben an sich… Man begegnet der Welt mit dem Herzen. Keine Bewertungen mehr, kein „Richtig" und „Falsch" mehr, keine Verurteilungen mehr, man darf nur noch „sein".

Inzwischen glaube ich ja, der Verstand ist super! Er ist nicht unser Feind, er ist supergenial, wenn er so schnell lernt. Nur braucht er eine neue Führung. Eine neue Sichtweise, was unser Aussehen anbelangt. Und da kann er vom Herzen sehr viel Neues lernen! Und das wird er auch, wenn wir selbst das so entscheiden und wollen! Denn der Verstand hört letztendlich darauf, was wir ihm diktieren. Und wenn wir hergehen und ihm ganz bewusst mitteilen: „Du bist jetzt zwar noch gehirngewaschen, aber ich entscheide mich jetzt ganz bewusst dafür, aus dieser ‚Für-immer-jung-und-schlank-Sekte' auszusteigen und mich und andere mit dem Herzen und mit Liebe zu betrachten!", dann lernt das unser Verstand genauso schnell und unterstützt uns in dieser neuen Sichtweise der Welt.

Und weil ich das nun schon eine geraume Weile selber praktiziere, weiß ich, dass jeder Mensch, den man mit dem Herzen anschaut, wunderwunderschön ist!

ICH WEISS (und wissen kommt vom Verstand! Sprich, mein Verstand hat schon gelernt!) INZWISCHEN, JEDER MENSCH IST SCHÖN! JEDER! AUF SEINE GANZ INDIVIDUELLE, UNTERSCHIED-LICHE ART:
Der eine runder, die andere dünner, der eine ganz dünn, die andere ganz rund. Und dieser Zustand, der „im Moment" ist, und das ist noch einmal ein wichtiger Aspekt, wird wieder nicht zu einem neuen Dogma erhoben. Das heißt, wenn ich jetzt rund bin, dass ich rund blei-

ben muss. Ich kann jederzeit ganz dünn werden und ich kann wieder rund werden, wie ich es von der Lebenssituation her brauche. Denn

… WENN ICH MICH IN JEDEM MOMENT MEINES SEINS, OB ICH RUND ODER DÜNN ODER WIEDER RUND ODER FALTIG UND SCHEINBAR „ALT" BIN, MIT DEM HERZEN ANSCHAUE UND MICH MIT LIEBE BETRACHTE, DANN BIN ICH – UND JEDER ANDERE: EINFACH NUR SCHÖN ! ! !

Ich bin schön, wenn ich dünn bin, ich bin schön, wenn ich rund bin. Ohne Ziel! Ohne Wertung. Ohne „Dünn ist richtig!", „Rund ist falsch!", „Alt ist falsch!", „Jung ist richtig!"

Raus aus diesen Bewertungen, rein in die Liebe!

Wenn man das schafft, wenn man es lernt, sich selber mit dem Herzen anzuschauen, dann hat man gewonnen! Dann geht's nicht mehr um Beurteilungen und Bewertungen, dann geht's nur noch um liebevolles Hinschauen: Wer bin ich? Wer ist der andere?

Und dann brauche ich auch keinen Vergleich mehr mit den anderen. Dann brauche ich keinen Vergleich mehr dahingehend, wer hat das schnellere Auto, wer hat den größeren Status, wer hat mehr Geld? Welche Freundin ist dünner als ich? Welcher Mann hat einen breiteren Brustkorb? Das ist mit dem Blick vom Herzen aus betrachtet egal! DAS HERZ VERGLEICHT NICHT! Der Verstand vergleicht ununterbrochen: Was hat der andere? Was habe ich nicht? DAS HERZ LIEBT. Und das Herz vergleicht nicht. In dem Moment, wo ich mich liebevoll anschaue, ohne mich mit anderen zu vergleichen, bin ich voller Liebe und bin ich schön und ist jeder andere Mensch, der mir begegnet, auf seine ganz individuelle Art und Weise schön:

ICH BIN. ALSO BIN ICH SCHÖN!

Nun, wie kommen Sie zur Selbstliebe?

Wozu Selbstliebe?

Weil ich daran glaube, dass jedes Menschen Aufgabe darin besteht, jetzt und hier auf unserer Erde glücklich zu werden und glücklich zu sein.

Behauptung Nr. 1:
Wer sich selber rundum liebt, ist glücklich.

Behauptung Nr. 2:
Glücklich ist ein Mensch, wenn er selbst über sein Leben bestimmen kann. Wenn er sich stark, kraftvoll und frei fühlt.

Behauptung Nr. 3:
Ein Mensch fühlt sich stark, kraftvoll und frei, wenn er sich selber liebt. Es gibt keine größere Freiheit als diejenige, die daraus resultiert, wenn man sich selber ohne Wenn und Aber liebt und annimmt. Wenn man sein Tun und Handeln selber wertschätzt, wenn man sein Aussehen liebt, wenn man über sich selber denkt, dass man ein liebenswertes Wesen ist, wenn man sich über all seine Fähigkeiten und Begabungen freut und seine Schwächen als gegeben und genauso liebenswert betrachtet. Wenn man so lebt, sind alle Kräfte freigelegt. Man ist mental und körperlich stark, und man ist frei von jeglichem Krieg in seinem Kopf und in seinem Herzen, sprich: man lebt in innerem Frieden.

Behauptung Nr. 4:

Wer sich selber liebt, ist unabhängig von der Bestätigung anderer, ist frei von den Bewertungen und Urteilen der Gesellschaft. Und somit auch frei von allen Zwängen und Dogmen unserer Zeit. Denn wer sich selber liebt, spürt sein eigenes Herz und kreiert sein eigenes neues Wertesystem. Ein Wertesystem, das an der Liebe im eigenen Herzen anknüpft.

Behauptung Nr. 5:

Selbstliebe ist die neue Droge, die Frieden auf der ganzen Welt bringt. Wer sich selber liebt, ist in tiefem Frieden mit sich selbst und damit automatisch mit der ganzen Welt.

Im folgenden Kapitel lade ich Sie ein, sich die verschiedenen Übungen anzuschauen. Manche wurden noch nicht erwähnt, von manchen haben Sie vorne im Buch schon gelesen und diese werden genauer erläutert. Und wenn Sie mögen, können Sie die eine oder andere Übung selber ausprobieren. Ich wünsche Ihnen viel Spaß dabei!

14 Übungen

 **1. ICH-ANERKENNE-MICH-SELBER-ÜBUNG:**
Schenken Sie sich fünfmal täglich selber anerkennende Worte,
die Sie LAUT zu sich selber sagen.

„Anna, du bist jetzt in diesem Streit ganz ruhig geblieben. Das hast du SUPER GEMACHT!"
„Peter, am liebsten hättest du jetzt deinen Job hingeschmissen und deinem Chef gesagt, was für ein inkompetenter Esel er ist. Und du bist sitzen geblieben und hast ruhig weitergearbeitet. Peter, ich bin BEEINDRUCKT von dir!"
„Julia, du hasst Hausarbeit. Und jetzt hast du trotz allem die ganze Wohnung inklusive Klo geputzt. Ich BEWUNDERE DICH dafür!"
„Werner, du ekelst dich davor, deiner Kleinen die Windeln zu wechseln. Und du hast es gerade gemacht, um deiner Frau eine Freude zu bereiten. Das finde ich GROSSARTIG von dir!"
„Laura, du warst heute beim Frisör. Ich finde, das war eine geniale Entscheidung! Denn du schaust jetzt UMWERFEND aus!" ♥

Warum diese Übung?
Vor ein paar Monaten entdeckte ich, dass ich süchtig nach Anerkennung von außen war. Wie ich darauf gekommen bin? Ich hatte immer wieder Frauenfreundschaften, in denen ich mehr gegeben habe, als jemals zurückgekommen ist. Kennen Sie diese ungleichen Treffen, wo die eine stundenlang verbalen Müll auskippt und dann mit einem Lächeln aufsteht: „So jetzt geht's mir wieder gut. Und dir? Dir geht's eh gut, oder? Na ja, ich muss leider …"? Und ich saß dann immer da wie ein Vollidiot. „Nein, mir geht's nicht so besonders, ich hätte dich

auch gerne um Rat gefragt …" Aber dafür war es halt schon zum 597.mal wieder zu spät gewesen. Ja und vor ein paar Monaten habe ich entdeckt, womit ich immer käuflich gewesen war: mit Anerkennung. Wenn diese Freundin nur ein- oder zweimal etwas von mir anerkannte oder lobte, war ich innerlich schon so dankbar, dass ich für die nächsten zwei Stunden mundtot gelegt war. Und als mir das bewusst wurde, habe ich diese Ich-anerkenne-mich-selber-Übung erfunden und täglich konsequent fünfmal gemacht. Ich bin frei geworden. Wenn mir keiner im Außen ein Kompliment macht, mache ich es selber. Ist doch egal, wer es sagt, Hauptsache, ES wird gesagt. Hauptsache, die Leistung wird anerkannt. Die neue schöne Frisur wird wahrgenommen. Wenn es sonst niemand bemerkt, ich habe es selber bemerkt und mich laut dafür anerkannt. DAS MACHT UNABHÄNGIG! Und diese Müllabladefreundinnen gibt es nicht mehr, weil ich mich selber liebe. Also kann ich nur noch Freundinnen haben, die mich auch lieben, sehen und annehmen.

Wer sich liebt, schenkt sich immer wieder LAUT Anerkennung!

2. STILLE-ÜBUNG:
Nehmen Sie sich jeden Tag fünf Minuten Zeit für's Still-Sein.

Halten Sie einmal pro Tag inne und sitzen Sie einfach da und spüren sich selbst. Kein Handy, kein Radio, keine Zeitung, nur Stille, Nichts: Spüren Sie dabei in sich selber hinein. „Hallo ich! Wie geht's mir denn grad?" Spüren Sie zu Ihrem Herzen hin. Will es Ihnen etwas sagen, mitteilen? Gibt es eine Information für Sie, die Sie wissen sollten? Das Herz oder das Unterbewusstsein, oder wie auch immer man diese Instanzen nennen möge, weiß immer mehr als unser Verstand. Denn der Verstand ist eindimensional, er sieht und hört nur äußerliche Signale. Das Herz oder das Unterbewusstsein nimmt intuitiv wahr. Das heißt, es sieht, hört und spürt auch Botschaften, die hinter der äußerlichen Maske des Gegenübers mitgesendet werden. Und das Herz spürt, was Sie in Wirklichkeit brauchen. Was Ihnen abseits der dogmatisierten Leistungsgesellschaft wirklich gut tut. Was Sie glücklich macht. Wenn Sie sich jeden Tag einmal Zeit nehmen, nach innen zu hören, was Ihr Herz sagt, dann kommen Sie sich selber nahe UND Sie wissen auch alles darüber, was Ihr Herz oder Unterbewusstsein im Laufe des letzten Tages alles an zusätzlichen Informationen gesammelt hat. ❤

Wer sich liebt, hört auf sein Inneres, auf sein Herz!

 3. ICH-BEREITE-MIR-FREUDE-ÜBUNG:
Sorgen Sie dreimal pro Tag selber ganz bewusst dafür, dass Sie sich von Herzen freuen.
Wenn Sie nicht wissen, wie Sie sich eine Freude bereiten können, machen Sie die Stille-Übung (Nr. 2) und fragen Sie in Ihrem Herzen nach. ❤

Ich habe gerade ein paar wahnsinnige Tage hinter mir. Mein Internetprovider hat meine Homepage über Nacht mit allen Daten und Dateien ohne Vorwarnung gelöscht. Ich bin auf meiner Mailadresse seit einer Woche nicht mehr erreichbar und jahrelange Arbeit ist einfach weggelöscht, alle Kritiken, Presseartikel und Fotos vernichtet. Bis gestern habe ich mich geärgert, war verzweifelt, entsetzt, enttäuscht, die Tonleiter aller traurigen Gefühle rauf und runter – und heute habe ich beschlossen, mich wieder des Lebens zu freuen. Denn wer ist die einzige Person, die den Unterschied spürt, ob ich mich ärgere oder freue? Die absolut einzige Person, die genau diesen Unterschied spürt, bin: ICH. Dieser in Konkurs gegangene Provider spürt nicht, ob ich mich ärgere, ob ich „Ihn-vernichten-zuwollen-Phantasien" hege, er freut sich des Lebens, also habe ich heute beschlossen, dann freue ich mich auch wieder meines Lebens. Und so habe ich mir gerade vor einer Stunde einen riesigen Strauß rosaroter Rosen gekauft. Und dieser heutige Tag wird damit weitergehen, dass ich mich selber zum Mittagessen ausführe, dass ich am Nachmittag eine halbe Stunde in meiner Hängematte Pause machen werde und dass ich mich heute Abend in der Bandprobe darüber freuen werde, dass diese 17-jährigen Jungs freiwillig mit mir (immerhin bin ich schon mehr als doppelt so alt wie jeder einzelne von ihnen, und immerhin spiele ich nicht mal halb so gut meinen E-Bass, wie sie das Schlagzeug, die Gitarre und das Klavier zum Erblühen bringen) auf die Bühne gehen und mit mir gemeinsam Songs von Metallica, Guns N' Roses und Red Hot Chili Peppers zum Besten geben. Ja, darüber werde ich mich heute Abend ein drittes Bein freuen! Bitte wer hat mit 49 noch so eine Chance!

Wer sich liebt, bereitet sich selber Freude!

4. ICH-SCHAUE-MICH-IM-SPIEGEL-SCHÖN-ÜBUNG:
Stellen Sie sich jeden Tag einmal nackt vor den Spiegel und beschreiben Sie mindestens drei Körperstellen, die Ihnen ganz besonders gut an sich selber gefallen!

„Hilde, du hast so schön geformte Knöchel!"; „Herbert, ich mag deine muskulösen Oberarme sehr gerne!"; „Helene, mir gefallen deine vollen Lippen so gut!"

Und das können Sie von Woche zu Woche steigern, wenn Sie Spaß daran finden. Sollten Sie sich bei dieser Übung schwer tun, machen Sie vorher die Liftübung (siehe nächste Übung).

Wer sich liebt, findet sich selber schön!

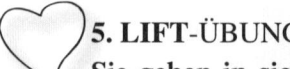

5. LIFT-ÜBUNG:

Sie gehen in sich selber Lift fahren: Sie fahren vom „Verstandesgeschoß" hinunter in das „Herzgeschoß", um „das Wesentliche mit dem Herzen sehen zu können …" ♥

Diese Übung ist vor allem deshalb sinnvoll, weil wir in der westlichen Welt darauf getrimmt sind, alles mit unserem Verstand wahrzunehmen, zu beurteilen, zu bewerten und dann einzuteilen in die Kategorien: richtig/falsch, schön/hässlich, gut/böse, etc.

Diese Art des Wahrnehmens hat aber nichts mit Liebe, Wärme und Wohlwollen zu tun. Und damit wir uns in der „Art des liebevollen Wahrnehmens" üben, gibt es diese Lift-Übung.

Tipp: Vielleicht finden Sie jemanden, der Ihnen diese Phantasiereise langsam und in Ruhe vorliest, oder nehmen Sie sich selber auf Tonband auf: Denn wenn Sie sich die Zeit nehmen, diese „Reise" einmal ganz zu machen, dann haben Sie diese Lift-Übung so tief verinnerlicht, dass es Ihnen im Alltag jederzeit möglich sein wird, innert Sekunden in Ihren imaginären Lift zu steigen und ins Herzgeschoß zu fahren. Sehr zu empfehlen unter anderem, wenn Sie sich gerade mit jemandem streiten, wenn Sie sich selber im Spiegel betrachten und sich zu kritisieren und beurteilen beginnen, einfach immer wenn Sie in einer Situation merken, vielleicht wäre die Welt jetzt „mit den Augen des Herzens" betrachtet viel schöner anzuschauen.

Liftfahren ins Herzgeschoß:

„Setze oder lege dich an einem ruhigen Ort hin, lass deine Augen zugehen und spüre, wie dein Atem ganz von selbst in dich hinein fließt und dann wieder ganz von selbst wieder aus dir heraus fließt … Du lässt alles los, wie in der Nacht, wo dein Körper ganz von selbst atmet … Du spürst, wie der Atem in dich hinein fließt und wie er wieder aus dir heraus fließt, es atmet dich … und dann, irgendwann, lade ich dich ein, dass du mit deiner Aufmerksamkeit zu deinem Verstand gehst. Wie fühlt es sich dort an? Ist es warm? … Ist es kalt? … Ist es eng? … Ist es weit? … Gibt es etwas zu hören? … Wenn ja, was hörst du? … Und dann, irgendwann, wenn es für dich passt, verabschiedest du dich von deinem Verstand und gehst einen Gang entlang, der zu einem Lift führt. Dort drückst du auf den Liftknopf und wartest, bis sich der Lift öffnet: Es ist ein schöner Lift. Ein wunderschöner Lift: groß, hell, mit leuchtenden Farben, vielleicht gibt's auch verspiegelte Wände, in denen sich ein romantisches Licht vervielfacht … oder sind das Kerzen, die brennen? Dann schaust du mal auf den Boden. Wie schaut der aus? Gibt es dort einen Parkettboden? Oder ist der Boden aus Marmor, aus Holz, aus einem grünen Rasen oder ist es ein einfacher Teppichboden? … Und wenn du alles gesehen hast, schaust du, wie es hier riecht. Was für einen Duft kannst du mit deiner Nase wahrnehmen? … Und dann irgendwann drückst du auf den Knopf im Lift, auf dem draufsteht: „Herzgeschoß“. Und schon spürst du, wie der Lift hinunter fährt. Und in dem Moment, in dem der Lift im Herzgeschoß ankommt und die Lifttüren aufgehen, siehst du als Allererstes ein großes Willkommensschild, auf dem zu lesen ist: „Schön, dass du da bist! Herzlich willkommen im Herzgeschoß!“ Und du spürst, was es mit dir macht, wenn du so herzlich willkommen geheißen wirst … Vielleicht freust du dich, vielleicht weinst du ein bisschen, … egal welches Gefühl kommt, du lässt es da sein … Und irgendwann beginnst du, dich umzuschauen. Wie sieht es hier aus? Welche Farben nimmst du wahr? Gibt es Gegenstände zu sehen? … Hörst du etwas? Vogelgezwitscher? Musik? Menschenstimmen? Und irgendwann spürst du, wie du wie von Liebe eingehüllt wirst. Einer Liebe, die du so vielleicht noch gar nie gespürt hast … Als würden dich all deine liebsten Menschen, die in deinem Leben sind, gleichzeitig umarmen … Wenn du magst, kannst du diese Riesenumarmung einfach eine Zeit lang genießen … Und währenddessen spürst du, wie all die Liebe von allen diesen lieben Menschen durch dich hindurchfließt, durch deine Füße, deine Beine, deine Arme, deine Hände, durch dein Becken, durch deinen Brustkorb, durch deine Schultern, durch deinen ganzen Kopf, … durch dein Gesicht, durch deine Augen … in dir und rund um dich nur noch Liebe … bis du irgendwann satt bist. Vollgetankt mit Liebe … Wenn du dieses Gefühl hast, dann siehst du vor dir einen Spiegel auftauchen. Und dann lade ich dich ein, dich jetzt in diesem Spiegel anzuschauen. Schau dich von oben bis unten an. Und spüre dabei, mit welch einer Liebe und Wertschätzung du dich anschaust. Du bist einfach nur schön! Alles an dir ist schön … Genieße dieses Gefühl von Schönsein! Spüre es bis in deine Knochen hinein … Jede Zelle und jede Stelle deines Körpers sind schön! … von ganzem Herzen schön … und irgendwann, wenn du das ganz tief in deinem Herzen spürst: dass du schön bist … jetzt, so wie du bist … dann lade ich dich ein, dass du dich von diesem Platz in deinem Herzen verabschiedest und langsam wieder hierher zurück auf deine Couch kommst, auf der du sitzt oder liegst, wieder deinen Atem spürst, der ganz von allein in dich hinein fließt … und ganz allein aus dir hinausfließt … und wenn es für dich passt, dann lade ich dich ein, dass du langsam wieder deine Augen aufgehen lässt … Und wenn deine Augen offen sind, lade ich dich ein, dass du dich jetzt hier ein wenig umschaust … Und wenn es für dich passt, dann kannst du diese Reise beenden, indem du dich selbst in die Arme nimmst und dich umarmst … ❤

Wenn Sie diese lange Version einmal gemacht haben, können Sie jederzeit die folgende Kurzversion anwenden: Egal in welcher Situation Sie sich gerade befinden – je angespannter, umso dringender –, verlassen Sie den Raum und besuchen Sie das WC. Setzen Sie sich dort gemütlich auf den Klodeckel und starten Sie:

202

**Kurzversion:** Schließen Sie die Augen, spüren Sie ihren Atem ganz von selbst ein- und ausströmen, gehen Sie dann mit Ihrer Aufmerksamkeit zum Verstandesgeschoß, steigen Sie dort in den Lift ein und fahren Sie ins Herzgeschoß. Im Herzgeschoß spüren Sie sofort, wie sich die Liebe wieder ausbreitet … und wie diese Liebe durch Ihren ganzen Körper hindurchfließt … und nach 1-2 Minuten Liebe tanken lassen Sie Ihre Augen wieder aufgehen. Und dann umarmen Sie sich zum Abschluss selbst. ❤

Sie werden sehen, nach dieser Kurz-Liftfahr-Übung sind Sie fähig, den Raum, die Menschen oder auch sich selber mit Liebe und mit Ihrem Herzen zu betrachten. Und dann werden, von Ihnen ausgehend, für ALLE ganz neue Lösungen und Verhaltensweisen möglich. Denn Liebe ist Macht. Glauben Sie mir, diese Macht ist großartig. Mit der Macht der Liebe wird alles neu. Denn in der Liebe gibt es kein Rechthaben mehr, die Liebe braucht nicht einzuteilen in richtig und falsch, die Liebe will, dass ALLE glücklich sind …

Diese Kurzversion ist auch eine Superübung, wenn Sie vor dem Spiegel stehen und gerade beginnen, sich und Ihr Aussehen zu kritisieren. Halten Sie inne, gehen Sie kurz innerlich Liftfahren, und Sie werden sich danach mit Liebe im Spiegel betrachten. Und mit Liebe betrachtet ist jeder Mensch schön, ist jede Falte im Gesicht eine Liebeserklärung ans Leben, ist jedes Gramm an Ihrem Körper eine wundervolle weibliche oder männliche Rundung! Der Einzige, der das alles kritisiert, ist der Verstand, der von unserer Schönheitsindustrie gehirngewaschen ist. Und ob Sie dieser Gehirnwäsche weiterhin Folge leisten wollen, das entscheiden Sie jetzt selbst, da Sie um diese Tatsache wissen. Sie werden staunen, wie schön Sie sich, mit Liebe betrachtet, finden! Denn Sie sind schön! Genau so, wie Sie JETZT sind!

Wer sich liebt, fährt immer wieder mit dem Lift ins Herzgeschoß!

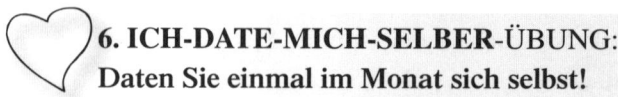

6. ICH-DATE-MICH-SELBER-ÜBUNG:
Daten Sie einmal im Monat sich selbst!

Mit so vielen Menschen trifft man sich: zum Essen, für einen Kinobesuch, zum Urlauben, Sport Betreiben und zum Sex-Machen …
Wie wäre es, wenn Sie sich allein nicht „allein" fühlen? In unserer
Gesellschaft ist es gängig, dass Menschen, die allein unterwegs
sind, oft bemitleidet werden. Die Armen haben niemanden! Die
müssen allein aufs Konzert gehen! Ich sage Ihnen, ich betreibe das
schon seit Jahren. Ich liebe es, allein auf Rockkonzerte zu gehen. In
Wirklichkeit gehe ich dort aber nicht allein hin, denn ich gehe dort
MIT MIR hin! Wissen Sie, wie schön es ist, wenn ich mich nur mit
mir absprechen muss, was ich jetzt will? Wenn ich in jeder Sekunde
aufstehen und gehen kann? Oder noch sieben Stunden dort bleiben
kann? Ich muss mich mit niemand anderem absprechen, niemand
anderer fährt in meinem Auto mit, niemand anderer hat jetzt Hunger
und ich nicht. Wenn ich mit mir weggehe, kann ich in jeder Sekunde
jedem meiner Wünsche und Bedürfnisse folgen. Das ist Luxus für
mich. Ich liebe es, mit mir auszugehen, mit mir Sport zu betreiben
… Glauben Sie mir, das Gefühl, mit sich selber sein zu können, mit
sich selber etwas anfangen zu können, sich selber etwas zu sagen zu
haben, das ist eines der erhebendsten Gefühle, die ich kenne. Möglicherweise ist das Selbstliebe pur. Also mein Vorschlag: Gehen Sie
mit sich selber ins Kino. Machen Sie mit sich selber einen langen
oder kurzen Spaziergang. Gehen Sie mit sich einen Cocktail trinken
oder einen Kaffee mit Kuchen verspeisen. Oder laden Sie sich ins
Museum oder ins Theater ein, oder … was auch immer Ihnen einfällt, genießen Sie mal ein, zwei Stunden nur mit sich selbst. ❤

Wer sich liebt, verbringt auch gerne Zeit mit sich selber!

7. ICH-KLOPFE-MIR-AUF-DIE-SCHULTER-ÜBUNG:

Habe ich etwas, egal wie Banales, gut gemeistert, klopfe ich mir selber auf die linke Schulter und sage dreimal laut zu mir: „Super, Hilde, das hast du super gemacht!"

Und das Wichtigste bei dieser Übung ist, dass Sie nicht mit den Wertmaßstäben unserer Leistungsgesellschaft messen! Denn für unsere Leistungsgesellschaft ist eine zu erwähnende „Leistung" eng abgesteckt. Gehen Sie nach Ihrem persönlichen Wesen. Das, was für SIE ganz persönlich eine Leistung ist, wird von Ihnen honoriert und führt zu einem Schulterklopfen. ❤

Ein Beispiel, damit Sie wissen, was ich meine: Vor zwei Jahren hatte ich einen Weihnachtsbaum für meine Kinder. (Ich hasse solche Weihnachtsverantwortlichkeiten, aber was macht man nicht alles, damit die Kinder glücklich sind!?) Nun, als ich die Tanne trotz meiner inneren Widrigkeiten doch zum weihnachtlichen Erblühen bringen hatte können und ich darum auf meine Leistung sehr stolz war (einen solchen Baum zur rechten Zeit zu besorgen, ihn mit genauso rechtzeitig besorgten Dingen zu schmücken und ihn noch dazu mit Kerzen und Sternspritzern bedacht zu haben, waren für mich schon ganze drei!!! Meisterleistungen), vergaß ich darauf, ihn auch rechtzeitig wieder zu entsorgen. Was am Ende dazu führte, dass ich am Vortag der hierzulande stattfindenden Erstkommunion immer noch den zwar entschmückten, aber doch dörren Weihnachtstannenbaum im Garten stehen hatte. Ich war seit Wochen überfordert, dieses Ding fortzuschaffen. Denn legte ich mein Ungetüm ins Auto, würden alsgleich Millionen vertrockneter Tannennadeln ein Fahren unmöglich machen. Wollte ich ihn persönlich in meinen Händen tragend in seine Biomüllhaldenheimat bringen, hätte ich einen Babysitter für drei Tage engagieren müssen. Ja, und der nahe gelegene normale Müllsammelplatz war Ende April,

Anfang Mai auch nicht mehr bereit für derlei Weihnachtsbaumabgaben. Das führte dann dazu, dass mein Nachbar freundlichst bei mir anklingelte und meinte, ob es vielleicht möglich wäre, diesen Baum noch heute zu entsorgen, da er morgen zum heiligen Kommunionsfeste seiner Tochter seine ganze Verwandtschaft erwarte und er dazu nicht unbedingt einen vertrockneten Weihnachtsbaum als Kulisse anbieten wolle, sprich, ob ich den Baum nicht endlich ins für ihn vorgesehene Nirwana befördern könne?! „Ja ich weiß, ich sollte schon lange …, aber ich weiß nicht, wie!" Zuerst glaubte mein Nachbar, ich verarsche ihn, denn er kannte mich von all meinen schauspielerischen Auftritten, von meinen Radiosendungen her, von meinen Vorträgen übers Genuss-Coaching®, und wolle ihm weismachen, ich wisse nicht, wie man einen Weihnachtsbaum entsorgt … Doch als er sich meiner ernsthaften Verzweiflung ob dieses für mich schier unlösbaren Problems gewahr wurde, stand er alsgleich mit einer Holzsäge im Garten und sagte mir Schritt für Schritt, was ich zu tun hatte. Und so stand ich im Garten und sägte mein Tännchen Ast für Ast entzwei, wickelte alles in ein Leintuch ein und fuhr das ganze mit dem Auto zur Biomülldeponie. Haben Sie da noch Worte? Ich weiß, „man" kann sich so etwas gar nicht vorstellen, dass jemand tatsächlich nicht imstande ist, ein solches Problem zu lösen, und doch: Bei mir war es so! Und wenn ich dann SO etwas geschafft habe, klopfe ich mir eine halbe Stunde lang auf meine Schulter und sage unentwegt: „Hilde, das hast du super gemacht!!!" Was glauben Sie, wie lange ich geklopft habe, als ich es im Jahr darauf geschafft habe, rechtzeitig daran zu denken, den Baum zum hiesigen Müllplatz gleich nach dem Dreikönigstag zu bringen?!!! Möglicherweise klopfe ich immer noch …

Oder als ich zum ersten Mal meine Belege für meine Steuererklärung ordnete … Ich konnte zwei Wochen nicht mehr schlafen, weil ich mich dermaßen überfordert fühlte. Bis ich fast heulend meinen Steuerberater anrief und ihm sagte: „Es tut mir so leid, ich kann das nicht!" Und wissen Sie, was der geantwortet hat? „Also, Hilde, als Erstes kaufst du mal eine Mappe!" Ja, ich war nicht einmal auf diese banale Idee gekommen ... Menschen sind unterschiedlich! Und jeder hat seine Stärken irgendwo anders. Zum Glück!!! Und darum plädiere ich für ein Sich-auf-die-Schulter-Klopfen, wenn man eine seiner schwächeren Seiten überwunden hat, anstatt sich selbst zu schimpfen, weil man das nicht auf Anhieb auf die Reihe bringt „so wie jeder andere"!

Diese Übung ist genauso gut für Kinder: Meine Tochter ist zum Beispiel sehr schüchtern. So schüchtern, dass sie sich jahrelang nicht getraut hat, mit jemandem zu telefonieren ... (wer mich kennt, JA, sie ist meine Tochter, JA, und ich bin ihre Mutter ... wie gesagt, jeder hat seine Stärken irgendwo anders), und das hat für sie bedeutet: Die ersten Male, als sie sich überwunden hatte, eine Freundin anzurufen, hat sie eine Meisterleistung vollbracht. Und dann bestand ich darauf, dass sie sich laut lobte und auf ihre Schulter klopfte. Das fordere ich auch von meinen Kindern ein. Ich finde, das ist Lebensschule! Denn was ist mehr wert, als seine scheinbaren Schwächen lieben zu lernen? Sich annehmen und loben zu lernen, in den Sachen, die einem nicht leicht von der Hand gehen? Und sich genauso loben zu lernen, für Sachen, die anscheinend selbstverständlich sind!

Mein letztes Schulterklopfen basierte gestern auf der Tatsache, dass ich es geschafft habe, das Fahrrad meines Sohnes zur Reparatur zu bringen ... Sie wissen schon, ich bin in solchen Dingen, die der Alltag von einem Menschen abfordert, dermaßen nicht begabt – UND ich nehme das schon lange liebevoll an, dass das für mich die Leistung des gestrigen Tages ist! Laut den gängigen Maßstäben der Leistungsgesellschaft bin ich wahrscheinlich ein Mensch mit großen Defiziten, den man psychiatrisch behandeln lassen sollte, denn wohin führt denn so was, wenn eine allein erziehende Frau schon mit solchen Banalitäten des Alltags überfordert ist. Wie gesagt, die Talente wurden unterschiedlich vergeben. Als ich an der Reihe war, war für das Meistern der „Banalitäten des Alltags" sicher nicht mehr viel übrig … (kochen; wie oft stehen meine Kinder mittags nach der Schule vor mir, schauen mich mit hungrigen großen Augen an und ich muss ihnen und mir eingestehen, dass ich schon wieder die Zeit zum Kochen übersehen habe; einkaufen; zum Arzt gehen: Das scheitert immer daran, dass ich nicht weiß, welcher Arzt für diese Sache überhaupt zuständig ist. Und wenn ich das nach Wochen zu eruieren geschafft habe, kommt die nächste Aufgabe, wo finde ich so einen, und dann verbringe ich wieder Wochen damit, ihn dann auch noch orthografisch zu finden … Was bleibt mir da anderes, als mich auch dafür zu lieben?

Wer sich liebt, lobt sich selber und klopft sich auf die Schulter gerade, wenn es sich um vermeintliche Schwächen handelt …

 8. MORGENS-VOR-DEM-AUFSTEHEN-ÜBUNG:
Ich drehe mich morgens IMMER, noch in meinem Bett liegend, auf den Rücken, lege meine Hände neben meine Hüften und sage mir vor dem ersten Aufstehen dreimal: **„Ich spüre, wie eine Kraft voller Energie, eine Kraft voller Weisheit, eine Kraft voller Liebe und eine Kraft voller Glückseligkeit (wenn es Thema ist, auch noch eine Kraft voller Gesundheit) durch mich hindurchströmt …"** Ich sage es so langsam, bis ich jeweils die Kraft von Energie spüre, bis ich die Kraft mit Weisheit spüre und bis ich die Liebe und Glückseligkeit durch mich hindurch fließen spüre … ❤

Wozu das?
Nun, vielleicht beobachten Sie sich einmal, mit welchen Gedanken Sie morgens, bevor Sie aufstehen, in den Tag starten: „Oh mein Gott, jetzt

muss ich aufstehen!", „Ich bin so müde! Ich will nicht!", „Wenn ich dran denke, was mir heute bevorsteht, würde ich lieber bis nächstes Jahr liegen bleiben !", „Ich muss mich beeilen!", „Es ist schon viel zu spät!"

Gedanken erschaffen immer die dazu passenden Gefühle. Was glauben Sie, was für Gefühle und damit was für eine Stimmung Sie mit solchen Gedanken kreieren? Stress, Druck, Unlust, Unwille, Achtung Problem! Das Leben ist nicht schön! Wenn Sie diese Gefühle in einer Farbe ausdrücken würden, mit welchen Farben starten Sie so in den Tag? Ich tippe mal auf: grau, schwarz, düster …

Glauben Sie mir, im Grunde meines Wesens hasse ich es, mit meinen Kindern in der Früh aufstehen zu müssen. Um 7 Uhr morgens zwei heiße Kakaos auf den Tisch zu stellen, Jausenbrote zu streichen, draufzukommen, dass ich vergessen habe, Brot zu besorgen, was auch immer … Nur, würde ich diesen Gefühlen freien Lauf lassen, würde ich meine Kinder lehren, dass die Welt ein düsterer, schwarzer, grauer Ort ist. Glaube ich das selbst? Nein, meine Welt ist gelb, orange, rosa, grün, bunt! Ich liebe das Leben und das Leben liebt mich. Nur leider noch nicht um 7 Uhr morgens. Wenn ich jetzt aber frühmorgens vor dem ersten Aufstehen diese kurze Übung mache, die dauert vielleicht 1-2 Minuten, dann fühle ich mich voller Energie, ich fühle mich warm durchströmt und, was ich ganz wichtig finde, ich fühle mich mit dem Universum verbunden. Verbunden mit dem Universum bedeutet für mich, ich bin nicht allein auf dieser Welt. Ich bekomme von überall auf dieser Welt Unterstützung für alle meine Dinge, die ich zu bewältigen habe. Und das gibt mir Farbe für den Tag, Vertrauen in mich und in die Welt …

Wer sich liebt, beginnt seinen Tag mit bunten Farben!

9. MEINE-LEBENSSÄULEN-ÜBUNG:
Was sind Ihre Säulen, an die Sie sich anlehnen können? Welche Säulen tragen Sie durch Ihr Leben?

Was sind Lebenssäulen? Unter Lebenssäulen verstehe ich Menschen, Hobbys, Therapeuten, Freunde, Kinder … Dinge, die mir Kraft fürs Leben geben. An die ich mich im Problemfall und auch sonst sofort wenden kann. ❤

Ich hatte letzte Woche eine Situation in einem Coaching, wo die Kundin nichts mit meiner Frage anzufangen wusste. Also habe ich die Frage, als Beispiel für sie, zuerst selbst beantwortet: Die Antworten kamen ganz spontan aus meinem Bauch heraus: meine Kinder, mein Glaube, die Menschen, die ich von dort kenne, E-Bass-Spielen, Sport, meine Coachs und TherapeutInnen (ich bin selber auch immer Kundin, das heißt, ich hole mir Unterstützung, wo immer ich kann! Ich muss NICHTS allein können! Nicht mal auf meinem „Spezialgebiet"), meine Ärzte (diese Tatsache fand ich sehr spannend, dass es mir so wichtig ist, Ärzte meines Vertrauens zu haben), bestimmte wenige FreundInnen, meine Herkunftsfamilie (meine Eltern sowie Geschwister) und das Universum. (Ich erlebe mich öfter, dass ich nach „oben" sage: „So, jetzt macht ihr mal! Ich weiß nicht mehr weiter! Schickt mir eine klare Antwort, was ich tun soll!" Und das klappt.)

Nun, was haben die „Lebenssäulen" mit Selbstliebe zu tun? Ich behaupte, je mehr ich mich liebe, umso mehr Unterstützung lasse ich mir zukommen. Warum soll ich mich allein plagen? Warum soll ich alles allein können müssen? Warum verlange ich mir selber so viel ab?

Die Lösung ist das Auslagern, Delegieren, Annehmen seiner „Schwächen" und sich dafür Hilfe Holen. Unsere Welt ist so global geworden, dass man nicht mehr alles können kann. Man kann nur noch Teile von allem allein bewältigen.

Wer sich liebt, holt HILFE!

 **10. DANKBARKEITS-ÜBUNG:**
Setzen Sie sich frühmorgens hin und preisen Sie Ihr jetzt schon wundervolles Leben! ❤

Die Zeit, als ich nach 20 Jahren meiner Selbstständigkeit als Schauspielerin, Coach und Kabarettistin wieder ein Jahr lang als Lehrerin tätig war, verlebte ich in einer emotionalen Dauerkrise. Eine mich mobbende Kollegin, die Angst vor meiner Größe und meinem Wissen hatte und mich aus diesem Grund tagtäglich demütigte, ein Schulsystem, das an Werten festhielt, die ich als absolut unpassend, wenn nicht peinlich empfand, und ich mittendrin. Und ich, die zu jener Zeit am liebsten gar nie mehr aus meinem Bett aufgestanden wäre. Und zu dieser Zeit, als ich so vor mich hin litt, sagte eine Freundin folgenden Satz zu mir: „Setz dich frühmorgens hin und preise dein schon wundervolles Leben!"

Ich dachte anfangs, die hat sie nicht mehr alle, will sie mich verarschen? Doch trotz all meiner inneren Widerstände habe ich es versucht. Ich habe mich anfangs geradewegs dazu gezwungen, an alles zu denken, wofür ich dankbar bin, an alles, wofür ich dem Leben und dem Universum danke. Ich versichere Ihnen, anfangs hatte ich nur Gedanken im Kopf, die etwa wie folgt lauteten: „Was soll an meinem Scheißleben schön sein? Wofür soll ich mich bitte bedanken?" Doch als ich dranblieb, über Tage dranblieb, kamen mir mit der Zeit die Dinge in den Kopf, für die ich dankbar sein konnte: Dinge, die ich schon als völlig selbstverständlich angesehen hatte: eine Wohnung mit Garten, eine immer geheizte Wohnung, fließend warmes und kaltes Wasser, wann immer ich will, zwei gesunde Kinder, immer das Beste zum Essen, die Möglichkeit, Sport machen zu können, Sicherheit draußen, ich konnte sogar nächtens in den Wald spazieren gehen und ich war sicher, … tausend Dinge fielen mir ein und ich spürte mit der Zeit, meine mich umgebende Farbe wechselte von Tiefschwarz zu Rosa, zu Rot und Grün zurück …

Wer sich liebt, ist SICH UND DEM LEBEN DANKBAR!

11. ICH-BIN-LIEBENSWERT-WEIL -LISTE:
Nehmen Sie ein großes Blatt Papier, schreiben Sie ganz oben den Satz hin: „Ich bin liebenswert, weil …" und ergänzen Sie diese Liste im Laufe einiger Wochen oder Monate mit so vielen Gründen wie nur irgendwie möglich! ❤

Ich muss gestehen, ich hatte schon einige Partnerschaften in meinem Leben. Und damit es zu diesen „einigen" Partnerschaften überhaupt kommen konnte, hatte ich dafür auch schon „einige" Partner verlassen. Und genau vor fünf Jahren passierte mir das für mich schier Unvorstellbare: ICH wurde von meinem Partner verlassen. Und nicht nur verlassen, nein, ich war zuvor auch noch reichlich mit Worten und manchmal gar mit geschrieenen Salven beschenkt worden, was an mir alles nicht falsch und verkehrt wäre, wie unendlich unliebenswert ich nicht sei, und dass es sowieso von einem Akt riesengroßen Heldentums seinerseits zeuge, dass er die vier Jahre mit mir überhaupt durchgehalten habe. Nun, wer schon einmal verlassen worden ist, weiß, was für Höllenqualen ich damals durchlitt. Ja, ich war beruflich sehr erfolgreich gewesen zu der Zeit. Ja, und ich war Mutter von zwei wundervollen Kindern. Aber wie war ich als Mensch? Ein Scheusal? Eine uneinfühlsame Tarantel, die nur Gift verspritzte und nichts anderes im Sinn hatte, als ihren armen Partner mit ihrer rücksichtslosen Dominanz kleinzustampfen? N. behauptete dies, und ich glaubte es. Ja genau, ich war zwar beruflich erfolgreich, aber als Mensch, da hatte er völlig Recht, da war ich das Letzte!

Mit genau dieser Überzeugung landete ich eine Woche später in Italien im Centro d'Ompio am Lago d'Orta in einer Therapie-Gruppen-Sommer-Woche. Und die Wochenaufgabe (wie konnte es anders sein?) lautete: „Warum ich eine liebenswerte Perle bin …"

Ich schwöre, ich wusste nicht einen einzigen Grund, warum ich selber liebenswert sein sollte. Das hatte ich doch mit N. hinlänglich bewiesen! An mir gab es nichts Liebenswertes und ich allein war schuld, dass unsere Beziehung in die Brüche gegangen war! Wäre ich nicht so egoistisch, so dominant, so rücksichtslos gewesen, wäre N. sicher noch bei mir!

Es ist ein Wahnsinn, was ich damals alles gedacht habe! Da wurde ich von meinem damaligen Partner verlassen. Ich litt wie ein Schwein (Verzeihung!), und was machte ich? Ich nahm mich nicht in den Arm und sagte mir: „Das ist jetzt alles sehr traurig, Hilde, und ich stehe zu dir! Ich liebe dich unendlich! Du bist die liebenswerteste Hilde, die ich kenne! Und du hast gegeben, was du konntest! Du hast das Beste getan. Und für N. passt es nicht mehr. Das ist sein Problem, nicht deines! So ist das Leben leider manchmal …" – Nein, ich habe mich in diesem Moment, als N. gegangen war, auch noch selber verlassen! Und mich selber beschimpft und mir selber die gleichen Vorwürfe gemacht wie N.

Heute kann ich dazu nur noch sagen: „Arme Hilde damals!!!" Aber so hatte ich das gelernt. Meine Eltern sagten auch schon immer diese drei Schlüsselwörter zu mir: „Du bist egoistisch, rücksichtslos und dominant!" Damals als Jugendliche wehrte ich mich, aber jetzt sagte das mein geliebter Partner wieder! Also musste doch etwas Wahres dran sein! Wissen Sie, heute sage ich, ich war vor fünf Jahren genauso liebenswert, wie ich es heute bin! NUR mit dem einzigen Unterschied, dass ich mir dessen selber nicht bewusst war damals! Ich habe tatsächlich geglaubt, was N. sagte. Dadurch, dass ich mich selber nicht als liebenswert empfand, konnte ich auch nicht sehen, dass schon meine Eltern mit mir und meiner Stärke, mit meinem Willen, mit meinem Ehrgeiz überfordert waren. Ich konnte auch nicht sehen, dass N. sich genauso minderwertig fühlte: Er war ein ewiger Student, ich stand zweieinhalb Stunden allein auf der Bühne. Ich wusste immer, was ich wollte, N. wusste nicht einmal, was er als sein Hobby pflegen hätte können, geschweige denn wusste er beruflich, was er wollte. Und was macht so ein Mensch? Er sagt sicher nicht: Du, Hilde, ich fühle mich so klein neben dir! Bitte kannst du dich etwas kleiner machen? Nein, so jemand sagt: „Du bist dominant! Rücksichtslos! Egoistisch!"

Ich sage Ihnen eines, mich kann niemand in dieser Welt mehr mit der Aussage, ich sei nicht liebenswert, verletzen, weil ich inzwischen weiß, dass ich vollkommen liebenswert bin. Und dass JEDER Mensch vollkommen liebenswert ist! Und wenn man mit jemand nicht klarkommt, hat es nichts damit zu tun, ob ich oder ob sie oder ob er liebenswert ist. Es hat nur damit zu tun, dass beide Menschen ihre Radiokanäle auf unterschiedlichen Frequenzen empfangen.

Und darum bitte ich Sie, um Ihrer selbst willen, WERDEN SIE SICH BEWUSST, WARUM SIE LIEBENSWERT SIND! Denn dass Sie ein rundum liebenswerter Mensch sind, das weiß ich, ohne Sie zu kennen.

Sie sollen es aber auch selber wissen. Denn wenn Sie wissen, warum Sie ein liebenswerter Mensch sind, kann Sie im Außen nicht mehr viel umwerfen. Weil SIE wissen, dass Sie liebenswert sind. Und dadurch sind Sie nicht mehr manipulierbar! Weder für Ihr Verhalten noch für Ihr Aussehen manipulierbar. Weil Sie sich selber bewusst sind und über sich selber Bescheid wissen. Und das macht Sie stark, frei und unabhängig!

Wer sich liebt, weiß, warum er liebenswert ist!

12. ICH-UMARME-MICH-SELBER-ÜBUNG:
Nehmen Sie sich selber immer wieder einmal in den Arm!

Kennen Sie dieses Gefühl, wenn es Ihnen mal nicht so sonderlich gut geht und eine Freundin, ein Freund Sie ganz spontan einfach in den Arm nimmt? Oder wenn Sie sich ungemein freuen und Sie vor lauter Freude die ganze Welt umarmen wollen?

Und dann gibt's während des Tages immer wieder einmal Situationen, wo leider kein Freund und keine Freundin zur Stelle sind. Wo Sie diese Momente mit niemandem teilen können – vielleicht per Telefon oder Sms, aber ohne körperliche Unterstützung. Dann fordere ich Sie auf, gönnen Sie sich diesen Moment des Umarmt-Werdens doch selbst! Wenn Sie grad niemand trösten oder sich mit Ihnen mitfreuen kann, trösten Sie sich selbst! Freuen Sie sich mit sich selbst, indem Sie sich einfach von Herzen selber umarmen!

Wer sich liebt, umarmt sich manchmal selber!

13. ICH-BIN-ES-WERT-ÜBUNG:
Denken UND sprechen Sie nur noch positiv über Ihre Figur und Ihr Aussehen! ❤

Egal, was Sie gewohnt sind, über Ihre Figur und Ihr Aussehen zu denken und zu sprechen, gewöhnen Sie sich um! Halten Sie sich vor Augen: WIR ALLE wurden ein Leben lang gehirngewaschen! Alle Dogmen über das, was „schön" ist, haben mit der Individualität jedes Menschen und des jeweils dazupassenden individuellen Körpers nichts zu tun. „Jung" und „Schlank" und diese „Einheits-Dünn-Jung-Figur" wurden nur erfunden, um, anfangs nur die Frauen, inzwischen auch die Männer kleinzuhalten: Wenn sich Menschen selber ständig kritisieren, machen sie sich selber klein. Und so bleiben sie auch „klein"! Und „kleine" Menschen, Menschen mit wenig Selbstwertgefühl, sind sehr leicht zu manipulieren und darum ein gefundenes Fressen für die Industrie, für Politik und Religion. Menschen mit wenig Selbstvertrauen trauen sich selber nicht, trauen ihrer eigenen Meinung nicht, sie trauen ihren eigenen Wertvorstellungen nicht, denn sie selbst als Person sind ja nicht so viel wert wie alle anderen Menschen. Also ist auch ihre persönliche Meinung nichts wert. Was ist die Folge? Solche Menschen MÜSSEN der Politik trauen, der Religion trauen und der Schönheitsindustrie und Werbung trauen, was die sagt. Denn diese Institutionen sind mehr wert! Diese gescheiten Leute wissen alles! Denn die haben studiert! Denn die sind schlank! Und die sind für immer jung! Also sind sie wertvoll und dadurch ernst zu nehmen!

Solange wir unseren Selbstwert im Aussehen und im Erfüllen der äußerlichen Schönheitsdogmen verankern wollen, so lange sind wir manipulierbar, wie immer es die Schönheitsindustrie gerade braucht. Denn war vor einigen Jahren „schlank" noch genug, hat die Schönheitsindustrie gemerkt, das kriegen viele Frauen schon hin, also muss

216

ein neues Ziel her: von der Small- zur Zero-Größe. Da werden die Frauen noch ein Weilchen damit beschäftigt sein, bis sie die Null-Größe schaffen. Und wenn dann viele sogar die Null-Größe geschafft haben, wird die Schönheitsindustrie mit Sicherheit wieder etwas neues Unmögliches vorschreiben: Hauptsache, wir Menschen sind weiterhin mit unserer „Hässlichkeit" und unserer daraus resultierenden „Selbstwertlosigkeit" beschäftigt. Die Frage für mich ist somit ernsthaft: Wie lange noch wollen wir unseren Selbstwert von unserem Aussehen und vor allem von außen abhängig machen?

Diesen Kreislauf kann nur jeder Mensch für sich ganz allein durchbrechen: indem jeder einzelne Mensch anfängt, sich selber wieder zu trauen, sich und seinen Eindrücken, Gefühlen und Meinungen zu vertrauen. Indem JEDER MENSCH SEIN VERTRAUEN ZU SICH SELBST WIEDER ZULÄSST. Und was den Selbstwert angeht, gilt genau das gleiche: ICH BIN WERTVOLL, wenn ICH MIR, meinem Aussehen, meinem Körper, meinem Charakter, meinem Wesen, meiner Meinung, meinen Wertvorstellungen wieder Wert beimesse, WERT GEBE!

Und darum sage ich: SIE SIND ES WERT! Sie sind es wert, sich schön zu finden, JETZT, SO WIE SIE SIND! Sie sind es wert, sich sexy zu finden, egal wie alt, egal wie rund, egal wie schlank, egal wie individuell und „anders" Sie ausschauen. Gerade darum, weil Sie den Mut haben, „anders", als die Dogmen es uns vorschreiben, auszuschauen, sind Sie „groß", sind Sie frei, stark und unabhängig! Sie sind es wert, sich selber wertzuschätzen und sich selber als wertvoll zu behandeln. ❤

Wer sich liebt, ist sich selbst am meisten wert!

14. ICH-BIN-EIN-GESCHENK-ÜBUNG:

Sie, so wie Sie sind, und genau so, wie Sie aussehen, sind Sie das größte Geschenk für diese Welt! Sagen Sie sich vier Wochen lang immer wieder über den Tag verteilt: „Ich bin ein Geschenk!" ❤

Das ist eine Hardcore-Übung! Ich weiß. Wer von uns hat gelernt, dass er ein Geschenk ist? Sicher fast niemand. Denn ein Geschenk tut nichts, es IST einfach. Das ist schon mal der erste Fehler, denn was haben wir alle gelernt? Wer nichts leistet, ist nichts wert! Nun, die Umkehrung stimmt aber leider auch nicht, denn wenn man nur noch leistet, heißt es wieder: Du bist asozial, egoistisch, selbstbezogen und rücksichtslos! Nun, dann versucht man den netten Mittelweg, und was passiert? Dann heißt es wieder: Du bist „ZU". Zu dick, zu dünn, zu schön, zu hässlich, zu vertrauensselig, zu verschlossen, zu freundlich und lässt dich ausnützen, zu unfreundlich, und man muss sich für dich schämen, zu zärtlich und dadurch bist du kein richtiger Mann, zu grob und dadurch bist du ein Macho – Hauptsache „zu" und somit falsch!

Also das Gefühl, ein Geschenk zu sein, dürfte für viele von uns sehr weit entfernt sein, weil die meisten von uns immer wieder zu hören bekamen, was sie nicht alles „zu" sind. Also „falsch" sind! Und besser sein könnten, wenn sie sich nur genug darum bemühten … Und dieses Gefühl von Unvermögen führt dann dazu, dass man das Gefühl hat, wenig wert zu sein, mit Sicherheit kein Geschenk für diese Welt zu sein.

Das Ergebnis in der Praxis: in Bezug auf Partnerschaft und Finanzen: Geboren und aufgewachsen in finanziell betuchten Verhältnissen, hatte ich das Glück, dass auch alle meine Partner bis zu meinem 28.sten Lebensjahr dementsprechend liquid waren. Dann, warum auch immer,

218

kam der große Bruch. Und für die nächsten 13 Jahre war ich die Haupteinnahmequelle während all meiner Beziehungen, obwohl ich in dieser Zeit zwei wunderbare Kinder auf die Welt gebracht und diese ins Leben begleitet habe. Danach hängten sich fünf Jahre des Alleinerziehertums dran und irgendwann reichte es mir. Und so verlautbarte ich vor ein paar Wochen in einem Workshop lauthals, dass ich mir endlich „einen reichen Mann" wünsche! Na, mehr habe ich nicht zu sagen brauchen, um endgültig (war mein Outfit doch durch „einen Hauch von Wasserstoff" auf meinem Kopf geprägt ... Danke, Christoph!) den Ruf einer Tussi zu haben. Bis ich im Laufe dieser Workshop-Woche draufgekommen bin, was vor allem die Herren der Schöpfung unter „einem reichen Mann" verstehen. Und was im Gegenzug ich unter „einem reichen Mann" verstehe: Ich betrachtete zu diesem Zeitpunkt einen Mann als reich, wenn er seinen Lebensunterhalt selber bestritt und zudem auch noch seine Urlaube selber bezahlte.

Tja, heute sage ich, ich glaube, dieses Beispiel vermittelt Ihnen schon eine Idee von dem, was ich meine. Bin ich es wert, dass ein Mann sich selber finanziert? Bin ich es vielleicht sogar wert, dass ein Mann sich und mich finanziert? Bin ich es sogar wert, dass ein Mann sich, mich und meine Kinder finanziert? Bitte verstehen Sie mich jetzt nicht falsch, ich bin nicht auf der Suche nach einem „Mein-Leben-Finanzier". Dazu arbeite ich viel zu gern und dazu kann ich keine Sekunde das Gefühl ertragen, von irgendjemand in dieser Welt abhängig zu sein. Meine Frage dreht sich einzig und allein um das Faktum: „Bin ich es wert?" Bin ich es wert, dass ich mir so eine Situation wünschen dürfte?

Nun, ich sage Ihnen, an dieser Übung bin ich selber noch dran. Denn es gibt Tage, an denen fühle ich mich wirklich als Geschenk für die Menschen, für meine Kinder, für meine KundInnen, für meine FreundInnen, im weitesten Sinne für die Welt. Und dann gibt es Tage, da glaube ich dies mit keiner Faser meines Daseins. „Woher und wieso sollte ich ein Geschenk sein? Auf was hinauf?", denkt es dann in mir. Die Tage, an denen es denkt: „Ich bin ein Geschenk, einfach indem ich ‚bin'"!" nehmen jedoch von Woche zu Woche zu. Und ich weiß, dass ich diesen Gedanken eines Tages bis in meine letzte Zelle hinein glauben werde … Verdient habe ich es ja! Und Sie auch! Denn ich bin zutiefst überzeugt davon, dass jeder Mensch ein Geschenk für die Welt ist. Und nämlich genau darum, weil jeder anders ist. Und wenn sich jeder traut, sich selber zu leben, abseits von den Normen und Dogmen unserer Leistungsgesellschaft, wenn jeder seine nur ihm eigene Stärken lebt, dann haben wir eine Vielfalt auf dieser Erde, dass es nur noch eine Freude ist!

Wer sich liebt, sieht sich selber als Geschenk für die ganze Welt!

Das „Ich-liebe-mich selber"-ABC
Der praktische Weg zur Selbstliebe!

Inhaltsangabe

Endlich lieb ich meine Augen!

Magst du deine Augen? Wenn ja, leg das Buch zur Seite und feiere heute deine schönen Augen! Wenn nein, was magst du an deinen Augen nicht? Haben sie die falsche Farbe? Liegen sie zu weit auseinander? Stehen sie zu eng zusammen? Sind deine Augen zu groß? Zu klein? Glaubst du, deine Wimpern hätten ein Defizit? Wenn ja, welches? Oder bist du schon etwas in die Jahre gekommen … (Eine ziemlich dehnbare Definition: Meine Kosmetikerin meinte zu meinen damals zarten 26 Jahren: Jetzt müssen Sie aber dringend mit Augencreme anfangen, die ersten Falten sind schon sichtbar! Ja, wer seine KundInnen behalten will, muss früh mit der Gehirnwäsche beginnen … Mich hat sie damals verloren!) und meinst, du hättest Schlupflider und Krähenfüße um die Augen? (Ich wusste bis vor kurzem gar nicht, was diese Begriffe besagen: Leider lernt der Verstand schnell. Denn meine im Normalfall nur mit Brille sehenden Augen sahen auf einmal auch ohne Brille ganz scharf: „Ja, Krähenfüße und Schlupflider!" Nun, meine lieben Damen und Herren. Da mir 47,5 Jahre lang nichts von meinem Krähenfußdasein und meiner Schlupfliderhässlichkeit aufgefallen war, weil ich nämlich nichts darüber wusste, beschloss ich, diese Informationen in meinem Hirn wieder zu löschen und zu meinem uninformierten Bevor-Zustand zurückzukehren …) Darum kann ich dir mit Sicherheit sagen: Du hast die wunderschönsten Augen, die es gibt. Weil sie ein Spiegel deiner Seele sind. Und diese ist schön und einzigartig! Ich bitte dich, dir jetzt im Spiegel in die Augen zu schauen und zu spüren (!!!), was du siehst. Dir tief in die Augen zu blicken und zu spüren, wie schön du bist und wie schön deine Augen sind!

ICH BIN. ALSO BIN ICH SCHÖN!
ALSO SIND MEINE AUGEN SCHÖN!

Endlich lieb ich meinen Bauch !

Wenn du deinen Bauch anschaust, was für Gedanken kommen dir hoch? Magst du ihn, so wie er ist? Wenn ja, lies gar nicht weiter und feiere heute deinen schönen Bauch! Falls du deinen Bauch nicht magst, was stört dich an ihm? Was hat dein Bauch schon alles für dich geleistet? Hat er vielleicht sogar schon Schwangerschaften mitgemacht? Was für eine Glanzleistung ist das, wenn man bedenkt, wie weit er sich dafür ausdehnen hat müssen! Und dann ist er sogar wieder so weit zurückgegangen. Kannst du deinem Bauch dafür gratulieren? Oder vielleicht hat er einfach schon mehrere Aufs und Abs an Kilos verbuchen müssen. Hat er da überall mitgemacht? Und immer ist er noch da und steht zu deinen Diensten. Einen tollen Bauch hast du! Er hat alles mitgemacht bis jetzt. Und er wird alles weitere auch wieder mitmachen, so lange du lebst! Bist du so treu und loyal zu deinem Bauch wie er zu dir? Vielleicht kannst du etwas von ihm lernen: Er ist immer in Liebe für dich da! Magst du auch ihn einmal mit Liebe betrachten? Schau ihn an, wie schön er ist! Egal was für Zeichnungen, Narben oder was auch immer er mitbringt, er strahlt dich mit Liebe an.

ICH BIN. ALSO BIN ICH SCHÖN!
ALSO IST MEIN BAUCH SCHÖN!

Endlich lieb ich meine Beine!

Magst du deine Beine? Wenn ja, dann lies jetzt nicht weiter und lass heute deine Beine hochleben! Wenn du sie nicht magst, was gefällt dir nicht? Sind sie zu lang? Sind sie zu kurz? Sind sie zu schlank? Sind sie zu füllig? Haben sie eine unschöne Form? Sind sie übersät mit Cellulite? (Siehe auch die „Endlich-lieb-ich-meine-Cellulite!"-Seite!) Sind deine Knie die Problemzonen? Glaubst du, du trügest Schweinshaxen mitsamt Dromedarsgebeinen inklusive einem Pferdeansatz zum Allerwertesten mit dir herum? (Meine Mutter sagte immer: Die hat die Betonstampfer von der Omi geerbt – danke noch mal! Jahrelang habe ich keine Röcke getragen …) Die Menschheit inklusive Vater, Mutter und wundervolle Brüder sind diesbezüglich einfallsreich. (Schwestern auch?) Egal, was du jemals gehört hast, egal, was dir jemals ins Gesicht geschmettert wurde, du hast wunderschöne Beine! Es sind nämlich deine Beine. Und im selben Maß, wie du außergewöhnlich bist, sind es auch deine Beine! Drum schau sie noch mal neu an! Cellulite gilt nicht! (Siehe Seite!) „Dicke" Waden gelten auch nicht, denn sie zeugen von Durchsetzungskraft, Wille und Stärke. „Ungeformte" Knie sind auch kein Argument, denn sie zeigen deine Stabilität und Verlässlichkeit im Leben. Und wenn du noch einmal ganz neu schaust, wirst du feststellen, dass auch du wunderschöne Beine hast, weil es deine sind!

ICH BIN. ALSO BIN ICH SCHÖN!
ALSO SIND MEINE BEINE SCHÖN!

Endlich lieb ich meinen Busen!

Wenn du deinen Busen betrachtest, gefällt er dir? Wenn ja, lies gar nicht weiter und feiere heute deinen schönen Busen! Wenn nein, was gefällt dir nicht? Findest du ihn zu groß? Oder zu klein? Hast du das Gefühl, er hängt ein bisschen? Oder hängt er deiner Meinung nach gar sehr? Oder weist er andere Makel auf? Bist du mit der Form der Brüste nicht zufrieden? Oder sollten die Brustwarzen anders sein? Was für Gefühle kommen in dir hoch, wenn ich dir sage, du hast den schönsten Busen auf der Welt, weil er genau deiner ist! Und wenn du schon ein paar Jährchen über 20 bist und vielleicht auch noch ein Kind gestillt hast, hast du trotzdem den schönsten Busen auf der Welt! Er ist anders als früher, meinst du vielleicht. Ja, zum Glück! Denn dein Charakter ist jetzt auch anders als mit 20. Oder? Gereifter? Ruhiger? Wilder? Auf jeden Fall hast du dich weiterentwickelt. Und das ist schön! Also warum soll sich nur unsere Persönlichkeit entfalten und verändern und unser Körper aber nicht? Und wenn du noch jung bist und dein Busen gefällt dir von Anfang an nicht, kann ich dir nur sagen: Du hast den schönsten Busen auf der Welt. Nämlich denjenigen, der genau dich und deine ganz persönliche Note wiedergibt! Drum liebe deinen Busen, so wie er ist, denn er bringt deine einzigartige Persönlichkeit zum Leuchten und die Augen der Herren Männer genauso, wenn du ihn mit Liebe trägst …

ICH BIN. ALSO BIN ICH SCHÖN!
ALSO IST MEIN BUSEN SCHÖN!

Endlich lieb ich meine Cellulite !

Wenn du deinen Körper anschaust, gibt es da Zonen mit Cellulite? Und magst du sie? Oder bekämpfst du sie mit Sport, Cremen und Elektroschockbehandlungen? Uns wurde seit Jahren beigebracht, Cellulite sei hässlich, ein Zeichen von null Sport, der Einnahme der Anti-Baby-Pille, des Rauchens und der Inkonsequenz beim Essen ... Jetzt frag ich dich: Hast du schon mal ein rauchendes Baby, das zu wenig Sport betreibt, die Antibabypille nimmt und zu wenig Konsequenz beim Essen aufbringt, erlebt? Aber warum haben dann vor allem kleine Mädchen schon als Babys Cellulite? Und warum wächst sich das dann bis ins hohe Alter nicht mehr heraus, auch wenn sie zeitlebens schlank bleiben? Weil Cellulite bei Frauen angeboren ist, da sie eine andere Struktur der Haut haben, damit die sich in Schwangerschaftszeiten so problemlos dehnen und dann wieder zusammenziehen kann. UND NUR DARUM! Cellulite ist angeboren! Bei diesem Thema habe ich nur eine Frage an dich: Willst du dich selber weiterhin verarschen? Dass uns die Schönheitsindustrie seit Jahren verarscht, ist im Geldsinne des Erzeugers (Cellulite ist hässlich! – Glaubst du, das hat eine Frau erfunden?) Also willst du dich selber weiterhin kasteien, weil irgendjemand behauptet, du seiest aufgrund von Cellulite hässlich? Meine Liebe, steig aus und sag deinem Verstand die Wahrheit: CELLULITE IST ANGEBOREN UND SOMIT NATÜRLICH!

ICH BIN. ALSO BIN ICH SCHÖN!
ALSO IST MEINE CELLULITE SCHÖN!

Endlich lieb ich „alles" an meinem Körper!

Wie findest du deine Figur? Deinen ganzen Körper? Alle Körperstellen, die hier nicht einzeln angesprochen werden? Was kommen für Gedanken, wenn du diese Körperstelle(n) betrachtest? Wenn du jetzt einmal nur deine Gedanken beobachtest, so als würdest du als Detektiv dich selber überwachen, was hörst du für Aussagen? Schreibe sie alle auf ein Blatt Papier! Egal wie negativ sie sind, schreibe sie auf. Und wenn du alle Gedanken und Aussagen gesammelt hast, lies sie dir alle laut vor! Was für Gefühle kommen dabei hoch? Lass dich lachen, weinen, traurig sein, egal was kommt, lass die Gefühle zu! Und wenn du allen Gefühlen Raum gegeben hast, bitte ich dich, das Blatt hinzulegen und dir folgende Frage ernsthaft zu beantworten: Will ich mich weiterhin runtermachen? Oder will ich ab jetzt liebevoll mit mir und meinem Aussehen/Körper umgehen? Wenn du dich ganz sicher für die liebevolle Variante entscheidest, nimm das Blatt und veranstalte ein kleines Feuer, indem du dieses Blatt mit all den Gedanken und Aussagen verbrennst! Und dann bitte ich dich, ein neues Blatt Papier herzunehmen und nur POSITIVE Dinge über deinen Körper und dein Aussehen zu notieren. Auch wenn du diese Dinge NOCH nicht glaubst, schreibe sie auf! Und dann nimmst du dir 21 Tage Zeit, dir diese neuen Gedanken immer wieder laut vorzulesen, sie auf Kärtchen niedergeschrieben überall in der Wohnung aufzuhängen, … sei kreativ damit, so lange, bis dein Geist glaubt, was er liest. (Denn wenn dein Hirn negative Bewertungen lernen kann, dann kann es genauso positive Dinge lernen! Das nennt man in der Hirnforschung neue Synapsen bilden, und das dauert in der Regel genau 21 Tage.) Falls du noch länger Zeit brauchst, nimm sie dir! Und wenn die neue Überzeugung sitzt, klopfe dir auf die Schulter und gehe dich und deine neue Selbstliebe feiern! GRATULIERE DIR!!!

ICH BIN. ALSO BIN ICH SCHÖN!
ALSO IST ALLES AN MIR SCHÖN!

Endlich lieb ich meine Falten im Gesicht!

Krähenfüße? Zornes- oder Denkfalten auf der Stirn? Lachfalten um den Mund? Hängende Augenlider? Du hast noch nie über Falten in deinem Gesicht nachgedacht? Dann bitte blättere sofort weiter und feiere heute dein schönes Gesicht! Falls dir diese Ausdrücke doch ein Begriff sind, dann lies weiter. Gibt es Falten in deinem Gesicht, die du gerne nicht hättest? Welche Falte in deinem Gesicht stört dich? Hast du schon mal über ein Facelifting, eine Botoxspritze oder eine Oberlidstraffung nachgedacht? Dann habe ich eine Frage an dich: „Was ist das Schöne, wenn man keine einzige Falte in deinem Gesicht sieht?" – Ich kann dir jetzt nicht einmal Antwortmöglichkeiten anbieten, weil mir keine einzige einfällt. Wenn du Antworten findest, kann ich dir leider nicht beistehen. Denn ich kann nur folgende Gegenfrage beantworten: „Was finde ich in einem Gesicht mit Falten und Lebendigkeit schön?": den Menschen. Das Wesen dieses Menschen, den Charakter dieses Menschen und die Ausstrahlung, die mir zeigt, was dieser Mensch schon Schönes, Bedrückendes und Berührendes in seinem Leben gemeistert hat. Dieser Mensch lebt! Der hat etwas zu erzählen, ohne dass er spricht …

Ich lade dich jetzt ein, dich vor den Spiegel zu stellen und zuerst einmal jede deiner Falten im Gesicht anzulächeln und sie mit einem „Hallo!" zu begrüßen. „Hallo, ich bin die … (der …) Und dich habe ich in den letzten Jahren erworben. Sei herzlich willkommen!" Vielleicht gelingt es dir sogar, eine Art von Stolz zu entwickeln dafür, was du in deinem Leben schon alles gemeistert hast – sonst hättest du keine Falte. Und wenn es ganz gut läuft, kannst du dir, während du dir tief in die Augen schaust, laut sagen: „Liebe(r) …, ich liebe dich genau so, wie du bist!"

ICH BIN. ALSO BIN ICH SCHÖN!
ALSO SIND ALLE MEINE FALTEN IM GESICHT SCHÖN!

Endlich lieb ich meine Füße!

Wie findest du deine Füße? Gefallen sie dir? Gehst du im Sommer barfuß und zeigst sie voller Stolz der ganzen Welt? Wenn ja, dann genieße heute deine Füße ganz besonders und lies nicht weiter! Falls nein, warum magst du deine Füße nicht? Sind sie deiner Meinung nach zu groß? Zu klein? Zu breit? Zu platt? Ungeeignet für High Heels? (Kein einziger Fuß dieser Welt ist medizinisch gesehen dafür geeignet! Das ist alles antrainiert, dafür gibt's sogar Workshops für viel Geld, um das Laufen auf High Heels zu lernen …) Hast du Hühneraugen, die du nicht los wirst? Sind deine Zehen unglücklich lang? Kurz? Sind die Zehennägel eingewachsen? Was magst du an deinen Füßen nicht? Und dennoch gibt es hiezu eine einzig gute Nachricht: Jeder Fuß hat seinen eigenen Charme! Und wenn du genau hinschaust, nämlich mit deinem Herzen hinschaust, dann wirst auch du sehen, dass deine Füße genau darum schön sind, weil sie so einzigartig sind, wie du und dein Wesen und dein Charakter einzigartig auf dieser Welt sind. Hätten alle die gleichen Füße, wäre es wirklich langweilig. Also geh eine Runde tanzen mit deinen wunderschönen Füßen! Denn es sind deine und sie sind wunderschön!

ICH BIN. ALSO BIN ICH SCHÖN!
ALSO SIND MEINE FÜSSE SCHÖN!

Endlich lieb ich meine Haare!

Wie findest du deine Haare? Bist du zufrieden mit deinen Haaren? Wenn ja, dann lies bitte nicht weiter und feiere heute deine schönen Haare! Wenn du etwas zu bemäkeln hast an deinen Haaren, bleib bitte da. Was stört dich an deinen Haaren? Hast du eine Naturkrause, liebst aber glatte Haare? Hast du glatte Haare und träumst den ganzen Tag davon, wie schön das Leben mit Locken auf dem Kopf wäre? Sind deine Haare zu dünn? Zu dick? Zu wenige? Zu viele? Haben sie die falsche Haarfarbe? Werden deine Haare grau? Passt die Frisur nicht? Für die letzten drei Fragen habe ich eine leichte Lösung: Such dir einen anderen Frisör! (Beim Frisör darf nicht gespart werden!) Für alle anderen Unzufriedenheiten: Sei dir sicher, jeder und jede will die Haare anders, als sie sind. Und spätestens an dem Tag, an dem du diese Seite liest, kannst du beschließen, deine Haare einfach zu lieben. Denn sie wurden weder dicker, noch glatter, noch lockiger, nur weil du genug oft über sie geschimpft hast. Stimmt's? Sie sind, wie sie sind, also sind sie schön! Denn eines ist sicher, Intelligenz zeichnet sich irgendwann dadurch aus, dass man Dinge, die man sowieso nicht ändern kann, annimmt und liebt! So nach dem Motto: „Du magst deine Haare nicht, dann liebe sie!"

ICH BIN. ALSO BIN ICH SCHÖN!
ALSO SIND MEINE HAARE SCHÖN!

Endlich lieb ich meinen Hals und mein Dekolletee!

Magst du deinen Hals und dein Dekolletee? Wenn ja, geh das feiern und mach dir heute einen schönen Tag! Wenn nein, was stört dich an deinem Hals? Findest du ihn zu dick? Zu dünn? Zu faltig? Was magst du an deinem Dekolletee nicht? Ist es fleckig? Wirft es Runzeln? Egal wie dein Hals und dein Dekolletee jetzt aussehen, sie sind das Zeichen von deinem lebendigen Leben. Einem Leben, das du wirklich lebst: mit Glück, mit Trauer, mit Enttäuschung, mit Freude, mit Frustration, mit Sehnsüchten und Träumen, mit Liebe und Sex, mit keinem Sex, mit Enttäuschungen und mit Wundern. Mit allem, was ein Leben lebendig macht! Willst du all diese Erfahrungen lieber nicht gemacht haben? Vielleicht gibt es eine Stimme in dir, die sagt, ja, die negativen Erlebnisse hätte ich wirklich nicht gebraucht! Da gibt es nur eines dazu zu sagen: Nur dadurch, dass man auch negative Gegebenheiten erlebt, weiß man, wie sich Glück anfühlt! Falls du noch sehr jung bist und dir dein Hals und dein Dekolletee trotzdem nicht gefallen, kann ich auch dir nur eines sagen: Dein Hals ist wunderschön, weil es genau dein Hals ist. Und dein Dekolletee ist genauso wundervoll, weil es deines ist. Wenn du magst, stell dich jetzt vor den Spiegel und betrachte deinen Hals und dein Dekolletee mit dem Blick deines Herzens: „Man sieht nur mit dem Herzen gut. Das Wesentliche ist für die Augen unsichtbar" (aus: „Der kleine Prinz" von St. Exupéry) und entdecke, wie schön du und dein Hals sind. Und wie schon sich dein Dekolletee an deinen Hals anschmiegt

ICH BIN. ALSO BIN ICH SCHÖN!
ALSO SIND MEIN HALS UND MEIN DEKOLLETEE SCHÖN!

Endlich lieb ich meine Hände!

Die eigenen Hände sieht man ständig. Ob man will oder nicht, sie bewegen sich unentwegt im eigenen Blickfeld. Magst du deine Hände? Wenn ja, lies einfach nicht weiter und feiere heute deine schönen Hände! Falls nein, was stört dich an deinen Händen? Findest du sie zu schmal? Zu breit? Die Finger zu kurz? Oder zu lang? Die Finger zu dick? Werden sie runzlig? Bekommst du Altersflecke? (Eine Freundin meinte, als sie 40 wurde, sie müsse ihre Altersflecke jetzt wegätzen – und rannte immer wieder mit verbrannten Handrücken durch die Gegend. Das hat sie wirklich sehr verjüngt!) Was stört dich an deinen Händen? Die gute Nachricht: Cellulite an den Händen gibt es bis dato nicht. Also bitte, erfinde nicht eine neue „Hässlichkeit", damit du wieder einen Grund hast, dir selber nicht zu gefallen! Die noch bessere Nachricht: Deine Hände sind wunderschön! Denn egal ob dünne, runde, kurze oder lange Finger deine Hände zieren, deine Finger und Hände sind Ausdruck deiner einzigartigen Persönlichkeit! Und niemand auf der ganzen Welt hat die gleichen Hände wie du. Also feiere die Schönheit genau DEINER Hände!

ICH BIN. ALSO BIN ICH SCHÖN!
ALSO SIND MEINE HÄNDE SCHÖN!

Endlich lieb ich meinen Mund!

Findest du deinen Mund schön? Bist du zufrieden mit deinen Lippen und deren Form? Dann gratuliere, leg das Buch auf die Seite und feiere heute deinen schönen Mund! Falls du deinen Mund nicht schön findest, was sind deine Makel? Ist er zu groß? Zu klein? Gefällt dir die Mundform nicht? Oder magst du deine Lippen nicht? Sind sie zu breit? Zu schmal? Ziehen die Mundwinkel nach unten? Hast du viele kleine Fältchen um den Mund herum? Gibt es etwas anderes, was du an deinem Mund nicht magst? Ich kann dir nur sagen, was auch immer du im Spiegel siehst, wenn du deinen Mund anschaust, er ist das Ergebnis deines Denkens bis heute, jetzt in diesem Moment. Der Mund ist der authentischste Seismograph all unserer Gedanken: Sprich, wenn du 40 Jahre lang denkst: „Ich bin hässlich, warum hat mich Gott schon vor der Verteilung von Schönheit im Himmel rausgeschickt?", oder wenn du 50 Jahre lang davon überzeugt bist, dass es das Universum nicht gut mit dir meint und du immer nur Pech hast, dann sieht man diese Gedanken irgendwann an deinem Mund – und das kannst du ändern, jetzt gleich. Denn egal wie deine Lippen beschaffen sind, egal wie deine Mundform angelegt ist, dein Mund ist schön! Im Besonderen, wenn du viel lachst. Und falls du dich über Lachfalten ärgern solltest, kann ich dir nur sagen, nichts Schöneres und Bezaubernderes als ein von Lachfalten gekennzeichneter Mund. Also bitte stelle dich vor einen Spiegel und betrachte deinen Mund jetzt mit dem Herzen. Und falls die Mundwinkel tatsächlich etwas nach unten tendieren: JETZT ist der Moment, in dem du den Schalter umlegen kannst. Und dann werden sich neue, positive, das Leben genießende Spuren in dein Gesicht zeichnen. Denn du bist schön! Und du hast einen wunderschönen Mund, weil er deiner ist!

ICH BIN. ALSO BIN ICH SCHÖN!
ALSO IST MEIN MUND SCHÖN!

Endlich lieb ich meine Nase!

Ein Himmelreich für eine schöne Nase! Kennst du diesen Spruch? Magst du deine Nase? Wenn ja, gratuliere und mach dir einen schönen Tag und feiere deine schöne Nase, ohne hier weiterzulesen! Falls nein, was magst du an deiner Nase nicht? Ist sie dir zu groß? Zu klein? Zu eckig? Zu kantig? Zu stupsnasig? (Ich erinnere mich eine Kindheit lang an dir Sprüche: „Auf deiner Nase kann man ja Schispringen!", und: „Regnet es da auch rein?" Sehr witzig, vor allem für ein Kind!) Findest du deine Nase zu breit? Zu klobig? Zu unmännlich? Zu männlich? Siehst du, wie viele Möglichkeiten es gibt, seine Nase nicht zu mögen! Aber jetzt eine ganz provokante Frage: Kannst du sie auf natürliche Weise ändern? Durch Sport, Ernährung oder Hypnose? Nein. Also dann geh doch den direkten Weg: Magst du deine Nase nicht, dann liebe sie! Stell dich mal vor den Spiegel und betrachte deine Nase mit dem Herzen. Die Nase, die perfekt in dein Gesamtbild Gesicht passt. Deine Nase, die deinen ganz ursprünglichen Charakter zeigt und unterstreicht. Deine Nase, die kein Chirurg so eigen und so genau dir und deinem Wesen entsprechend kreieren könnte. (Der kann dir nur die Nase Nr.1-7 aufsetzen.) Schau deine Nase an und bewundere sie. Ganz egal, ob du sie schon magst oder nicht. Bewundere ihre Beschaffenheit! Wie sie gewachsen ist. Wie viel Individualität sie hat! Wie viel Ästhetik sie ausstrahlt, wenn du sie mit Bewunderung anschaust ... genieße deine wunderschöne Nase! Und sei stolz auf sie! Denn es ist deine Nase! Niemand hat genau so eine schöne Nase wie du!

ICH BIN. ALSO BIN ICH SCHÖN!
ALSO IST MEINE NASE SCHÖN!

Endlich lieb ich meine Oberarme!

Magst du deine Oberarme? Wenn ja, gönn dir einen schönen Tag, feiere deine Oberarme und leg das Buch beiseite. Wenn nein, was stört dich an deinen Oberarmen? Sind sie zu lang? Zu kurz? Zu undefiniert? (Ich weiß erst seit Kurzem, was definierte Oberarme sind: 1. Sie sind so trainiert, dass man sämtliche Muskelgruppen einzeln hervorblitzen sieht. Und 2. Es hängt keine schlaffe Haut herab: Sprich, jedes Gramm Fleisch an den Oberarmen ist einer dieser trainierten Muskelgruppen zugehörig.) Die Zeiten, in denen Oberarme einfach Oberarme sind, sind offensichtlich vorbei. Oder nicht? Wer bestimmt hier eigentlich? Irgendjemand? Oder du? Ich lade dich jetzt ein, dich vor den Spiegel zu stellen und deine Oberarme anzuschauen. Egal wie sie sind, sie sind schön! Denn noch mal: Wer bestimmt hier? Irgendjemand? Oder du? Also fang an mit dem Bestimmen: Deine Oberarme sind schön, so wie sie sind! Denn du bestimmst, was schön ist! Und wenn du Hantel- und Muskeltraining magst, dann mach es. Und wenn du das nicht magst, dann mach es nicht! Und unabhängig davon weiß ich, dass deine Oberarme schön sind. Weil es deine sind. Und die sind schön!

ICH BIN. ALSO BIN ICH SCHÖN!
ALSO SIND MEINE OBERARME SCHÖN!

Endlich lieb ich meinen Penis!

Bist du ein Mann? Dann lies weiter. Wenn du eine Frau bist, bitte suche dir die adäquate Seite für Frauen heraus. Magst du deinen Penis? Gefällt er dir? Wenn du mit Ja antwortest, lies bitte nicht weiter und feiere heute dein wundervolles Mann-Sein! Hast du an deinem Penis etwas auszusetzen, dann lies weiter. Was magst du an deinem Penis nicht? Ist er zu kurz? Ist er zu lang? Zu dick? Zu dünn? Zu krumm? Ist er beschnitten und du magst das nicht? Wärst du gerne beschnitten und traust dich nicht, es nachzuholen? Kriegst du keinen mehr hoch? Oder nicht mehr dann, wenn du es gerne möchtest? Ich kann dir nur sagen, stellvertretend für viele, viele Frauen: Die Länge oder Kürze oder was auch immer eines Penis waren noch NIE für mein erotisches Orgasmusgefühl ausschlaggebend. Egal wie dein bestes Stück aussieht, es ist wundervoll, so wie es ist. Weil du mit deinem Penis die Frau, die du beglückst, wahrnimmst und spürst. Feiere dein Mann-Sein und dein Einen-wie-auch-immer-gearteten-Penis-besitzen-Dürfen. Und feiere deine immer höher wachsende Sensibilität dahingehend, im Alltag zu hören (Ohr-gasmus nach Bernhard Ludwig), mitzufühlen und zu spüren, was deine Liebste braucht. Denn die Höhen eines wundervollen Orgasmus ergeben sich nicht zwangsläufig nur durch die „Sex-Zeit" und den „Penis". Viel entscheidender für den Orgasmus-Olymp ist das Verhalten über den Tag hinweg, ob du deine Liebste siehst, hörst und auf sie eingehst. Drum:

ICH BIN. ALSO BIN ICH SCHÖN!
ALSO IST MEIN PENIS SCHÖN!

Endlich lieb ich meinen Po!

Was denkst du über deinen Po? Findest du ihn schön? Dann lies bitte gar nicht weiter und feiere heute deinen schönen Po! Falls du nicht so ganz zufrieden bist, was stört dich an deinem Po? Findest du ihn zu groß? Zu klein? Zu breit? Zu hängend? Zu dick? Zu rillig? Hat er Cellulite? (Dazu bitte unbedingt die „Endlich-lieb-ich-meine-Cellulite"-Seite lesen!) Oder hast du etwas anderes an ihm auszusetzen? (Zum Männergeschmack von Po-Größen eine kleine Anekdote: Vor einem Jahr saß ich mit Familie Reinhold und Beatrix Bilgeri in der Garderobe, weil wir alle einen Walking-Act auf einem Ball vor uns hatten. Die bildhübsche und noch immer mit Modelmaßen ausgezeichnete Miss Austria von anno dazumal verriet mir: „Weißt du, der Reinhold, der steht auf große Hintern! Aber was soll ich machen, meiner ist halt klein!" – Braucht man da noch Worte?) Drum bitte stell dich jetzt vor den Spiegel und bewundere dein Kunstwerk von Po. Egal ob er klein, groß, breit, rund oder prall ist, er ist göttlich, weil er dein Po ist. Und bedanke dich bei ihm, wo und wie er dich immer wieder „sitzen" und andere Dinge tun lässt! Auf ihn ist Verlass! Und vielleicht kannst du dabei sogar etwas wie Stolz entwickeln, Stolz darauf, BesitzerIn eines so wunderschönen Pos zu sein.

ICH BIN. ALSO BIN ICH SCHÖN!
ALSO IST MEIN PO SCHÖN!

Endlich lieb ich meine Rundungen!

Wenn du in den Spiegel schaust, entdeckst du Rundungen an deinem Körper? Beim Bäuchlein vielleicht? An deinen Hüften? Ist dein Popo rund? Können deine Beine und Arme mit Rundungen punkten? Was für Sätze hörst du in deinem Inneren, wenn du diese Zeilen liest? Mit Rundungen punkten? Hast du das Gefühl, ich will dich veräppeln? Gibt es irgendeine Rundung an deinem Körper, die du magst? Deinen Busen vielleicht? Deine Knöchel? Dein Gesicht? Deinen Mund? Fang mal mit Rundungen an, die du an dir selber magst. Mindestens eine wirst du finden. Vielleicht magst du dich dazu vor den Spiegel stellen und schauen. Und schau mit deinem Herzen, nicht mit dem Verstand. Wenn das mit dem Herzen schauen anfangs nicht geht, mach zuerst die Lift-Fahr-Übung ins Herzgeschoß (von Seite 200). Und wenn du nach der Meditation im Herzgeschoß gelandet bist, dann stell dich wieder vor den Spiegel und betrachte deinen Körper. Mit all seinen Rundungen. Wo entdeckst du ganz individuelle Rundungen? Solche, die niemand hat? Solche, die genau deine, und nur deine Persönlichkeit zum Ausdruck bringen? Gratuliere dir zu jeder Rundung, denn sie ist Ausdruck deines Lebensstils, deines Lebensgenusses und deiner liebevollen Sorge für dich selbst! Und genieß deine Rundungen, denn sie sind schön! (Du wirst lachen, ich war so sehr gehirngewaschen, dass ich vor noch nicht allzu langer Zeit nur Schlankeste schön finden konnte. Inzwischen gefallen mir Menschen mit Rundungen sogar besser. Es ist, wie Humor, einfach Geschmackssache. Nur dass man den Geschmack für Schönheit und Ästhetik verändern kann!) Drum …

ICH BIN. ALSO BIN ICH SCHÖN!
ALSO SIND ALL MEINE RUNDUNGEN SCHÖN!

Endlich lieb ich meine Schwangerschaftsstreifen!

Also egal ob du jetzt ein Mann oder eine Frau bist, wenn du Schwangerschaftsstreifen hast, wirst du darüber nicht glücklich sein. Das kann passieren, wenn sich die Haut sehr dehnen hat müssen. Dazu möchte ich nur einen Gedanken anbringen: Dein Leben ist genau so schön, wie du es dir machst. Schimpfst du jeden Tag beim Anblick deiner Schwangerschaftsstreifen über sie, hast du keine gute Laune. Nimmst du sie einfach an, als das, was sie sind, nämlich eine Tatsache, dann magst du dich selbst und somit deine Streifen. Sprich, du machst DICH zu deiner FreundIn. Und wenn du das oft und öfter machst, wirst du dir dein(e) beste(r) FreundIn. Was für ein schönes Leben du dann hast. Gratuliere!

ICH BIN. ALSO BIN ICH SCHÖN!
ALSO SIND MEINE SCHWANGERSSCHAFTSSTREIFEN
SCHÖN!

Endlich lieb ich meine Vagina!

Bist du eine Frau? Dann lies weiter. Wenn du ein Mann bist, bitte suche dir die adäquate Seite für Männer heraus. Magst du deine Vagina? Magst du deine Schamlippen? Gefällt dir dein Kitzler? Wenn ja, und wenn das noch nie ein Thema für dich war, bitte lege dieses Buch beiseite und feiere heute deine wundervolle Weiblichkeit! Wenn du eine dieser Fragen mit Nein beantwortet hast, dann bitte lies weiter. (Dass einem der Intimbereich nicht gefallen kann, weiß ich erst seit meiner Teilnahme in einer Bauchtanzgruppe für Mütter mit Babys: Da wurde von einer Teilnehmerin in der Großrunde intensiv besprochen, dass sie jetzt nach der Geburt ihres Kindes da unten so hässlich geworden sei! Ich war in dem Moment so perplex, dass ich fragte, wieso sie denn das wisse? „Ja schaust du dich etwa nicht mit dem Spiegel an?!") Ich muss gestehen, bis heute ist es mir ein Rätsel, was im Intimbereich als „schön" gilt und was nicht. Geht's nicht wenigstens beim Sex und beim Frausein in dieser Hinsicht um Hingabe, Lust, Erotik und sich in den anderen hineinfallen lassen? Wie soll irgendeine Art von Erotik entstehen, wenn wir dort schon wieder Schönheitsmaßstäbe geltend machen wollen. Also mir fehlen dazu sämtliche Worte, und ich weiß nur eines mit absoluter Sicherheit: Du hast die schönste Vagina, die man haben kann! Du hast eine wundervolle Klitoris und deine Schamlippen sind die schönsten, die es gibt, weil es deine sind. Dein Intimbereich ist so schön wie deine Seele und die Seele kennt nur Liebe, Lust und Leidenschaft! Wenn du magst, kannst du deine Hand auf deine Vagina legen und sie mit Wärme, mit warmen, liebevollen Gedanken und mit Dankbarkeit, dass alles da unten so ist, wie es ist, nähren …

ICH BIN. ALSO BIN ICH SCHÖN!
ALSO IST MEINE VAGINA SCHÖN!

Endlich lieb ich mein Anders-Sein!

Anders-Sein? Löst dieser Begriff etwas in dir aus? Etwas Positives? Dann geh das bitte feiern und leg das Buch auf die Seite. Wenn es etwas Negatives bei dir auslöst, dann bitte bleib da. Ich hab mir früher als Kind nichts anderes gewünscht, als so zu sein wie alle anderen. Leider wurde mir dieser Wunsch nie erfüllt. Bis heute nicht. Als Zehnjährige hatte ich auf der ganzen oberen Zahnreihe Goldzähne, die als Zahnspange ihren Dienst tun sollten. Na ja, unser damaliger Zahnarzt wusste offensichtlich noch nichts von Zahnspangen … Dazu eine Brille. Nicht allzu viel später wurde ich auch noch „dick". Im Gymnasium hieß es immer, ich würde mir diese Frechheiten, die sich aus meinem Mund verselbstständigten, nur erlauben können, weil ich aus einem reichen Haus stamme. So trug ich nur noch alte Hemden meines Großvaters, damit niemand meine Herkunft erahnen konnte. (War natürlich fürs Familienklima unglaublich förderlich …) Als Schauspielstudentin schämte ich mich unentwegt für meinen Vorarlberger Akzent. Als Kabarettistin hätte ich gerne Witze gemacht wie der Düringer, der Vögel oder die Schmidinger, weil die die Massen anzogen. Und bei mir hieß es immer: „Die bringt nicht so viele Leute, da braucht man zu viel Hirn!" Diese Liste könnte ich unendlich weiterführen. Fazit: Ich habe immer darunter gelitten, dass ich nicht so bin wie „alle anderen". Und jetzt? Gott sein Dank bin ich nicht wie alle anderen! Denn wäre ich wie alle anderen, würde ich mich noch immer für die Entsprechung aller Schönheitsdogmen quälen und unglücklich sein, weil ich das nicht schaffe. Und du würdest diese Seite nicht lesen können, weil dieses Buch nie geschrieben worden wäre.

Also gratuliere dir selber zu jeder einzelnen Kleinigkeit, wo du anders bist als die anderen. Denn das macht dich aus! Das macht dich einzigartig! Und genau das macht dich zum Geschenk für die ganze Welt!

ICH BIN. ALSO BIN ICH EINZIGARTIG!

Endlich lieb ich meine Ängste!

Wie bitte? Du sollst deine Ängste lieben lernen? Ja, denn sie sind da, ob du das gut findest oder auch nicht. Sie sind da! Und sie gehören zu dir! Stellt sich für mich nur die Frage, soll man sich dann auch von seinen Ängsten bestimmen lassen? Nein! Es gibt ein wundervolles Buch: „Feel the fear and do it anyway." – „Spüre die Angst und mach es trotzdem." Das heißt, dass du weder deine Ängste verdrängst (d.h. dir selber vormachst, dass es dir nichts ausmacht, und in der Situation selber erleidest du eine Panikattacke), noch dass du dich zu etwas zwingst. Stell dir ein kleines Kind vor, das zum ersten Mal vor einem großen See steht und sich nicht ins Wasser hinein traut. Was machst du? Stößt du es ohne Vorwarnung einfach hinein? Nein. Also was tust du? Du setzt dich ans Wasser. Schaust mit dem Kind das Wasser zuerst einmal nur an. Vielleicht lässt du es dann Steine hineinwerfen, damit es sieht, auch wenn das Wasser berührt wird, bleibt alles sicher. Als Nächstes darf es mit den Füßen drin am Rand herumspazieren … Schritt für Schritt, und voller Mitgefühl und Liebe. Nun, wenn wir erwachsen sind, haben wir immer noch Ängste. Und was machen wir mit ihnen? Verdrängen? Verstecken? Zu groß ist die Scham vor den anderen. Vor dem Urteil der anderen. Ich schwöre dir, wenn du wüsstest, vor was allem ich Angst habe, würdest du dich selber als angstfrei begreifen! Aber ich weiß um meine Ängste. Und inzwischen stehe ich dazu, liebe sie, und tu es trotzdem. Und wenn ich es allein nicht schaffe, hole ich mir Hilfe, wie im letzten Fall die eines Mentalisten (danke, Manuel Horeth), der mich fliegen lehrte. (Ich war panisch!!! Ein Ding der Unmöglichkeit für mich!) Inzwischen bin ich frei. Nicht frei von Angst, aber frei mit einem Flugzeug zu fliegen.

ICH BIN. ALSO LIEB ICH MICH!
SOMIT AUCH MEINE ÄNGSTE!

Endlich lieb ich meinen Beruf!

Bist du glücklich in deiner Arbeit? Mit deinem Beruf? Ja? Dann bitte geh feiern heute, das ist nicht selbstverständlich! Nein? Dann bitte lies weiter. Bist du unglücklich mit deinem erlernten Beruf? Oder mit deiner Arbeitstelle? Arbeitsklima? Arbeitskollegen? ... Oder mit allem zusammen? Dann kannst du folgendes tun:

1. Du siehst dich um, welche neue Berufausbildung du machen möchtest, und suchst dir alsbald einen Ausbildungsplatz oder -weg.

2. Oder du suchst dir eine neue Arbeitsstelle.

3. Oder du wirst mit dem glücklich, was ist. Du „reframest" deine ganze Situation und empfindest dieselbe Situation anders als vorher. „Reframen" heißt: etwas in einen neuen Rahmen stellen, sprich, du änderst nicht die äußeren Umstände, sondern du veränderst deine innere Einstellung dazu. Viktor Frankl (Psychotherapeut und selber Auschwitz-Häftling) sagte einmal dazu: „Du kannst den Menschen im Konzentrationslager alles nehmen, nur nicht: die letzte menschliche Freiheit, sich zu den gegebenen Verhältnissen so oder so einzustellen ... Und es gab ein ‚So oder so'!"

Entscheide dich für Nummer 1, 2, oder 3. Triff die Entscheidung bis morgen Abend. Wenn die Entscheidung steht, notiere dir alle weiteren nötigen Schritte mit konkretem Datum, wann du welchen Schritt tust. Wenn du dich für Nummer 3 entschieden hast, nimm einen Zettel und schreib alle positiven Outputs deines Berufes und deiner Arbeitstelle auf. Sammle so viele du finden kannst und erweitere diese Liste jeden Tag um eine Sache. Und dann sieh dir selber zu, wie du wieder glücklich wirst!

ICH BIN.
ALSO ÜBE ICH MEINEN BERUF MIT LIEBE AUS!

Endlich lieb ich meinen Charakter!

Magst du deinen Charakter? Findest du dich selber liebenswert? Als ArbeitskollegIn? Als FreundIn? Als PartnerIn? Als Mutter? Als Vater? Als SportkollegIn? Als HobbypartnerIn? – Nicht immer? Aber wenigstens manchmal? Bitte nimm jetzt einen Zettel zur Hand und schreibe fünf Sätze auf, die immer wie folgt beginnen: „Ich bin liebenswert, weil ich …" (… gut zuhören kann, die beste KöchIn der Stadt bin, meinen Kindern bei ihren Hausübungen helfe, meine SportkollegIn immer ermuntere weiter zu machen, unseren Garten in Stand halte, die anderen immer wieder lobe …). Wenn dir mehr als drei Sachen einfallen, bitte mach einfach weiter, bis dir nichts mehr einfällt. Und morgen findest du die nächsten drei Dinge, warum du liebenswert bist, und übermorgen die nächsten drei – und das ganze Spiel treibst du mindestens eine Woche lang. Und wenn du magst, kannst du diese Liste auch einen Monat lang füllen und füllen und füllen. Je länger, desto besser für dein Unterbewusstsein! Und wenn du sicher bist, dass dir jetzt wirklich nichts mehr einfällt, dann fragst du deine/n beste/n FreundIn oder deine/n PartnerIn, ob du ihr/ihm etwas vorlesen darfst. Und dann liest du deine Liste laut vor. Und dann schau, was es mit dir macht! Denn in dem Moment, wo du sogar öffentlich dazu stehst, liebenswert zu sein, in dem Moment glaubt es auch dein größter Zweifler in dir und kann in den Ruhestand gehen.

Viel Spaß und gutes Gelingen! UND wenn du das geschafft hast, dann klopfst du dir gaaaaaanz fest auf die Schulter und lobst dich selbst gaaanz laut! Denn das ist eine Meisterleistung!! GRATULIERE DIR!

ICH BIN.
ALSO BIN ICH LIEBENSWERT!

Endlich lieb ich es, mir Hilfe zu holen!

Wer oder was sind deine Lebenssäulen?

Menschen, Hobbys, Therapeuten, Freunde, Kinder, Familie, Arbeit, Religion, Ärzte, Natur, Sport – Dinge, die dir Kraft fürs Leben geben. Menschen, an die du dich im Problemfall und auch sonst sofort wenden kannst, Dinge, die du tun kannst, wenn alles andere gerade zusammenzubrechen droht …

Ich hatte eine Kundin zum Coaching, die gerade sowohl beruflich als auch partnerschaftlich in einer sehr schwierigen Situation war und bei mir Hilfe suchte. Eine sehr gute Entscheidung, denn muss man alles allein schaffen? Nein! Sogar ich als Profi hole mir regelmäßig für mich selber Hilfe. Nun, da diese Kundin keine einzige Antwort auf meine Frage hatte, wusste ich, was wir als Erstes angehen würden. Wir mussten herausfinden, wo und mit wem sie Kraft schöpft. Welche Menschen ihr gut tun. An welchen Orten sie Energie tankt. Bei welchen Tätigkeiten ihr Herz zu singen beginnt. Sprich: was ihre Lebenssäulen sind. Du kannst das mit einer Tankstelle vergleichen: Stell dir vor, du fährst ein Auto, das mit jedem Sprit fahren könnte, nur glaubst du, es müsse immer Diesel sein. Jetzt stehst du eines Tages auf der Tankstelle und die Diesel-Zapfsäule dort ist leer. Wenn du weißt, was deinem Auto sonst noch gut tut, kannst du einfach auf eine andere Zapfsäule ausweichen: Superbenzin. Ist diese leer, nimmst du Bleifrei, d.h., wenn einmal der Tank der Partnerschaftssäule und der deines Jobs leer sind, muss es noch andere Zapfsäulen für dich geben, damit du trotzdem weiterfahren kannst …

Frage an dich: Was sind deine Lebens- bzw. Tanksäulen, an denen du deinen Tank immer wieder füllen kannst? Wenn du nur zwei zur Verfügung hast, bitte erarbeite dir noch mindestens zwei neue …

ICH BIN. ALSO HOLE ICH MIR HILFE!

Endlich lieb ich meine Kreativität!

Bist du ein kreativer Mensch? Egal, was du jetzt antwortest, ich weiß es: JA! Leider ist unser Kinderleben dominiert von Erwachsenen, die sofort wissen, was „richtig" ist und was „falsch" ist: „Nein, tu das Auto auf den Boden! Das kann doch nicht fliegen!" Und in solch einem Erwachsenenumfeld passiert es ganz vielen Kinderseelen, dass sie vor lauter Zurechtweisungen und Fehlervorhaltungen nichts Neues mehr ausprobieren und dadurch den Zugang zur eigenen Kreativität verlieren. Was versteht man eigentlich unter Kreativität? „Etwas neu schöpfen, etwas erfinden, etwas erzeugen oder herstellen." Und wie und wann entsteht sie? „Besonders bei geistiger Offenheit und Mut zur Veränderung!" Und wie geht sie vornehmlich verloren? „In einem angstvollen Klima mit wenig Freiräumen." Dazu habe ich zwei grundlegende Fragen an dich: Darfst du „Fehler" machen? Teilst du deine Handlungen und die deiner Mitmenschen in „richtig" und „falsch" ein? Wenn dem so ist, hast du keinen Freiraum zum Scheitern, zum Fehlermachen mehr. Doch ohne den Mut, zu scheitern und Fehler zu machen, kann nichts Neues entstehen! Also weißt du jetzt, wo der Schlüssel zu deiner Kreativität liegt: Mach wieder Fehler, erlaube dir, Blödsinnigkeiten zu sagen, zu tun und diese gar zu bewundern! Denn am Ende des Tages kombinierst du ein Scheitern mit einem Blödsinn und hast etwas Neues erfunden! Für heute lade ich dich ein: Erlaube dir heute, drei Fehler zu machen! Und morgen erlaubst du dir vier. Und übermorgen fünf. Und deiner/m PartnerIn, ArbeitskollegIn und deinen Kindern genauso. Und dann schau, wie viel freier Raum sich für euch alle wieder auftut. Und was sich in diesem freien Raum an Neuem, Kreativem vorstellt …

ICH BIN.
ALSO BIN ICH KREATIV!

Endlich lieb ich es zu lachen!

Lachen ist so eine Sache. Lachen über andere ist für viele leicht. Lachen über sich selbst ist schon etwas schwieriger. Und gemeinsam mit anderen Menschen lachen ist noch mal eine größere Herausforderung. Denn Humor ist Geschmackssache und äußerst individuell. So sehen manche Männer Humor bei Frauen gar folgendermaßen (Dr. med. von Hirschhausen in einer seiner Shows): „Männer suchen grundsätzlich eine Partnerin, die Humor besitzt. Und was meinen sie im Speziellen damit? Dass sie über SEINE Witze lacht!"

Deine Aufgabe für heute ist folgende: Geh mit Leichtigkeit durch den Tag. Und nimm, egal was dir wo passiert, alles mit einer gewissen Distanz zum Geschehen wahr. Wenn es dir hilft, kannst du dir vorstellen, du wärst ein/e KabarettistIn auf Stoffsuche. Und wann immer es dich überkommt, lache aus vollem Herzen!

Und wenn du magst, machst du morgen folgendermaßen weiter: Du beobachtest dich selber. Und du schaust, was du tust. Und wie du dich verhältst. Und was du zu den Leuten sagst. Und wenn du merkst, dass du mal selber völlig daneben warst, dann bitte gönne dir ein volles Lachen aus ganzem Herzen. (Weißt du, wie viel Lustiges ich in meinem Leben erlebe? Und weißt du, mit wem? Vor allem mit mir selber. Manchmal denk ich mir wirklich, wie kann man so sein, wie ich bin! Wie kann man sich nur so und so verhalten, und dabei glaube ich auch noch, völlig im Recht zu sein … Und weißt du, was ich mache, wenn ich draufkomme: Ich lache! Das erleichtert und bringt Freude. Denn ändern kann man es eh nicht mehr!)

ICH BIN.
ALSO LACHE ICH VIEL!

Endlich lieb ich meine Lebensaufgabe !

Kennst du deine Lebensaufgabe? Weißt du, warum du auf der Erde bist? Wodurch die Menschen von dir profitieren?

Ich weiß, das ist eine der schwierigsten Fragen, die uns zeitlebens beschäftigen können: „Was ist der Sinn des Lebens? Warum bin hier? Was ist meine Lebensaufgabe?"

Hast du irgendeine Idee, was deine Lebensaufgabe sein könnte? Hast du dich mit diesem Thema überhaupt schon einmal beschäftigt? Was kannst du besonders gut? (Alte Menschen pflegen? Blumen zum Blühen bringen? Die Straßen sauber halten? …) Und was bereitet dir unglaubliche Freude im Leben? Was sind deine Hobbys? Was ist dein Lieblingshobby?

Was dieses Thema angeht, möchte ich dir folgendes mitgeben, denn ich werde dir nicht auf dieser Buchseite deine Lebensaufgabe sagen können. Deine Lebensaufgabe ist möglicherweise in unmittelbarer Nähe deines Lieblingshobbys zu finden und hat mit allem zu tun, was du besonders gut kannst. Was dir liegt, was dir wie von selbst von der Hand geht. Und wenn du dann dabei das Gefühl hast, sinnvoll für die Welt zu sein, dann könntest du deine Lebensaufgabe gefunden haben. (Denn dass wir Geldberge anhäufen um der Geldberge willen, wird für die Welt und dich selber nicht sonderlich sinnvoll sein. Wenn du aber mit einem Teil davon Hilfsprojekte unterstützt, kommt schon wieder Sinn auf. Vor allem auch für dich!) Folge deinem Herzen und geh ganz nach deinem Gespür. Du findest sie sicher, deine Lebensaufgabe, wenn du sie nicht schon gefunden hast …

ICH BIN. ALSO BIN ICH SINNVOLL!

248

Endlich lieb ich mich als Mutter, als Vater!

Falls du selber keine Kinder hast, macht das gar nichts, dann überleg dir alle Anregungen dahingehend, ob du für dich selber ein guter Vater oder eine gute Mutter bist. Wie erlebst du dich selber als Mutter? Als Vater? Hast du das Gefühl, dass du eine gute Mutter bist? Dass du ein guter Vater bist? Plagt dich wegen irgendetwas ein schlechtes Gewissen? Hast du dein Kind mal im Affekt geschlagen? Sitzt du arbeitsmäßig ständig im Büro, anstatt die Fußballspiele deines Sohnes zu beklatschen? Denkst du dir als Mutter, dass du zwar zeitlich gesehen viel mit deinen Kindern zusammen bist, dass du aber innerlich oft abwesend bist? … Mach jetzt bitte folgendes: Stell dir einen Scheibenwischer vor, der alle diese Gedanken und Selbstzweifel wegwischt: Wisch, wisch, wisch: Und weg sind sie! Und jetzt holst du einen Zettel und einen Stift und schreibst mindestens drei Sätze auf, die alle genau so beginnen: „Ich bin eine gute Mutter (guter Vater), weil …" (… ich mit meinem Sohn Papierschiffe baue, … ich mit meiner Tochter essen gehe, … ich meinem Sohn immer noch antworte, wenn er schon das siebte Mal die gleiche Frage stellt, … ich mein Bestes gebe!) Und wenn du keine Kinder hast, schreibst du: „Ich bin MIR eine gute Mutter (Vater), weil … Wenn du magst, kannst du diese Liste jeden Tag von neuem ergänzen, bist du tief in dir drinnen weißt, dass du die beste Mutter oder der beste Vater der Welt bist! Auch, oder gerade wenn du alleinerziehend bist, denn dann musst du das Ganze allein tragen. Am Schluss, wenn die Liste voll ist und du es selber glaubst, bitte klopf dir auf die Schulter und lobe dich laut! Gratuliere!!!

ICH BIN.
ALSO BIN ICH EINE GUTE MUTTER!
ALSO BIN ICH EIN GUTER VATER!

Endlich lieb ich meine Schattenseiten!

Schattenseite? Was ist das? Ich habe diesen Begriff zum ersten Mal bei Rüdiger Dahlke gelesen und war hoffnungslos überfordert. Mein Schatten? Was soll das sein? Inzwischen weiß ich es: Das sind alle die Seiten und Verhaltensweisen, die du an dir selber nicht magst. Und weil du sie nicht magst, machst du wahrscheinlich folgendes: Du weißt gar nicht, dass du sie hast. Du verleugnest sie einfach. Du ignorierst diese Charaktereigenschaften und belügst dich damit selbst. Die anderen kannst du nicht belügen, denn die erleben dich, wenn du wie ein Wilder schreist, wenn du deinen Partner betrügst, wenn … Nun, warum tust du das dann? Erstens einmal will jeder ein „guter" Mensch sein. Und zweitens will jeder perfekt sein und keine Fehler machen. Da wir aber in einer Welt der Dualität leben – kein Licht ohne Schatten –, gibt es in unserem eigenen Wesen zu jeder „guten" Seite genau eine Schattenseite. Jetzt könntest du natürlich sagen, ich habe bis jetzt so gut gelebt, wieso soll ich mir meine Schattenseiten anschauen? Aus genau zwei Gründen: 1. bringst du dann Licht in dein dunkles Reich und dadurch wirst du dir deiner selbst bewusst. Und 2. wirst du damit „ganz" und verpuffst deine Energie nicht mehr mit verleugnen, nicht hinsehen wollen und andere verurteilen, weil die so „schlecht und unkontrolliert und süchtig und egoistisch und verlogen und untreu und aggressiv und …" sind. Dann bist du das alles nämlich AUCH selber. Und wenn du darum weißt, kannst du bewusster mit dir und mit anderen umgehen. Und das führt zu Liebe und Toleranz mit dir und mit anderen, weil NIEMAND perfekt ist.

Was könnten deine Schattenseiten sein? Welche Verhaltensweisen könnten sie zum Ausdruck bringen? Wobei bist du selber nicht perfekt?

**ICH BIN. ALSO HABE ICH SCHATTENSEITEN!
ALSO FANGE ICH AN, AUCH DIESE ZU LIEBEN!**

Endlich lieb ich meine Sexualität!

Dazu nur zwei Gedanken:

Wenn du dich selber schön findest, findet dich deine/n SexpartnerIn genauso schön! Denn was du aussendest an Gedanken und Gefühlen, kommt zu dir zurück!

und:

Wenn du dich selber liebst, findet dich dein/e SexpartnerIn genauso liebenswert! Denn was du aussendest an Gedanken und Gefühlen, kommt zu dir zurück!

ICH BIN. ALSO BIN ICH SCHÖN!
ALSO GENIESSE ICH MEINE SEXUALITÄT!

Endlich lieb ich meinen Spirit!

„Spirit?" Was soll das sein? Du weißt es auch nicht? Willkommen im Club der Unwissenden! Genauso habe ich mich gefühlt vor 20 Jahren, als ich in meinem Sessel hing (Stuhlentspannung), der auf einer großen Theaterbühne in Wien stand und mein Method-Acting-Lehrer aus New York in die Runde rief: „Where is your spirit?" – „Spirit?" Mein Hirn versuchte im Schnelldurchlauf die passende Übersetzung zu finden: Geist, Sinn, Stimmung, Mut … oder meinte er Religion? Aber ich war doch ausgestiegen aus der katholischen Kirche. Ich war eine kleine, stolze Rebellin! Und jetzt meinte er, ich soll wieder dorthin zurückkehren? Und so wurde meine Antwort: „Ich glaube nicht an Gott, ich bin modern, und der Coach soll mich in Ruhe lassen, denn der ist nur mein Schauspieltrainer und sonst nichts!" Komischerweise kam mir diese Frage in den darauf folgenden Jahren wieder und wieder in den Sinn: „Where ist your spirit?" Was hatte der gemeint mit Spirit? Er war ein sehr berühmter Mann, er hatte unter anderen Robert de Niro und Dustin Hoffman gecoacht … Und doch sollte es noch Jahre dauern, bis ich auf einmal wusste, was er damit meinte: Ich spürte in jenem Moment plötzlich, dass es irgendetwas gibt auf dieser Welt, das größer und mächtiger und beeindruckender ist, als mein kleines Gehirn und der sich darin befindende Geist je sein können. Ich spürte, dass ich nicht mehr alles nur aus mir selber schöpfen musste, es gab etwas „Höheres", das mich nährt, wenn ich das will. Von dem ich etwas bekomme. Einfach so. Inspirationen, Energie, Kraft, Zuversicht, Vertrauen, … Und in dem Moment wusste ich, was die ganz großen Schauspieler tun. Die spielen nicht „nur" aus sich heraus. Die docken sich an ihrem Spirit an, der sie mit Ideen, Kraft, Energie, … versorgt. Der Spirit, das Universum, die Engel, Gott, Allah, Buddha, … Drum: „Where is YOUR spirit?"

ICH BIN. ALSO BIN ICH SICHER!

Endlich lieb ich Sport!

Wenn du Sport sowieso liebst, dann lege das Buch beiseite und gehe eine Runde Sport treiben und genieße deinen gesunden, fitten Körper! Wenn du Sport nicht magst, oder deine zu dir passende Sportart noch nicht gefunden hast, dann lies bitte weiter. Dass Sport gesund ist, weiß inzwischen jede/r. Dass du aus gesundheitlichen Gründen Sport machen solltest, weißt du genauso … also was kann ich dir Neues erzählen? Ich liebe Sport und weißt du, warum? Weder weil es die Ärzte sagen, noch weil man davon abnimmt (ich nehme in intensiven Sportphasen immer zu): Ich liebe Sport, weil ich dadurch und dabei meinen Körper spüre, und zwar viel intensiver als beim Herumsitzen und Herumliegen. Und dieses Mich-selber-in-Anstrengung-Spüren empfinde ich wortwörtlich als geil, als orgasmus-affin! Und dieses geile Gefühl, mich und meinen Körper so intensiv zu spüren, kombiniert mit Natur, Sonne, Wasser, Grün, Wind, Musik und/oder Geschwindigkeit, das macht mir für mindestens zwei Tage gute Laune. Jetzt die Frage an dich: Gibt es irgendeine Bewegungsart, die du magst? Spazieren, Wandern, Joggen, Walken, Schwimmen, Vögel-schauen-Gehen (meine Eltern machen das mit Begeisterung, das Tempo des Gehens kannst du dir selber vorstellen, denn es geht ums Kleine-Vögel-Schauen durchs Fernglas), Inline-Skaten, Volleyball-spielen, Tischtennis, Yoga (ich hasse Yoga, frag mich nicht, warum), Qui Gong, Bogenschießen, Zumba (ich hasse Zumba, frag mich schon, warum!), … egal was, BITTE nimm dir eine Woche Zeit, mal etwas Neues (eine Sache, zwei, oder gar drei) auszuprobieren. Tu es! Und schau, wie du dich dabei fühlst: Du bist eins mit dir selber und spürst dabei jeden Muskel: Das ist einfach nur GEIL!!!

ICH BIN. ALSO BEWEG ICH MICH, BIS ICH MICH SPÜR!

Endlich lieb ich meine Talente und Begabungen!

Dass du Talente hast, das weißt du? Dass du große Begabungen in dir trägst, weißt du genauso! Oder weißt du das nicht? Dann mal ganz von vorne: JEDER Mensch hat Talente und Begabungen, die im Vergleich mit anderen außergewöhnlich sind. Nur, und das ist vielleicht noch dein Problem, werden bestimmte Begabungen als wertvoll und andere als weniger wichtig eingestuft: SchauspielerInnen, Models, SängerInnen, Finanzprofis und FußballerInnen gelten momentan sicher als sehr begabt. LehrerInnen, ErzieherInnen, Hausfrauen oder PutzmanagerInnen genießen einen nicht so herausragenden Ruf. Jetzt geht es aber in erster Linie darum, wie du dich selber wahrnimmst. Am wichtigsten ist deine eigene Anerkennung dir selbst gegenüber: Was kannst du richtig gut? Was ist dein außerordentliches Talent? Kannst du gut organisieren? Bekommen deine Kinder jeden Tag eine besondere Jause mit in die Schule? Lässt du die Autoreifen immer rechtzeitig wechseln? Kannst du ganze Tische unterhalten? Bist du die beste Zuhörerin der Welt? Bist du ein besonders aufmerksamer Partner? (z.B. in meinem Fall: Was ist meine wirkliche Begabung beim Coachen? Meine vielen Spezialausbildungen? Nein! Meine einfühlsame Art? Mein Fachwissen? Ja, das habe ich, aber das ist es auch nicht! Meine besondere Begabung liegt darin, dass KundInnen sich selber belügen können, aber mich nicht. Dass ich immer genau spüre, was genau der Punkt ist …) Und genau so hast DU etwas oder einiges, was nur DU so phänomenal gut kannst! Ich lade dich ein, dich in dieser Woche genau zu beobachten und Informationen zu sammeln: wo und wie du besonders begabt und talentiert bist? Da wirst du viel Neues entdecken! Viel Spaß!

ICH BIN.
ALSO BIN ICH BESONDERS BEGABT UND TALENTIERT!

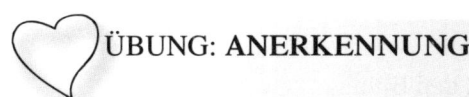 ÜBUNG: **ANERKENNUNG!**

Heute darfst DU DIR SELBER ANERKENNUNG geben:

Egal wie banal etwas für andere scheint, wenn es für dich ein Akt der Überwindung war, dann hast du etwas geleistet … Und wenn es ist, dass du Lebensmittel für zu Hause eingekauft hast, oder wenn du heute überhaupt in deiner Arbeit bist, oder wenn du an die Blumen für deine Partnerin gedacht hast, oder … dann hast du eine Situation bravourös gemeistert.

Und genau dann klopfst du dir jedes Mal bitte auf die linke Schulter und sagst laut zu dir: „Super, Max, das hast du super gemacht!" Mindestens fünfmal heute. ❤

ICH BIN.
ALSO ANERKENNE ICH MICH WIEDER UND WIEDER!

 ÜBUNG: **DANKE!**

„Beginne heute den Tag mit dem Gefühl von Dankbarkeit: Sei dankbar für das Bett, in dem du gerade geschlafen hast, für das Dach über deinem Kopf, den Teppich oder Boden unter deinen Füßen, das fließend Wasser, die Seife, deine Dusche oder Badewanne, deine Zahnbürste, deine Kleidung, deine Schuhe, deinen Kühlschrank, der alle deine Lebensmittel kühlt, das Auto, das dich fährt, deinen Job, deine Freunde. Sei dankbar für alle Geschäfte, die es für dich so leicht machen, dort alles zu kaufen, was du brauchst, für die Restaurants, und die öffentlichen Versorgungsbetriebe wie Gas, Strom, Elektrizität, die dein Leben so mühelos machen. Danke für alle Zeitungen und Bücher, die du lesen kannst, sag danke zum Sessel, auf dem du sitzt, zum Gehsteig, auf dem du gehst. Danke dem Wetter, der Sonne, den Vögeln, den Bäumen, dem Gras, und den Blumen.

Danke an dich, danke an dich, danke an dich …

Möge die Freude mit dir sein!"

Aus: The Secret Daily Teachings ❤

ICH BIN. ALSO BIN ICH DANKBAR!

ÜBUNG: **DATE MIT SICH SELBER!**

Heute ist der Tag, an dem du ein DATE MIT DIR SELBER ausmachen kannst. Egal ob für heute, für morgen oder für nächste Woche …
Warum sollst du das tun? Gegenfrage: Wie wäre es, wenn du dich allein nicht mehr „allein" fühlen würdest? Wenn du nicht allein wandern gehst, sondern mit dir? Wenn du eine Städtereise buchst und dort nicht allein hinfährst, sondern mit dir? Wenn du unabhängig von allen anderen Menschen Dinge tun und unternehmen kannst, wann und wo immer du willst? Dann bist du frei, immer das zu tun, was DU gerade willst!
Also wie wäre ein Kinobesuch, du mit dir? Oder ein Spaziergang? Einen Cocktail trinken oder eine Verabredung beim besten Konditor in der Stadt? … Wozu, fragst du dich vielleicht noch immer: Erstens lernst du dich selber neu kennen, zweitens wirst du frei zu tun, was und wann immer du willst, egal ob jemand auch Zeit und gerade Interesse hat mitzugehen. Und drittens: wirst du dir selber dein/e beste/r FreundIn, nämlich eine/r, der/die alles versteht, alles mitmacht und eine/r, mit dem/der du so viel Spaß hast wie nie, denn euer Humor ist vermutlich derselbe … ❤

ICH BIN. ALSO GEH ICH GERN MIT MIR AUS!

 ÜBUNG: **FREUDE BEREITEN!**

Heute ist ein Tag, an dem DU DIR SELBER FREUDE bereiten darfst. Frage dich im Laufe des Tages immer wieder: „Was würde ich jetzt am liebsten tun? Was würde mir jetzt Freude bereiten?" (So wie wenn man frisch verliebt ist und den anderen überraschen und glücklich machen will. So machst du das heute für dich selber!) Und mindestens drei von diesen Dingen setzt du in die Tat um! ❤

ICH BIN. ALSO BEREITE ICH MIR FREUDE!

 ÜBUNG: **GESCHENK!** –

ICH BIN EIN GESCHENK!
Heute lade ich dich ein, dir mindestens viermal über den Tag verteilt zu sagen: „Ich bin ein Geschenk!"

Und morgen lade ich dich ein, dir mindestens viermal über den Tag verteilt zu sagen: „Ich bin ein Geschenk!"

Und übermorgen lade ich dich ein, dir mindestens viermal über den Tag verteilt zu sagen: „Ich bin ein Geschenk!"

Und überübermorgen lade ich dich ein, dir mindestens viermal über den Tag verteilt zu sagen: „Ich bin ein Geschenk!"

Und wenn du magst, kannst du das über vier Wochen lang tun … Und dann schau, wie du dich fühlst! Denn dann glaubst du es selbst: Denn es ist ein Tatsache: Du bist ein Geschenk!!! ❤

ICH BIN. ALSO BIN ICH EIN GESCHENK!

 ÜBUNG: **KRAFTÜBUNG AM MORGEN!**

Heute habe ich eine Übung für dich, die du am besten morgens vor dem Aufstehen machst, weil du dann gleich mit einem guten Gefühl und positiver Energie in den Tag gehst:

MORGENS-VOR-DEM-AUFSTEHEN-ÜBUNG:
Drehe dich morgens, noch in deinem Bett liegend, auf den Rücken und lege deine Hände neben deinen Körper, Handflächen bei den Hüften. Dann lenkst du deine Aufmerksamkeit zu deinem Atem und spürst 2-3 Atemzüge lang, wie dein Atem ganz von selbst in dich hinein fließt und ganz von selbst wieder aus dir heraus fließt. Und dann sagst du laut zu dir, wenn du allein im Bett liegst, ansonsten leise in deinem Inneren: „Ich spüre, wie eine Kraft voller Energie, eine Kraft voller Weisheit, eine Kraft voller Liebe und eine Kraft voller Glücksseligkeit (wenn es Thema ist, auch noch eine Kraft voller Gesundheit) durch mich hindurchströmt …"

Und das sagst du dreimal. Und zwar so langsam, dass du die Kraft mit Energie spürst, dass du die Kraft mit Weisheit spürst und dass du die Liebe und Glückseligkeit durch dich hindurch fließen spürst … Und wenn du fertig bist, wünscht du dir einen schönen Tag heute … ❤

**ICH BIN.
ALSO GEHE ICH POSITIV IN DEN NEUEN TAG!**

 ÜBUNG: **LIFTFAHREN INS HERZGESCHOSS!**

Heute bitte ich dich, dass du dir ganz bewusst Zeit nimmst, die Übung von Seite 200 zu machen: „LIFTFAHREN INS HERZGE-SCHOSS". Diese Phantasiereise kann der Schlüssel zu einem Leben sein, in dem du dich selber liebst, so wie du jetzt bist …

Nämlich wunder-wunder-wunderschön!

ICH BIN. ALSO BIN ICH MIT DEM HERZEN BETRACHTET IMMER SCHÖN!

 ÜBUNG: **LOBEN!**

Heute bitte ich dich, dass du dich mindestens dreimal SELBER LOBST. Und zwar laut!

(Anna, bravo! Du hast ein wundervolles Frühstück für dich, für … hergerichtet! Christian, super! Du warst heute Morgen so liebevoll zu deiner Partnerin, obwohl du ein Morgenmuffel bist! Brigitte, wow! Du schaust heute so schön aus! Herbert, auch wenn du deinem Chef am liebsten eine reingehauen hättest, bist du höflich und respektvoll geblieben, genial! Lukas, du fandest diese Buchseite heute voll daneben und trotzdem hast du die Übung gemacht, du bist Spitze!)

Abends, wenn du das getan hast, klopfe dir aus Anerkennung noch einmal fest auf deine Schulter: „Super hast du das gemacht! Ich bin stolz auf dich!"

ICH BIN. ALSO HABE ICH VIEL LOB VERDIENT!

 ÜBUNG: **SCHÖN FINDEN!**

Heute darfst DU DICH SCHÖN FINDEN!

Stell dich bitte nackt vor den Spiegel, schließe zuerst kurz deine Augen und fahre innerlich vom Verstandesgeschoß in dein Herzgeschoß hinunter. Und erst dann öffnest du die Augen und suchst dir nun mindestens drei Körperstellen, die du schön findest. Wenn du mehrere entdeckst, nur zu! Denn mit deinem Herzen betrachtet, bist du rundherum genau so, wie du jetzt bist:

wunder-wunder-wunderschön!!! ❤

ICH BIN. ALSO BIN ICH SCHÖN!

 ÜBUNG: **IN DIE STILLE GEHEN!**

Heute und – wenn du magst – die ganze nächste Woche darfst du dich IN STILLE ÜBEN. Bitte nimm dir fünf Minuten Zeit und lege oder setze dich an einen Ort, an dem du nicht gestört wirst, schließe deine Augen und beobachte deinen Atem … Wie er ganz von selbst aus dir heraus fließt und dann ganz von selbst wieder in dich hineinfließt … Wenn Gedanken kommen, heiße sie willkommen, lass sie dann wieder gehen und wende deine Aufmerksamkeit wieder deinem Atmen zu … ein, aus … ❤

ICH BIN. ALSO DARF ICH EINFACH MAL NUR SEIN!

260

 ÜBUNG: **UMARMEN!**

Heute darfst DU DICH SELBER UMARMEN!

Wie tut es doch gut, wenn man in Zeiten der Not und Verzweiflung von einem ganz lieben Menschen umarmt wird! Kennst du das Gefühl? Oder wenn einen die/der Liebste/r aus Liebe oder aus Freude oder einfach so umarmt? Nähe, Wärme, Umarmungen tun einfach gut. Das Herz geht auf. Man beruhigt sich. Man freut sich gemeinsam ... Vorzüglich wenn es stressig wird in der Arbeit, Ausbildung, in Diskussionen, Streits, gibt es keine Umarmungen mehr. Und dabei würde man es gerade in diesen Situationen so sehr brauchen. Also warum dann sich nicht selber umarmen? Sich ganz fest und liebevoll selber in die Arme nehmen und drücken und sich damit selber zeigen: Ich bin für dich da! Ich hab dich lieb! – Vor den anderen? Natürlich nicht! Aber auf dem WC, im Aufzug, im Einzelbüro, im Auto, zuhause, allein ...

Heute darfst du dich mindestens dreimal selber in die Arme schließen! ❤

ICH BIN. ALSO UMARME ICH MICH!

ÜBUNG: **WERTVOLL-SEIN ÄUSSERLICH!**

HEUTE BIN ICH ES WERT!

Heute lade ich dich ein, dass du nur positiv über deine Figur und dein Aussehen redest. Und dass du nur positiv über deine Figur und dein Aussehen denkst ... ❤

ICH BIN. ALSO BIN ICH SCHÖN!

 ÜBUNG: **WERTVOLL-SEIN INNERLICH!**

HEUTE BIN ICH ES INNEN UND AUSSEN WERT!

Heute lade ich dich ein, dass du nur positiv über deine Figur und dein Aussehen redest. Und dass du nur positiv über deine Figur und dein Aussehen denkst ...

UND

Dass du nur positiv über dein Wesen und deinen Charakter sprichst. Und dass du nur positiv über dein Wesen und deinen Charakter denkst ... ❤

ICH BIN. ALSO BIN ICH SCHÖN UND LIEBENSWERT!

Schlussbemerkungen

Falls bei Ihnen Gedanken der Art wie folgt aufgetaucht sind: „Da dreht man sich ja nur noch um sich selbst, was für eine egozentrische Sichtweise, das Leben anzugehen …", kann ich Ihnen versichern, im Sinne von Jesus, der da sagte: „Liebe deinen Nächsten wie dich selbst!", dass wir bei unserem Selbst anfangen müssen, um den Nächsten lieben zu können. Denn alles, was ich an mir selber nicht mag, sehe ich beim anderen und lehne „es" ab. Mag ich zum Beispiel meinen Bauch nicht, lehne ich den Bauch meines Partners, meiner Partnerin, meiner Kinder ab. Habe ich eine Phase, wo ich mich nicht leiden kann, wo ich in Wirklichkeit von mir selber genervt bin, nerven mich meine Kinder, meine Freunde … alles im Außen. Jeder Mensch neigt dazu, die Dinge und Verhaltensweisen, die er an sich selber nicht mag, nur beim Anderen im Außen wahrzunehmen. Dabei entsteht die Illusion, „der andere" würde nerven, „die andere" wäre dick und hässlich und alt, und alles hätte nichts mit einem selber zu tun, weil ja „die Umwelt" nervt, so dick ist … Also heißt das summa summarum, wenn ich „es" an mir selber nicht liebe, kritisiere ich „es" am anderen und lehne dadurch „den anderen", „den Nächsten" ab. (Man nennt so etwas eine klassische Projektion.) Wenn ich „es" aber an mir selber lieben gelernt habe, liebe ich „es" auch beim Nächsten, und somit liebe ich auch den Nächsten. Alles, was ich mit und bei mir selber kann, kann ich mit jedem anderen auch!

Wenn Sie anfangen, mit diesem in den Übungen beschriebenen Gedankengut zu leben und zu handeln, dann bestimmen wieder Sie zu 100 Prozent selbst über Ihr Leben. Denn wer sich selber liebt, ist stark, frei und unabhängig. Wer sich selber liebt, ist unabhängig von der Bestätigung anderer, ist frei von den Urteilen und Bewertungen der Gesellschaft darüber, wie man ausschaut, darüber, was man tut, sagt oder denkt. Wer sich selber liebt, spürt sein eigenes Herz und kreiert sein eigenes, neues Wertesystem. Ein Wertesystem, das an der Liebe im eigenen Herzen anknüpft. Selbstliebe ist die neue Droge, die Frieden auf der ganzen Welt bringt. Wer sich selber liebt, ist in tiefem Frieden mit sich selbst und damit automatisch mit der ganzen Welt.

Danke für Ihre Zeit und Ihre Aufmerksamkeit,

Ihre Hilde Fehr

Und wenn Sie ein Zeichen setzen wollen, heiße ich Sie herzlich willkommen auf facebook unter:

ICH BIN. ALSO BIN ICH SCHÖN!

DANKE

An dieser Stelle möchte ich mich als Erstes bei meiner Tochter Antonia fürs „Herzbild" auf dem Buchcover bedanken. Ihr Kunstwerk begleitet mich schon seit fünf Jahren als Hintergrundbild auf meinem Handy und hat nun endlich seine Bestimmung gefunden. (Zudem bist du meine größte Inspirationsquelle, danke!) Danke an meinen Sohn Elias, der einfach nur da ist und mein Leben bereichert. Danke an Sam Manga (mein größter spiritueller Lehrer, der leider wieder nach Afrika abgeschoben wurde!), Gloria Glorienschein Dürnberger, Martina Wäfler, Mick Rieser (der erste Mann, dem ich vom Entstehen dieses Buches erzählte und der dazu meinte: „Aber Hilde, warum nennst du es denn nicht: Ein Guide zur Selbstliebe?! Bitte wer braucht das nicht?!!! Mehr Selbstliebe …?" Du hast mir so viel Mut gemacht, denn ich dachte, dass zumindest alle Männer mich nur belächeln werden …), Eliane Hatsak, meine Mama und meinen Papa, die alle immer an mich geglaubt haben! Danke an meine liebe Nachbarin Marlene Morscher, die mir mit meinen Kindern, mit meiner Kocherei und mit Proseccoschlürfen im „pinkesten Garten Rankweils" immer zur Seite gestanden hat! Danke an Marion Schiller, die mich mit fachlichem Rat unterstützte. Ein besonderes Dankeschön an meine wundervolle Verlegerin Frau Strobele, die mein Werk mit ihren Ideen erst richtig zum Leuchten brachte. Und danke an mich selbst, dass ich alle Frustrationen und Rückschläge von „Du bist nun halt mal dick und hässlich geworden!" durchgestanden habe, um jetzt dort zu stehen, wo ich stehe, „Ich bin. Also bin ich schön!" Und zuletzt das Allerwichtigste: Danke an Sie, dass Sie dieses Buch in Händen halten und damit Ihren ersten Samen zu Ihrer eigenen Selbstliebe säen …

Zur Autorin

Hilde Fehr
ist ausgebildete Schauspielerin und Kabarettistin. Nachdem sie viele Jahre in diesem Bereich erfolgreich reüssiert hatte, erweiterte sie 2003 ihr Repertoire um eine Ausbildung als Systemischer Business-Coach. Seither ist sie im Personality-Coaching erfolgreich. Als Genuss-Coach®, Rhetorik-Coach und Kabarett-Coach verbindet sie den vermeintlich leichten Zugang aus ihrem kabarettistisch-schauspielerischen Hintergrund mit der so genannten harten Geschäftswelt und schafft so neue Zugänge. Lebt in Wien. 2 Kinder

Alles über Hilde Fehr und das Kabarett zum Buch
(Fehr-liebt, Fehr-lobt, Fehr-heiratet Hilde) auf

www.hildefehr.at

Und falls Sie ein Zeichen auf **facebook** setzen wollen, seien Sie herzlich willkommen auf: **„Ich bin. Also bin ich schön!"**

Eva Ulmer-Janes

**Magie
ist keine
Hexerei**

Vom bewußten Umgang
mit Energie

Ibera Verlag

www.ibera.at

Magie ist keine Hexerei
240 Seiten, Euro 19,-
ISBN 978-3-900436-50-6
IBERA Verlag

Yo soy, yo hago! (Ich bin, ich handle!), sagte Don Eduardo Calderon Palomino, der peruanische Schamane, und beschrieb damit genau, worum es im magischen Weltbild geht: Seinen eigenen Platz und seine Aufgabe im Universum wahrzunehmen und die eigenen Visionen verantwortungs- und liebevoll umzusetzen.

Sie müssen an nichts Befremdliches „glauben" und keinerlei Vorbildung haben, um Erfahrungen in der nichtalltäglichen Wirklichkeit zu machen. Wenn Sie bereit sind, offen und ohne Vorurteile einige mentale Techniken auszuprobieren, sammeln Sie Ihre eigenen Erfahrungen und „wissen" dann. Und nur das zählt!

Eva Ulmer-Janes, Architektin und Kostümbildnerin, arbeitet seit 25 Jahren mit Schamanen aus verschiedenen Kulturen in Peru, Brasilien, Tibet und Hawaii. Sie ist davon fasziniert, deren Wissen auch unter den Gegebenheiten einer europäischen Großstadt sinnvoll anzuwenden.

Die Magie kehrt zurück
Vom bewussten Gestalten der Realität
240 Seiten, ISBN 978-3-900436-72-8

Magie macht Schule
Altes Wissen für neue Aufgaben
224 Seiten, ISBN 978-3-85052-145-1

Magie im Management
Mit schamanischen Techniken zu
neuen Lösungen
224 Seiten, ISBN 978-3-85052-029-4

Schamanisch Reisen
in der Tradition der hawaiianischen Kahunas
CD, ISBN 3-900436-80-0
jeweils € 19,-, **www.ibera.at**

Weitere Bücher und die neue CD von Eva Ulmer-Janes – www.huna.at

Magie ist keine verbotene und gefährliche Geheimwissenschaft, meint Eva Ulmer-Janes, sondern der bewusste Umgang mit Energie in uns selbst und um uns, in unserer natürlichen und von Menschenhand geschaffenen Umwelt.

In diesem Buch erfahren wir einiges über die philosophischen Konzepte, die hinter einem schamanisch-magischen Weltbild stehen, es enthält aber auch eine Fülle praktischer Hinweise für den Alltag in unserer westlichen Zivilisation. Schließlich schlummern in uns allen bisher ungenutzte Fähigkeiten, als „Stadt-Schamanen" unser ganz persönliches Umfeld, aber auch unsere eigene Befindlichkeit positiv zu beeinflussen und das Leben nach unseren Vorstellungen einzurichten.

Im Gegensatz zu den meisten anderen schamanischen Traditionen reisen die KAHUNAS auf Hawaii ohne die rhythmische Anregung durch Trommel oder Rassel in andere Bewusstseinsebenen, nach LANIKEHA, die Oberwelt, nach KAHIKI, die Mittelwelt, und nach MILU, die Unterwelt. Ihre Reisen gleichen dem, was man bei uns unter einer geführten Meditation versteht, eingeleitet durch eine Atemübung, PIKO-PIKO, die besonders dazu geeignet ist, den Reisenden auf eine niedrigere Gehirnstromfrequenz einzustimmen, auf die von Alpha, die alle Menschen durchgehend benützen, solange sie jünger als vier Jahre sind und die sie zu gewissen Zeiten einsetzen, wenn sie sich auf der Schwelle zu anderen Bewusstseinszuständen befinden: direkt vor dem Einschlafen und nach dem Aufwachen, zum Beispiel.

Eva Ulmer-Janes begleitet Sie auf Reisen in den Inneren Garten, der stellvertretend für Ihre eigene innere Befindlichkeit steht, in die Unterwelt, in der Sie Ihren personifizierten Emotionen begegnen und diese verarbeiten können und stellt Ihnen weitere Techniken vor, um im mentalen Bereich und auf einer symbolischen Ebene bewusst in Ihre persönliche Realität einzugreifen.

Nach Ansicht der Kahunas ist es nicht notwendig, die Bilder, die aus Ihrem Unbewussten aufgetaucht sind, zu analysieren; Ihr KU, wie die Hawaiianer das Unter-, bzw. Körperbewusstsein nennen, versteht diese Bildersprache auch so und setzt sie um.

Wie wirksam diese Methoden sind, werden Sie bemerken, wenn sich die Veränderungen auch in der alltäglichen Wirklichkeit manifestieren.